第三年龄生活新天地

主　编：顾秀莲
副主编：李宝库　沈德立



# 幸福养老大课堂

顾秀莲◎主编

科学出版社
北京

**图书在版编目（CIP）数据**

幸福养老大课堂/顾秀莲主编．—北京：科学出版社，2011
（第三年龄生活新天地/顾秀莲主编）
ISBN 978-7-03-029993-2
Ⅰ．①幸…　Ⅱ．①顾…　Ⅲ．①老年人-社会工作-研究-中国
Ⅳ．①D669.6

中国版本图书馆 CIP 数据核字（2011）第 006333 号

丛书策划：侯俊琳 / 责任编辑：侯俊琳　樊　飞　王昌凤
责任校对：张凤琴 / 责任印制：李　彤 / 封面设计：无极书装
编辑部电话：010-64035853
E-mail：houjunlin@mail.sciencep.com

科学出版社出版
北京东黄城根北街 16 号
邮政编码：100717
http://www.sciencep.com
北京虎彩文化传播有限公司印刷
科学出版社发行　各地新华书店经销
*
2011 年 6 月第　一　版　开本：B5（720×1000）
2023 年 1 月第六次印刷　印张：13
字数：300 000
**定价：58.00 元**
（如有印装质量问题，我社负责调换）

# 第三年龄生活新天地
# 丛书编委会

尊重老年人，关爱老年人，照顾老年人，是中华民族的优良传统，也是一个国家文明进步的标志。我们要大力弘扬中华民族尊老敬老的传统美德，给予老年人更多生活上的帮助和精神上的安慰，让所有的老年人都能安享幸福的晚年。

——胡锦涛总书记2008年元旦前夕在天津看望老年人时的讲话

老龄问题是当今世界各国共同面临的一个严峻的社会问题，我国也已经开始进入人口老龄化阶段。切实保障老年人的合法权益，让他们能够度过幸福、美满、安详、健康的晚年，共享人类发展的成果，这是一个社会文明进步的重要标志。尊重老人，就是尊重我们的历史；关爱老人就是关爱明天的自己。我们要充分发挥社会主义制度的优越性和敬老爱老助老的民族传统文化的优势，通过组织开展多种形式的宣传教育活动，进一步增强全民的敬老意识，从根本上加强老年维权工作，让广大老年人成为这项活动的最大受益者。

——国务院副总理回良玉在2003年9月“全国敬老爱老助老主题教育活动”启动仪式上的讲话

加快发展继续教育。继续教育是面向学校教育之后所有社会成员的教育活动，特别是成人教育活动，是终身学习体系的重要组成部分。更新继续教育观念，加大投入力度，以加强人力资源能力建设为核心，大力发展非学历继续教育，稳步发展学历继续教育。**重视老年教育**。倡导全民阅读。广泛开展城乡社区教育，加快各类学习型组织建设，基本形成全民学习、终身学习的学习型社会。

构建灵活开放的终身教育体系。发展和规范教育培训服务，统筹扩大继续教育资源。鼓励学校、科研院所、企业等相关组织开展继续教育。加强城乡社区教育机构和网络建设，开发社区教育资源。大力发展现代远程教育，建设以卫星、电视和互联网等为载体的远程开放继续教育及公共服务平台，为学习者提供方便、灵活、个性化的学习条件。

——《国家中长期教育改革和发展规划纲要（2010—2020年）》

# 总序

## 大力实施“银教工程”
## 让所有老年人幸福养老

“银教工程”，即“东方银龄远程教育普及工程”，是“全国敬老爱老助老主题教育活动”的重要组成部分。该项工程是在中国老年大学协会和中国老年学学会的支持下，由中国老龄事业发展基金会和北京东方妇女老年大学共同创办和开展的一项面向全国老年人的教育普及活动。自2008年开始，中国老龄事业发展基金会和北京东方妇女老年大学利用首都北京的教育资源优势，组建起了一支上百人的专家团队，陆续开发出1000多个课时的老年教育课程，并在全国300多所涉老机构进行试点和实验，收到了良好的效果。在此基础上，全国敬老爱老助老主题教育活动组委会于2009年3月将该项活动列为四大工程之一，定名为“银教工程”，决定大力推广，希望利用三年左右的时间，进一步完善课程体系，使课程总量达到3000课时，并进一步提高授课录制水平，加强配套书籍的开发建设。我们希望通过推广普及“银教工程”，使广大老年人从幸福养老系列课程教学中受益，提高生活和生命质量，实现幸福养老。

“银教工程”实质上是以远程教育形式针对老龄社会和老年人而普遍开展的一种教学活动，是适应现代社会科技进步和老年人特殊需求而产生并迅速发展起来的新型教学模式。当今社会已经进入了长寿时代、信息时代和终身教育时代。长寿使得老年教育成为终身教育的重要组成部分，信息技术为老年教育提供了最方便、最轻松、最高效的手段和途径。只有在今天，在互联网、多媒体高度发达的信息时代，老年远程教育才有了广阔的发展空间。当前，我国存在着城乡之间、区域之间发展的不平衡，大力发展远程教育，可以使所有老年人共享优质的教育资源，甚至足不出户就可以听到全国著名专家教授讲授的高端课程，学到自己最需要的知识和技能，实现活到老学到老、继续融入社会、幸福安度晚年的愿望。因此，充分利用信息技术手段，大力发展老年远程教育，是时代赋予我们的使命。“银教工程”的推广普及，是人类社会和教育事业发展的必然趋势。相信此项工程的实施，能够进一步推动老年教育及终身教育的发展，推动学习型社会的建立，推动老龄社会各种问题的解决，推动社会主义和谐社会的建设。

我于 2009 年 8 月 15 日参加了由全国敬老爱老助老主题教育活动组委会主办，中国老龄事业发展基金会和北京东方妇女老年大学共同承办的“东方银龄远程教育普及工程”研讨会，有机会了解到这项工程的有关情况。第十届全国人大常委会副委员长顾秀莲担任“银教工程”总顾问，出席该会议并做了重要讲话。中国老龄事业发展基金会会长李宝库担任全国敬老爱老助老主题教育活动组委会主任和“银教工程”领导小组组长，并主持了这次会议。全国老龄工作委员会办公室副主任闫青春、中国老年大学协会副会长袁新立等领导在会上高度赞扬了“银教工程”的实施与推广。熊必俊、于洋、顾明远、王家惠等专家先后发表讲话，一致肯定了“银教工程”的意义，并就实施“银教工程”、促进幸福养老，发表了很好的意见。在 2010 年 7 月 16 日举办的“第六届中国老年学学科建设研讨会”上，我又听到了北京东方妇女老年大学代表在大会上的发言，知道他们把推广“银教工程”作为工作重点，一直紧抓不放，很有成效。会上他们提出以远程教育课堂为科研与教学结合的平台，邀请老年学科研机构合作，从而进一步壮大师资队伍，提高课程质量，推动“银教工程”的实施，促进老年学学科的发展。我认为这是一个很好的意见，对我们研究老年学的人也是一个鞭策。老年学作为应用科学，应当在研究的基础上加上教育和普及。党中央提出的“六个老有”，其中“老有所教”是后来加上去的。这非常重要，我国科学普及远不如外国，特别是老年人，我们每个人都面临一个再教育、再社会化的问题。现在人类的平均寿命不断提高，从 50 多岁退休到 80 多岁还有 30 多年，不学习干什么？因此，要把我们老年学的研究进行推广，要把老年教育作为我们研究成果的推广途径。而这种推广，不能仅仅靠老年大学的教育，更重要的是要通过各种渠道，对老年人、准老年人进行教育，从而达到普及。远程教育、“银教工程”，是一个很好的普及形式。中国老龄事业发展基金会和北京东方妇女老年大学在进行课堂教学的同时，也正在进行配套书籍编写工作，这又是一项非常必要的工作。老年人学习，不仅需要听，而且需要看，需要读。很多老年人喜欢读书。教材是课堂教学的依据，又比课堂教学的内容更加精炼、严谨。两者结合起来，才能达到更好的学习效果。看了即将出版的第一本书，以及他们的整个丛书编写计划，我认为这是一个非常有益的、成功的尝试。我向他们表示祝贺，并愿为他们的丛书编写工作尽一份心力。

邬沧萍

2010年8月1日

# 前言

普及老年远程教育，推广“银教工程”，配套书籍的编写是一项非常重要的工作。按照全国敬老爱老助老主题教育活动组委会的要求，丛书编写组于2009年11月正式成立，并在丛书编审委员会的直接领导下，有计划、有步骤地开展了多方面的工作。全国人大常委会副委员长、中国关心下一代工作委员会主任、北京东方妇女老年大学校长、中国老年大学协会名誉会长、“银教工程”总顾问、丛书编审委员会主任顾秀莲明确提出了丛书编写工作的指导思想和具体要求，全国敬老爱老助老主题教育活动组委会主任、中国老龄事业发展基金会理事长、“银教工程”领导组组长、丛书编审委员会副主任李宝库，多次主持召开会议，研究部署丛书编写工作。丛书编审委员会的每一位领导和专家，都对编写工作给予了有力的指导和帮助。所有任课教师在原有授课内容的基础上，精心撰写、修改、校正，保证了书籍的质量。

为“银教工程”服务，与“幸福养老系列课程”配套，同时为广大中老年人乃至所有读者提供“养身、养心、养神”的知识和技能，是丛书编写组对这套丛书的基本理解。因此，认真学习“关于实施‘东方银龄远程教育普及工程’的决定”和“幸福养老系列课程”的丰富内容，就成为我们的“必修课”。如何准确而全面地反映“幸福养老系列课程”的特色和水平是我们反复讨论和思考的问题。经过认真的探讨、论证，在丛书编审委员会各位领导和专家的指导之下，我们确定了现行的编写方案：把九大系列课程中的核心内容抽出来，集中在第一本书中，作一个初步的、多角度的介绍与展示；从第二本书开始，则是每一门课的基本教程和全部内容。其中，每一本书都将集中体现科学性、学术性与新颖性、趣味性的统一。随着课程的陆续开设与讲授，全套丛书将在1～3年内分期分批出版发行。

《幸福养老大课堂》是本套丛书的第一本，它收录了涵盖“幸福养老系列课程”九大系列内容的十几篇讲稿，每篇讲稿风格不同、详略不同，对于明确提出的一些新观点，论述展开的深浅程度也不同——这与讲课时间的长短以及后续各本专业书的出版有关。书的最后收录了老年工作管理者和“银教工程”幸福养老课程受益者以诗歌的形式抒发的心得。这种不拘一格的编纂方式，也从一个侧面展现了本套丛书的特色。

我们希望，在整套丛书全部出版问世之际，能够像“幸福养老系列课程”一样，生动丰富、异彩纷呈，提供给中老年朋友及广大读者一份心灵的享受。

丛书编写组

2010年8月

# 目录

# 办好远程教育，促进老龄工作

——在东方银龄远程教育中心开播仪式上的讲话

顾秀莲

各位中老年朋友、北京东方妇女老年大学的各位学员，大家好！

今天，我们北京东方妇女老年大学与中国老龄事业发展基金会共同开办的东方银龄远程教育中心正式开播了。我首先对远程教育中心表示祝贺，对所有接收播讲的中老年朋友表示欢迎，对为这项工作做出努力的各位专家、学者、教授，以及各位老师、职工表示感谢！

下面，借此开播仪式，我想讲一点自己的想法，和大家交流，这也是我对老年教育及老年大学发展问题的一些初步的思考，今后还想和大家一起学习，共同探讨。我讲三个问题：一是人口老龄化趋势及国际社会采取的应对措施；二是我国人口老龄化的特点及发展老年教育的意义；三是我国老年教育的发展状况及北京东方妇女老年大学的办学思路。

## 一、 人口老龄化趋势及国际社会采取的应对措施

所谓人口老龄化，是指总人口中老年人口比重上升的过程。从资料和专家预计的情况来看，全世界人口老龄化在快速发展，而且其发展趋势很可能是难以逆转的。造成人口老龄化的直接原因有两个：一个是生育率的下降，另一个是寿命的延长。联合国人口基金统计数据显示，全球人口平均生育水平从1960年每一个妇女生育5个子女下降到20世纪末的2.7个子女。全世界人口的平均预期寿命从1950年的46岁延长到目前的66岁。

1999年，全世界60岁以上老年人口数量达到了6亿，占总人口的比例首次达到了10%，可以说整个世界进入了老年型社会。2002年，全世界60岁以上人口数量为6.29亿，预计2020年将达到10亿，2025年将达到12亿，到2050年时将达到20亿，60岁以上人口比例将达到20%，全世界老年人口数量将在人类

历史上第一次超过 0～14 岁少年人口数。虽然目前发达国家老年人口的比例（20%）高于发展中国家（9%），但是发展中国家由年轻型人口转变为老年型人口的时间大大缩短。有专家预计，在未来 25 年中，全世界 75%的老年人口将集中于发展中国家。

在人口老龄化的过程中，老年人口自身也在老龄化，即 80 岁以上的高龄人口是 60 岁以上人口中增长最快的部分。2002 年，80 岁以上人口占 60 岁以上人口的比重为 12%，预计到 2050 年将达到 19%。

人口老龄化既是人类社会最重大的成就之一，又是我们面临的一个最严峻的挑战。世界各国及联合国组织都采取了积极的应对措施。老年教育作为主要的应对措施之一应运而生，并且得到了不断的发展。

法国是世界上第一个老年型国家，也是老年教育比较正规的一个国家。法国把老年教育作为应对人口老龄化的一个举措，大力发展老年大学。法国把老年大学称为第三年龄大学。法国第一所老年大学创建于 1973 年，而后迅速兴建了很多所，其中大多数由国家经办，学校开支列入政府预算，学员年龄为 55～90 岁，平均年龄为 65 岁。法国老年大学的主要课程有：体能锻炼，以延缓生理老化；卫生保健，预防老年病；研究文学、历史、政治、法律、时事，以提高对国家与时代的认识和责任感。有的学校还设有社会学、老年学课程，加强理论研究。



从世界人口老龄化对老年教育的需求看，要有效地应对人口老龄化，就必须重视老年教育的发展。人口老龄化的严峻形势及对社会发展的巨大影响，要求老年人必须适应这个社会现实，与政府和社会一起应对人口老龄化。为了实现这个目的，就要开展老年教育。与此同时，老年人为人类的社会发展做出了重大贡献，但他们仍有巨大的创造价值的潜能，是一种宝贵却又往往被忽视的资源。由此，就必须发展老年教育，通过老年教育，提高老年人应对人口老龄化的能力，实现社会的和谐发展和进步。

从世界各国应对人口老龄化的实践看，不管是哪个国家，其关注的老年人问题都是围绕老年人的尊严和权益的，都对老年人进行提高综合素质的教育，对社会进行尊重老年人的教育。

面对世界上老年人口的增加，联合国从 20 世纪后期就开始关注和重视人口老龄化问题。1965 年，联合国教科文组织国际成人教育促进委员会在曼谷举行会议，讨论了郎格朗关于终身教育构想的提案，指出："教育应当贯穿于人的一生，从婴儿坠地一直延续到生命终止。"1975 年，国际第三年龄大学协会成立，总部设在法国巴黎，成员分布在世界 22 个国家的国际非政府组织。我国于 1994

年加入这个组织。

1982年7月26日至8月6日，联合国在维也纳召开了第一次老龄问题世界大会，出席会议的有124个国家和地区的代表，共1000多人。大会一致通过了维也纳《老龄问题国际行动计划》，目的是加强各成员国应对人口老龄化的能力。1983年2月18日，联合国大会一致通过批准这项行动计划，从此人口老龄化问题逐步引起国际社会和各国政府的关注和重视。联合国呼吁国际社会和各国政府重视日益严峻的人口老龄化问题，加强国家老龄政策、计划的制定和实施，先后确立了“10月1日国际老人节”，通过了《联合国老年人原则》，建立了马耳他国际老龄问题研究所，成立了世界老龄基金、非洲老年学学会，等等。但各国对老龄问题的重视和所采取的行动仍比较迟缓，远远落后于人口老龄化的要求，跟不上时代进步的步伐。

为纪念联合国第一次老龄问题世界大会及通过《老龄问题国际行动计划》10周年，第47届联合国大会于1992年10月15～16日，召开了专门讨论老龄问题的特别全体会议。大会表决通过了《联合国关于到2001年解决人口老龄化问题的全球目标》。确立这项目标的宗旨，就是要支持各国解决人口老龄化问题；为老年人创造一个既能够施展老年人自己的才能，又能满足他们的照顾需求的环境。大会还通过了《联合国老龄问题宣言》。《联合国老龄问题宣言》指出，全世界发生的史无前例的人口老化现象，是对各国政府、非政府组织和私人团体空前未有的但却是很紧迫的政策和方案挑战；要确保老年人的需要及其人力资源潜力能得到充分照顾和发挥；要意识到发展中区域人口的老龄化比发达国家更为快速；社会结构的革命性改变，要求社会在安排其事务的方法上要有根本的改变；人口老化现象是一生的过程，防备年老需从孩童时期开始，并终身行之。《联合国老龄问题宣言》决定1999年为“国际老年人年”。

1994年，联合国教科文组织在罗马举行了“首届世界终身学习会议”，提出了“终身学习是21世纪的生存概念”，强调“如果没有终身学习的意识和能力，就难以在21世纪生存”。

2002年4月8～12日，联合国在西班牙马德里召开了第二次老龄问题世界大会，这是在全球范围内研究老龄问题的具有重大意义的一次会议。这次大会的成果集中体现在各国政府通过的《老龄问题国际行动计划》和《政治宣言》两个文件上。这是两个具有里程碑性质的文件，反映了21世纪初人类社会对人口老龄化的最新认识，是世纪之初全球迎接人口老龄化挑战的行动纲领，对各国，特别是发展中国家今后解决老龄问题具有重要意义。《老龄问题国际行动计划》指出，教育的缺乏限制了老年人的谋生能力，是健康与福利的一个障碍。《政治宣言》确认："老年人的潜力是未来发展的强有力的基础。社会依靠老年人的技能、经验和智慧，不但首先改善他们自己的条件，而且还能积极参与全社会条件的改善。"从而使"老年人是资源"的观点获得了国际社会的正式认同。"老年人的潜力是未来发展的强有力的基础"这一论点的提出，为老年人参与社会发展和共享社会发展成果提供了理论支撑，具有重要的理论与实践意义。

联合国从尊重老年人的尊严和价值出发，以《联合国老年人原则》为指导，制定了积极老龄化的政策框架，包括独立、参与、照料、自我实现和尊严。政策框架要求在"健康、参与、保障"三个基本方面采取行动。其中，"健康"是指人步入老年时既能保持健康，又能生活自理；"参与"是指在支持老年人充分参与社会、经济、文化和精神生活的条件下，使老年人能按照他们的基本人权、能力、需要和爱好，继续以有偿和无偿两种方式为社会作贡献；"保障"是指老年人一旦生活不能自理和不能保护自己时，他们的保护、尊严和照料能得到保障。联合国第二次老龄问题世界大会把老年人参与社会发展和老年教育放在更加突出的位置，指出："老年人必须充分参与发展进程，也必须享有发展进程的种种好处。不应剥夺任何个人得益于发展的机会。人口老龄化问题会对社会经济发展造成影响，而且目前各国都在进行社会和经济方面的变革，因此必须采取紧急行动，确保老年人不断融入社会并赋予老年人权力。"要"为所有想要工作的老年人提供就业机会"，"只要老年人想工作并有能力工作，就使他们能够继续工作"；要为老年人"提供机会、方案和支持，鼓励老年人参与或继续参与文化、经济、政治、社会生活和终身学习"。



在老年人教育培训上，联合国第二次老龄问题世界大会要求，在成人教育、培训和进修，以及职业指导和职业介绍方面给老年人以平等终生教育机会，指出："在所有国家，终身教育和培训也是老年人参与就业的一个先决条件。""面对技术变革而无机会接受教育和培训的老年人可能会感到疏离。年轻时接受更多的教育将使人在年老时享受到好处，包括有能力适应技术变革。尽管如此，世界许多地区的文盲率仍然很高。技术可以用于建立人们之间的密切联系，从而帮助减轻边缘化、孤独感和不同年龄层之间的隔阂。因此应该采取措施，使老年人能够接触、参与和适应技术变革。""必须更重视老年人在工作场所获得知识、教育和培训的机会。在适应技术和组织变革方面，老年人往往比较年轻的人遇到更多的困难，特别是考虑到越来越广泛地使用信息技术的情况。"



随着老年人口的增加和人口老龄化的加速，欧美等发达国家都有健全的老龄工作组织机构。目前，世界各国基本上都有政府老龄机构和老年人非政府组织。例如，新加坡第三年龄委员会、新西兰关注老人协会、泰国全国老龄委员会和老年发展基金会、菲律宾老人服务联盟等组织机构，都对推动老龄工作和维护老年人的尊严起了积极作用。

世界应对人口老龄化的措施，可以归纳为两大举措、两大环节或两大目标，即教育和照料。

欧美等发达国家在应对人口老龄化的过程中，很早就将老年教育作为一个重要基础和手段加以重视和实施。像国民教育一样，老年教育在老年人的生活过程中起着基础作用，扮演着老龄事业发展的奠基角色。因此，老年教育的平台就如国民教育一样，主要依靠成立的学校来实施。例如，美国20世纪50年代的社区成人教育活动就包括老年人的教育。但当时没有专为老年人开设老年教育课，其后在佛罗里达州开办了第一门专为老年人设计的课程，从此专以老年人为主要对象的课程逐渐增多。

欧美等发达国家在实施老年教育的过程中，围绕老年教育的目的要求，逐步形成了比较明朗的老年教育模式，大致有以下三种：一是政府投资型模式；二是自治自助型模式；三是社区型模式。

根据有关国际会议提供的信息，国外第三年龄大学，即老年大学，也有三种办学模式：第一种是以法国、德国为代表的办学模式，即普通大学办老年大学，老年人和年轻人坐在同一个教室里学同一门课程；第二种是以澳大利亚、英国为代表的办学模式，即老年人自己组织起来办老年大学，因地制宜，互教互学；第三种是以中国、日本、新加坡为代表的办学模式，即政府和社会专门为老年人办大学，办独立的老年大学。

## 二、 我国人口老龄化的特点及发展老年教育的意义

2006年12月12日，国务院新闻办公室发布了《中国老龄事业的发展》白皮书。从白皮书公布的数字与事实可知，中国是世界上拥有最多老年人口的发展中大国。1999年，60岁以上老年人口占总人口的比例超过10%，按照国际通行标准，中国人口年龄结构已经进入老年型。中国人口老龄化有突出的特点：老年人口的规模大，截至2005年年底，我国60岁以上的人口已经达到1.44亿，占总人口的比例达11%，占亚洲老年人口的50%，占全球老年人口的20%；老龄化发展速度非常快，人口年龄结构从成年型转为老年型仅用了18年；老龄化

在地区间的发展非常不平衡，农村老龄化程度要比城镇高出 1.24 个百分点。当前，中国老年人口正以年均约 3%的速度增长，作为正处于转型期的国家，中国面临的人口老龄化形势更复杂，挑战更严峻，解决老龄问题的任务也更艰巨。面对人口老龄化的挑战，我国不仅要借鉴国际社会的成功经验，更重要的是从本国实际出发，把大力发展老年教育、实现“老有所教”，作为解决老龄问题的基本途径之一。所谓老年教育，是指以提高老年人的思想道德和科学文化素质，增长知识、丰富生活、陶冶情操、增进健康、服务社会为目的，所实施的非学历的老年人学校教育和其他形式的老年人教育活动。我们必须立足现实，放眼未来，从建设和谐社会的高度，从国计民生的高度，充分认识老年教育在国家政治、经济、文化和社会生活中的重要地位和作用，充分认识发展老年教育的重要而深远的意义。

对我们中国而言，老年教育的目的是促进老龄事业快速、全面、健康发展，为实现好、发展好、维护好广大老年人权益提供应有的支持和保障，使老年人形成积极、健康、科学、文明的生活方式，幸福愉快地度过有意义的晚年。发展中国老年教育，其意义基本上可以概括为以下五个方面。

第一，有利于促进老年人生活和生命质量的提高。在传统农业社会，中国大多数人不能存活到老年时期，因此老年教育也未能被人们认识和关注。在现代社会，随着生产力水平的提高、科学技术的发展和营养条件的改善，人类的寿命大大延长，越来越多的人正在经历和将要经历老年时期。如何使老年人安全和幸福地度过漫长的老年期，无疑需要充实老年人的精神文化生活，需要为老年人提供教育服务。

老年生活要健康愉快，不仅有赖于物质上的富裕，更有赖于精神上的和谐与使命上的成就。要实现这一点，就必须切实做到生活到老、教育到老。首先，老年阶段不可避免要遇到新的矛盾，决定了老年人必须在思想上生活到老，学习到老。人生就是在主观因素和客观因素的相互作用下，不断产生和解决矛盾的实践过程。人到老年不是这一过程的结束，而是这一过程的开始。人一进入老年，即使有一份退休工资，也会在其他许多领域，由于体力不可避免地衰退，而日复一日地处在被“养”的位置。这是人生矛盾过程的一大根本变化，许多过去不曾发生的问题开始凸显并提上越来越重要的日程。面对这些新矛盾，老年人必须对现阶段进行新的审视，逐步地形成对这些矛盾的正确认识和解决问题的新能力、新视野。老年人必须从自己人生矛盾的现状出发，进行学习，接受教育。否则，当他面临这些矛盾的时候，就会由于心态的滞后而陷入被动，以致不快，并由此影响自己的生活质量。人生活到老，必须学习到老，这是生活和历史对老年人的必然要求。其次，老年生活面临的新课题，决定了人们必须在技艺上生活到老，学习到老。一般来说，老年是人生由忙碌走向休闲的转折点。休闲这个新课题不但不意味着老年人在技艺修养上的结束，而且要求其必须适应新的环境，开辟新的领域，取得新的成效。任何高质量的休闲，即高质量的老年生活，都需要有许多新的技能与之相适应。比如，要靠音乐来愉悦身心，人们就必须掌握起码的音乐知识，具备相当的音乐素养。适应现代家庭和社会的需要，就必须学习计算机、手机等方面的知识，掌握现代科技。因此，人到老年需加强学习，提高自身修养，这是老年教育的基本任务。社会上也流传着比较通俗的说法，如“养老如养花，擅养者姹紫嫣红，不擅养者枝叶枯萎”，“养老如游泳，不学游泳就跳入大海十分危险”，“学会养老，是老人幸福、家庭和睦和化解中国老龄化社会诸多问题的根本途径”。这都说明大家对学会养老的重要性有了深刻的认识。

第二，有利于缓解人口老龄化对经济社会发展的压力。自 1999 年我国进入老龄社会开始，老年人口数量在不断增加，老龄化程度持续加深，老年人口规模巨大，中国正面临人口老化和总量过多的双重压力。一是人口老龄化对社会保障的覆盖面提出了挑战。我国 20 世纪 80 年代逐渐建立起来的社会保障制度至今还没有做到应保尽保，覆盖面非常有限，远远低于国际劳工组织规定的 20% 的最低线。二是人口老龄化对现行的家庭养老方式提出了挑战。我国现行的养老方式是以居家养老为基础、社会养老为依托、机构养老为补充的家庭养老方式。人口老龄化所产生的“四二一”家庭模式和抚养系数比上升将使现行的家庭养老模式遇到困难。在人口流动频繁的今天，这种情况必然导致家庭物质供养、生活照料及精神安慰等的严重缺乏，依靠现有的居家养老方式难以实现养老目标。三是人口老龄化必然对我国医疗保障制度提出挑战。老年人是一个容易患病的特殊群体，随着人口老龄化的加剧，他们对医疗保险的需求将会急剧增加，财政的支出也会加大。人口老龄化对我国经济社会发展带来的压力是多方面的，不仅仅就这三个方面。如何使人口老龄化的压力减到最轻程度，甚至变压力为动力，变不利为有利，显然需要老年教育发挥作用。需要通过老年教育提高广大老年人的综合素质，同心同德致力于社会主义建设的奋斗目标。

第三，有利于维护老年人享有终身受教育的权益。老年人的合法权益是指老年人依据宪法和法律应当享受的各种权利和利益。无论是老年人的精神生活权益还是劳动就业权益，都需要教育这个基本权益的支撑。没有老年教育，老年人享有的精神生活权益和劳动就业权益很难得到维护和保障。因此说，老年教育是解决现代老年人基本权益维护问题的一个重要途径，是保护老年人享有继续受教育权益的保证。

第四，有利于促进社会主义和谐社会建设。和谐社会是指社会同一切与自身相关的事情保持着一种协调的状态，包括社会与自然环境之间的协调、社会同经济之间的协调、社会同政治之间的协调、社会同文化之间的协调等。我们所要建设的社会主义和谐社会，是民主法治、公平正义、诚信友爱、充满活力、安定有序、人与自然和谐相处的社会。社会主义和谐社会的建设，需要全体民众从物质文明、政治文明和精神文明三个方面奋发努力，更需要人生阅历丰富的老年人积极参与。老年人与和谐社会建设的关系集中表现为两个方面：其一，老年人幸福是和谐社会建设的客观要求；其二，和谐社会建设需要老年人积极参与。我国老年人口年龄结构较轻，老年人身体比较健康，基本生活有保障，有一定的文化知识，对社会的参与和认同比较积极，与社会成员的沟通交流比较好，为老年人参与和谐社会建设提供了良好的基础和便利的条件。而老年人参与和谐社会建设，涉及社会生活的各个方面，领域宽、内容丰富、形式多样，老年人可以根据个人的能力大小、闲暇多少，因人制宜、量力而行，选择适合的参与内容和实现途径。在建设和谐社会这一广阔天地里，只要有为国家和社会作贡献的意识，可以说，人人都有用武之地。



第五，有利于发挥老年人的价值。老年人的潜力是未来发展的强有力的基础，这已经成为国际社会的共识。老年教育在挖掘老年人的潜力、发挥其最大的人生价值方面具有不可替代的重要作用。大力推广老年教育，充分发挥老年人的价值，是落实科学发展观，推进和谐社会建设的客观需要，是各级党委和政府以人为本、立党为公、执政为民的一个重要体现，也是社会力量办学一种不可推卸的重要责任。

## 三、 我国老年教育的发展状况及北京东方妇女老年大学的办学思路



我们的党和政府，高度重视老年人和老年事业，不断加强对老龄工作的领导和支持，制定并落实了“老有所养、老有所医、老有所教、老有所学、老有所为、老有所乐”的老龄工作方针，逐步开创了老龄工作的新局面。1983 年 9 月，我国第一所老年大学——山东省红十字会老年大学成立，我国老年教育应

运而生。1984 年，我国第一所民办老年大学——广东岭海老年大学成立。1988 年，我国成立了中国老年大学协会。2000 年，我国第一所民办社区老年大学——北京怡海老年大学成立。国家很重视保障老年人受教育的权利，加大投入，积极扶持，推动了老年教育事业的迅速发展。各级政府、有关部门和企事业单位创办了一批示范性老年大学，同时依托省、市、县各级现有群众文化设施，多渠道、多层次发展老年教育，努力实现“县县有老年大学”的目标，并逐步向社区、乡镇延伸。上海、天津、北京、苏州、大连、山东、湖北、黑龙江等省（市）重点支持老年学校教育，兴办了一些示范性中心学校，在教育、教学思想、课程设置、教材建设、学校规范、民主管理等方面起到了带头和示范作用。一些地方充分运用现代传媒手段，兴办了远程空中老年大学，开办面向老年人的电视和网络学校，扩大老年教育覆盖面。目前，已初步形成多层次、多形式、多学制、多学科的老年教育体系。2005 年年底，中国的老年大学（学校）已发展到 2. 6 万多所，在校学员 230 多万人。

但目前我国老年教育体系还不够完善，老年教育的性质和定位还不够清晰，政策和立法保障还不够完备，教育结构、教育内容、投资结构还有待调整，有效的管理机制还未完全建立，教育形式和教育手段还有待改进，老年教育缺乏系统的理论作指导，仅凭经验办学。老年教育研究涉及多学科，是新生事物，还没有形成真正意义上的老年教育学理论，这是阻碍老年教育事业发展的一个重要原因。因此，集中力量进行系统深入的理论研究，认真回顾总结老年教育 20 年来的发展历程，把老年教育的丰富经验进行高度概括、整合、提升，揭示老年教育的规律性，探索老年教育的发展趋势，并借鉴国外老年教育的研究成果和实践经验，有针对性地提出积极的对策和建议，为政府决策提供咨询服务，是老年教育工作者面临的一项紧迫任务。

北京东方妇女老年大学从 2006 年初就开始积极筹备，经北京市教育委员会 2007 年 10 月 16 日批准，2007 年 11 月 17 日在北京市民政局注册，成为一所独立注册的非学历、非营利性、社会公益的高等教育培训机构；2008 年元宵节正式举行挂牌仪式，成为老年大学队伍中的一支新军。作为社会力量办学的一个组成部分，北京东方妇女老年大学自挂牌以来，遵循党的老年工作方针，坚持以“增长知识、丰富生活、陶冶情操、促进健康、服务社会”为办学宗旨，以“高品位、高质量、高效益”为办学准则，以“小平台、高起点、大服务、新思路”为办学特色，“立足社区，服务北京，面向全国，走向世界”，力求把学校办成一所多学科、多学制、多层次、多功能、开放性教学、全方位服务、综合性开发的中老年人的学园、乐园、友园和家园。它成立半年多来，已举办了计算机教学培训班 12 期，培训学员 322 人次，建立了一个远程教育中心和十几个教学点，设立了书画系和二级附属机构，基本完成了国家重点科研课题《老龄社会与老年教育研究》的任务。可以说，全体工作人员积极热情、全力以赴、千方百计克服困难，做了大量的、卓有成效的工作，推动了老年大学的健康发展，也使这所老年大学逐步展现了特色和优势。

北京东方妇女老年大学从一开始就得到了全国老龄工作委员会办公室、中国老龄事业发展基金会和北京市老龄工作委员会办公室的大力支持，并开展合作，经过积极探讨和友好协商，2008 年 7 月 17 日，我们和中国老龄事业发展基金会合作开办了东方银龄远程教育中心。东方银龄远程教育中心在李宝库会长和中国老龄事业发展基金会的领导与支持下，在热心老年教育公益事业的企业家温向明先生的无私赞助与具体组织下，从 2006 年 11 月开始，先后筹集了 700 余万元的民间资金，组织了 30 多位专家学者投入老年教育。经过近两年的努力，现已完成 4 大类 18 门 513 个课时的课程开发。近一年来，他们已经在全国近 300 所老年大学、养老机构和社区开播了这些课程，取得了初级阶段的可喜成果，也为合作后的东方银龄远程教育中心奠定了很好的基础。在这个基础之上，我们又对这些课程进行了调整和扩充，增加了新的内容，初步形成了一个比较完整的体系。从今天开始，正式向北京东方妇女老年大学所有教学点和原银龄远程教育中心的播放点，以及全社会的中老年人开播。我今天也算是给大家讲了第一堂课。之后，我们还会请李宝库会长，以及各个方面的专家、教授陆续给大家上课。

我认为，远程教育是一个现代化的适应面非常广的教育形式，特别适合我们老年人。我们北京东方妇女老年大学应当在发展远程教育方面有独特的思路和全新的局面，以此为中老年朋友提供更好的服务。因为，远程教育可以使我们老年人就近听课，甚至可以在家里听课，可以自主选择听课内容和听课时间。我希望我们远程教育中心的同志们尽最大的努力，把课程组织好，把播放工作的每一个环节都做好，为我们老年人学习提供最便利的条件和最优质的内容，尽量满足老年人的学习需求。毕竟是刚刚开始，各方面还需要不断地发展完善，课程也会逐步地充实和改进，希望大家一边听一边给教学工作，包括形式和内容等方面，提出宝贵的意见和建议。

我预祝东方银龄远程教育中心能够健康快速地发展，祝我们所有中老年朋友能够学习愉快，并充分享受这种学习过程！

# 中华孝道与和谐社会

李宝库

孝是中华民族的传统美德，是人伦道德的基石，是中华文化的瑰宝。在人类历史的长河中，它始终闪耀着灿烂的光芒。在和谐社会的建设中，弘扬中华孝道仍然有着重要的现实意义。

## 一、一颗闪耀人伦之光的璀璨明珠

普天之下，古往今来，人人都是父母所生，父母所养。父母对于儿女，出于本能，有一种无与伦比的慈爱。为了儿女，他们甘受千辛万苦，乃至献出自己的生命。《诗经》说，父母生我，养我，出入抱我，一切照顾我，长大些又教育我，父母的恩德无以言表。山东曲阜孔庙有一篇《劝孝良言》，把父母对儿女的爱描写得十分生动感人，节选几段如下：

十月怀胎娘遭难，
坐不稳来睡不安。
儿在娘腹未分娩，
肚内疼痛实可怜。
一时临盆将儿产，
娘命如到鬼门关。
儿落地时娘落胆，
好似钢刀刺心肝。
把屎把尿勤洗换，
脚不停来手不闲。
每夜五更难合眼，
娘睡湿处儿睡干。

倘若疾病请医看，
情愿替儿把病担。
三年哺乳苦受遍，
又愁疾病痘麻关。
七岁八岁送学馆，
教儿发愤读圣贤。
衣帽鞋袜父母办，
冬穿棉衣夏穿单。
倘若逃学不发愤，
先生打儿娘心酸。
十七八岁订亲眷，
四处挑选结姻缘。

养儿养女一样看，女儿出嫁要妆奁。
为儿为女把账欠，力出尽来汗流干。
倘若出门娘挂念，梦魂都在儿身边。
千辛万苦都受遍，你看养儿难不难。

有一个故事，叫《母亲是“钟”》，讲的是一个穷人家的孩子读小学时，家里没钟，为了能按时到校，他每天到近邻的烟酒店门口，望一眼货架上的旧闹钟。一次，他又去看钟，掌柜的没好气地说：“想看钟，买一个回家好好看！”他噙着泪水跑回家，母亲边替他擦眼泪边说：“孩子，咱人穷志不短，以后别去他家看钟了，妈给你报时。”上了中学后，时间就更紧张了。每天天不亮，就要步行到位于市区的中学，上早自习课。为了不让孩子迟到，母亲夜里总是不敢睡踏实。她要不时地跑到屋外，抬头望望启明星移到什么位置了，侧耳听听远处的雄鸡已啼了几遍，再确定是否该喊孩子起床。望星空、听鸡鸣，这是一种原始的计时方法，母亲往往判断得八九不离十，使他从未迟到过。但是，母亲也有失误的时候。一天夜里，天上阴云密布，没有星星，也没有听到鸡鸣，母亲沉不住气了，对孩子说：“天不早了，快起来吧！”孩子匆忙穿上衣服，洗一把脸，背上书包，一路小跑向学校奔去。到了校门口，只见大门紧闭着，传达室传出了“当、当”两下钟声，原来才凌晨两点。他犹豫了：“回家吧，来回折腾；不回吧，难道在校门口站到天亮？”阵阵寒风吹得他直哆嗦。“干脆跑步吧。”这个衣衫单薄的穷人家的孩子，在马路上来回不停地跑，直到天亮学校开门。放学回家后，母亲听完他的叙述，流下了眼泪。第二天放学回家，他一眼就看到桌子上摆着一只崭新的小闹钟。他的母亲，脸色苍白，躺在床上。爱说话的小妹妹道出了实情：“妈妈卖了血，买了这个钟。”

同样，在2008年四川汶川大地震中，两位母亲用自己的身体保护婴儿的故事，催人泪下。在意大利庞贝古城，被火山灰覆盖的房屋被发掘以后，母亲用身体保护婴儿的姿势也都是一样的。这就是母亲，这就是母爱。母亲的伟大在于母爱，母爱的伟大在于无私，在于对儿女的无私奉献。

正是父母对儿女这种牵肠挂肚、舍生忘死的爱，使儿女从小就对父母有一种依恋的情感，长大懂事以后，就想着要回报父母的养育之恩。这种知恩、感恩、报恩的情感，就是孝。孝是人与生俱来的美好情感。“孝”字最早见于殷墟出土的甲骨文，由上面一个“老”字和下面一个“子”字组成。后来在书写的过程中，把“老”字的下半部分省略了，就成了现在的“孝”字。《说文解字》中解释，“孝”即“善事父母者。从老省，从子承老也”。先有老子，后有儿子；老子在上，儿子在下，这就是“孝”字。“孝”字的构成可以这样理解：孩子小时，父母在上面护着，怕风吹着、日晒着、雨淋着；孩子长大了，父母也衰老了，孩子在下面又背着父母。总之，“孝”字的构成，体现了父慈子孝，人间亲情。

把人们这种回报亲情的纯朴情感提升到理论，即孝道的高度，是两千多年前我们的先哲孔子和孟子的功劳。孔子论孝，一是讲孝的意义。他认为，“孝为天之经也，地之义也，民之行也”，孝是天经地义的事情。二是讲孝的内容，重点有三：一是养，二是敬，三是谏诤。养就是让父母吃饱穿暖。敬就是在人格上要尊敬父母。孔子说，如果光养不敬，与饲养犬马有何区别呢？子夏问孝，孔子曰：“色难。”意思是，对父母长期保持和颜悦色不是一件容易的事。最重要的一点是谏诤。在《孝经》第十五章中，孔子明确地提出，只要有不义的事，就应该谏诤，唯父之命是从，并不是真正的孝。他不赞成愚忠、愚孝。之后的孟子，则在孔子提出的养、敬和谏诤的基础上，提出“老吾老以及人之老”，把人们对父母的爱，延伸到其他老年人。这是了不起的发展。孔孟的这些关于孝的精辟论述，成为高悬古今、照耀世界的真理。他们发掘、总结人性的真善美，并以之教化民众的伟大功勋，使他们成为人间圣贤。

综上所述，孝是人世间一种高尚的美好的情感。它的本质是爱，有爱就有孝；它的表达方式是感恩，是亲情回报；它的作用是完善人的品格，提升人的思想境界，在家庭和社会中追求人际关系的和谐。可以毫不夸张地说，孝是一颗永远闪耀着人伦道德之光的璀璨明珠，是中华民族的珍宝。至于汉代以后把孝捧到天上，后来甚至荒谬地提出愚忠、愚孝的所谓“三纲”（君为臣纲、父为子纲、夫为妻纲），以及“文化大革命”中又把孝踩在地上，大批孔孟之道、孝子贤孙的现象，都是对孝的本意的歪曲，都不过是强加在纯真的孝之上的历史尘埃，丝毫也不能掩盖这颗明珠的光芒。因此我认为，孝的本意是好的、纯净的，是人与生俱来、万古长存的美德，我们应当正本清源，还孝以本来面目，理直气壮地加以提倡。

有一种观点认为，孝是农业社会的产物，随着社会的变迁，孝应当日渐削弱，甚至说孝的淡化是社会进步的标志。我不赞成这种观点。我认为，孝在以家庭为生产单位的农业社会，的确起到过协调家庭关系、组织农业生产的作用；但是，到了工业社会、信息社会，生产方式改变了，不需要老年人来组织领导生产了，难道就不需要孝了吗？唯物史观认为，物质决定意识。孝这种儿女对父母和长者的爱，是由父母爱子的天性和养育之恩决定的。因此，只要地球上还有人类，只要人类还是父母所生、父母所养，孝就不会消亡。今后，随着物质的不断丰富和人的素质的不断提高，我们只会是更有条件把孝做得好上加好，而没有任何理由来削弱它。诚然，随着时代的进步，尽孝的形式也要与时俱进。过去是“父母在，不远游，游必有方”，现在是“好儿女志在四方”，但要“常回家看看”；在老年人基本生活未得到保障时重点是养，而温饱问题解决之后，精神慰藉就成了重点，即使将来养老制度更加完善，老年人不再需要年轻人直接供养，但老年人对亲情慰藉和天伦之乐的需求，是其他任何东西都不能替代的。因此，孝的形式可以改变，但孝的本质不可能也不应该改变。我们在建设社会主义精神文明的过程中，世界各国人民创造的优秀文化都要拿来为我所用；对于我们的老祖宗所创造的中华民族孝亲敬老的传统美德，我们更应当倍加珍惜、发扬光大。

在这一点上，胡锦涛总书记和温家宝总理都给我们做出了榜样。胡锦涛总书记于 2008 年元旦在天津看望老年人时说，要大力弘扬中华民族尊老敬老的传统美德，让所有的老年人都能安享幸福的晚年。温家宝总理在澳大利亚访问时，让 65 岁以上的老年人坐着听他讲话，让随行的部长们站着，此事在海外被传为佳话。2007 年 3 月 11 日，《人民日报》出了一个专版，题目是“弘扬孝道，共建和谐”，这是从 1949 年新中国成立以来，第一次把“孝道”提到全国人民面前。2008 年，国家决定清明节放假三天，让人民群众祭奠祖宗、追念先烈、感恩和怀念逝去的父母，受到人民群众由衷的欢迎。这一举措，对于弘扬民族文化、传承中华孝道，有着十分重要的意义。



## 二、 一座需要精心开发的人伦宝藏

相传，《孝经》是孔子和他的弟子曾子的著作。《孝经》融六经之精华，被誉为“传之百世而不衰”的不朽名著。数千年来，《孝经》被视为金科玉律，上自帝王将相，下至平民百姓，无不对其推崇备至。历史上为《孝经》注解的就达 500 家之多。《孝经》究竟是怎样一部书，它是如何体现中华民族的传统美德的，它的历史局限性又在哪里。这些正是我们下面所要探讨的。

## （一）《孝经》的主要观点

《孝经》共 18 章，1903 字。从“开宗明义章第一”到“丧亲章第十八”，孔子对孝进行了全面、深刻、极为精彩的论述，许多观点和分析充满哲理，至今闪耀着真理的光芒。

第一，孝是所有德行的根本，一切教化都在此基础上产生。孔子在第一章中开门见山地指出，有一种至德要道，那就是孝。“夫孝，德之本也，教之所由生也。”孔子进而把孝的内容归纳成三条：“始于事亲，中于事君，终于立身。”也就是说，孝开始于侍奉父母，进而是为国君尽忠，最后是实现自己的理想抱负。几千年来，孝道一直是中华民族的传统美德。时至今日，我们所提倡的尊老爱幼、热爱祖国、胸怀远大理想等新的道德要求，可以说是对传统孝道的发展和完善。

第二，人人都应尽孝，侧重点有所不同。孔子认为，他提倡的孝道面向的是每一个人；孝道面前人人平等，孝道面前人人有责；行孝不分尊卑贵贱，只不过不同的人行孝的侧重点有所不同。因此，从第二章到第六章，孔子分别对天子之孝、诸侯之孝、卿大夫之孝、士之孝和庶人之孝进行了论述。孔子认为，天子身系国家兴衰和百姓命运，其品德至关重要，天子之孝应当是爱敬父母，教化万民；诸侯是天子政令的实施者，其地位在一人之下、万人之上，诸侯的品行也直接关系着国家安危，因此诸侯之孝应当是临深履薄，和其人民；卿大夫的地位仅次于诸侯，其主要任务是具体执行政令，起一种上传下达的桥梁作用，因此卿大夫之孝应当是言动有据，为民表率；士是官吏中地位最低的一个群体，是具体事务的执行人，对父母之孝和对国君之忠在他们身上体现得格外明显，因此士之孝应当是尽职尽责，不负亲恩；庶人是普通劳动者，是每个家庭的支撑者，庶人之孝应当是谨身节用，赡养父母。孝道既是一种品德，也是一种责任，对不同地位身份的人，提出不同的行孝要求，是应当的。这是因为，地位越高，影响越大，责任越重。

第三，实行孝道是天经地义的事。上述第一个观点讲的是什么是孝道，第二个观点讲的是谁来行孝道，那么第三个观点就应讲为什么要行孝道。孔子在第七章中专门论述了这个问题。他说：“夫孝，天之经也，地之义也，民之行也。”他认为孝道是天经地义的事情。日月星辰运行于天，春夏秋冬四季循环，这是天地间不变的法则。那么，在人世间与天地规律相应的不变法则是什么呢？是人人都是父母所生、父母所养，是儿女感恩和善待父母的孝道。孝道就是符合天地运行规律的道德行为。孔子还进一步论述了孝道在治理国家时所起到的巨大作用：“其教不肃而成，其政不严而治。”就是说，以天地间的真理教化百姓、治理国家，可以收到事半功倍的效果。

第四，在家庭中和社会上都做得好才是真孝子。孔子说，作为一个孝子，在家庭日常生活起居中，要以最诚挚的心情周到地照顾父母；奉养时，要以最和悦的心情任劳任怨地服侍父母；父母生病时，要以最忧虑的心情照料父母；父母过世时，要以最哀痛的心情来料理后事；举行祭祀时，要以最严肃的态度来追思父母。能做到这五方面的人，才称得上是侍奉双亲的孝子。与此同时，孔子又对孝子在社会上的表现提出要求，那就是“居上不骄，为下不乱，在丑不争”。也就是说，一个在父母面前行孝的人，在外居官不能骄奢淫逸，在社会上不能为非作歹，在人群中不能计较争斗、惹是生非。不然的话，就会给父母带来麻烦和灾祸。这样的人，无论在家多么孝顺，也不能算是真正的孝子。

第五，广行孝道要讲究礼节。在第十二章中，孔子从更大的范围来论述孝道。他说，教化百姓和睦相处，没有比奉养父母的孝道更好的办法了。教导百姓懂得长幼之序，没有比尊敬兄长的悌道更好的办法了。想要改革民情风俗，没有比用音乐更好的办法了。让君王安心，使民众太平，没有比用礼节更好的办法了。孔子特别强调“礼”在推行孝道中的重要性。他说，礼，诚敬而已。如果有人敬爱自己的父亲，做儿子的一定感到喜悦；有人敬爱自己的兄长，做弟弟的一定感到喜悦；有人敬爱自己的君王，做臣民的一定感到喜悦。敬爱一人，而使千万人喜悦，所敬爱的虽少，但喜悦的人却很多，这种以诚敬之心尊重每一个人的礼节，就是在广行孝道中要采用的最有效、最重要的方法。

第六，君子教化人民推行孝道，要身体力行。在第十三章里，孔子着重讲了怎样才能做到至德。他说，君子以孝道教化人民，并不需要亲自沿着家家户户讲述孝的意义，而要以自己日常的孝行感化人。君子通过言传身教，为民众做出表率，从而使天下儿女都能孝敬父母，使天下父母都能得到孝敬，这才是君子所要追求的最高尚的美德。

第七，君子在家遵行孝道，然后才能在外建功立业。在第十四章中，孔子论述了“行成于内，而立名于后世”的道理。孔子认为，君子能孝父就能忠君，能敬兄就能尊长，能理家就能做官，如此才能事业有成，名声远扬。总之，做大事者，要从修养自己的品德开始，先修身齐家，然后才能治国平天下。

第八，一味顺从并不是孝。在第十五章里，孔子对谏诤进行了精辟的论述。曾子问，唯父之命是从就是孝吗？孔子说，这是什么话。从前，天子有直言相劝的谏诤之臣七人，虽然无道，也没有失去天下；诸侯有谏诤之臣五人，虽然无道，也没有失去其封地；卿大夫有谏诤之臣三人，虽然无道，也没有失去其乡邑；士有诤友，就能保住好的名声；做父亲的若有能谏诤的儿子，就不会陷于不义的行为中。因此，如有不义之事，就应当真诚相劝。一味顺从，又怎能说是孝呢？孔子不赞成愚忠愚孝。

### (二)《孝经》的历史局限性

生活在两千多年前以“仁爱”为怀的大思想家、大教育家孔子，他的思想观念必然带有那个时代的烙印，具有一定的局限性。

第一，维护以家族和血缘为核心的宗法统治。为了维护奴隶社会的长治久安，一方面，孔子对天子提出忠告：要竭尽敬爱、侍奉父母，成为普天之下、四海之内效法的榜样；另一方面，孔子又对臣子为君尽忠、为国尽力提出要求：上朝时必须考虑如何忠于职守，退朝后应当反省修身、补救过失，对君王的美政要帮助顺利推行，对君王的过失要匡正补救。与此同时，孔子又特别强调指出，在五刑的犯罪条款中以犯不孝罪刑罚最重，而最大的不孝有三种：一是威胁君主；二是诽谤圣人；三是不孝敬父母。由此可见孔子的良苦用心。这也是历代封建统治者格外推崇《孝经》的原因之一。

第二，强调以孝治天下。在“孝治章第八”里面，孔子对“以孝治天下”作了专门论述。他说，古代圣明的帝王以孝治天下，其下的公、侯、伯、子、男也是如此，因此得到天下的拥护。孔子还描写了一个以孝治天下的理想境界：人人和睦相处，天下太平，祸乱不起，灾害不生，是一幅充满博爱、和睦、宁静、幸福的社会图景。但这只是孔子的理想而已。孔子所处的时代，周室衰微，诸侯纷争，社会动乱，世风日下。这样一个社会，单靠孝怎么治理得了？历史已经证明，治理国家，不但要靠德治，而且得靠法治，乱世还得用重典，才能治理好。通过推行孝道实现天下大治，只能是孔子的美好愿望。

第三，感叹今不如昔。《孝经》里多次提到“先王”之法的好处，古代圣明的帝王如何以孝治天下，古代的民风如何淳朴、社会如何美好等，总之是今不如昔。于是，留恋过去，主张克己复礼。这是一种守旧的思想。

## （三）《孝经》的巨大魅力

《孝经》已经面世两千多年，不但被历代帝王奉为经典，也深受广大百姓的喜爱。直至今日，《孝经》仍作为“中华传世名著经典”流传于世。其魅力可谓大矣。究其原因，我想至少有以下四点。

第一，《孝经》论孝，是从人的本性出发的。日月星辰运行于天，春夏秋冬变化于地，是大自然不变的规律。父母生儿育女，儿女依恋父母，世代相传，也是人世间不变的规律。孔子把人本性中的真善美提炼出来，归纳成孝道，并因势利导用以教化人民，提高他们的道德品行。这种观察问题的方法是从实际出发的、唯物的，而不是空想的，因此能经得起时间的考验，“传之百世而不衰”。

第二，《孝经》是教人向善的。《孝经》教人孝父母，敬兄长，尊长辈，忠于君王，效忠国家，这都是中华民族的传统美德。历来的忠臣孝子都被人尊崇，历来的逆子叛臣都被人唾弃。谁的爹娘不想让儿女孝敬？谁家的儿女不想成为有用之才？《孝经》很好地回答了这些问题。因此，《孝经》有着极其广泛而深厚的群众基础。

第三，《孝经》主张社会和谐稳定。“和”是儒家思想的重要内容，在《孝经》中得到了充分体现。“和谐”二字，有人解释为“人人有饭吃，人人可以说话”。由于孝的浓厚的人情味、广泛的群众性，以及它在和谐人群、稳定社会中的巨大的不可替代的作用，所以它被历代执政者所重视，被作为实现和谐稳定的法宝。在今天我们建设和谐社会的过程中，孝道仍然有着重要的现实意义。

第四，《孝经》充满人生智慧。《孝经》语言生动，博大精深，富含哲理，给人启迪，教人智慧。古人说：“敬人者人恒敬之。”一个敬字，成为人际关系的润滑剂。孔子在“广要道章第十二”中所说的“敬一人而千万人悦，所敬者寡，而悦者众”的话，就使我们悟出尊重别人是多么重要，从而更加自觉地、愉快地去做这件事。也是在这一章中，孔子提到“移风易俗，莫善于乐”，用音乐来改革风俗、教化民众，的确是高明的见解。在“诸侯章第三”里，孔子所说的“在上不骄”、“满而不溢”、“如临深渊，如履薄冰”，对于今天的各级领导者来说，不也很受启发吗？

综上所述，可以看出，《孝经》是一部奇书，是一部能使人崇高圣洁的书，是一部充满人生智慧的书，是一部承载中华民族传统美德的经典之作。诚然，书中的时代烙印和历史局限性也很明显，但正因为如此，它又是一部需要我们下工夫认真分析研究的书。所以，《孝经》是一座需要精心开发的人伦宝藏。

## 三、 当今时代需要孝

在全面建设小康社会，构建社会主义和谐社会，实现中华民族伟大复兴的进程中，人们惊奇地发现，人们对孝的需求是那样迫切。

### （一）我们的老年人需要孝

我国已经进入老龄社会，是世界上老年人口最多的国家。老年人为国家、社会和家庭辛苦劳碌一生，做出了巨大贡献。他们是社会的宝贵财富，理应受到社会的尊重。西方人说：“一个阅历丰富的老年人，就是一座人生的博物馆。”东方人说：“年轻人对着镜子才能看清楚的事，老年人对着砖头就能看清楚。”但是，由于自然规律，老年人在很多方面不能同中青年相比，从总体上讲，他们是社会的弱势群体。按照国际上一个国家 60 岁以上的老年人口达到 10%、65 岁以上的老年人口达到 7%即是老龄化社会的标准，我国 1999 年已经进入老龄化社会。目前，我国 60 岁以上的老年人口已有 1.6 亿多，占总人口的 12%，而且每年以 3.3%的速度增长。据预测，我国 60 岁以上的老年人口到 2020 年将达到 2.48 亿，占总人口的 17%；2050 年将达到 4.34 亿，占总人口的 31%。到那时，每三个人中就有一个老年人，而在 4 亿老年人中，80 岁以上的高龄老人就将近 1 亿。在老龄化带来的一系列社会问题中，对老年人的年龄歧视已成为影响代际关系的世界性社会问题。中国也不例外。一些人认为，人老了，不中用了，是包袱、累赘，因此对老年人采取冷漠、歧视的态度。为此，在联合国召开的世界老龄大会上，发出了“建立不分年龄、人人共享的社会”的呼吁，要求人们公平友善地对待老年人，和老年人共享社会进步的成果。在家庭关系上，由于一些人的价值观、道德观滑坡和法制观念淡薄等，涉老方面的矛盾更加突出。一些不肖子孙，不但不尽孝养义务，反而虐待打骂老人，抢夺老人财物，干涉老人婚姻，侵犯老人的合法权益。从全国看，由孤独、疾病、饥寒、受虐等导致的老年人自杀事件屡有发生。2004 年 3 月，预防长者自杀亚太地区会议在中国香港召开。根据会议提供的材料，保守估计，我国每年约有 25 万人自杀，200 万人自杀未遂，其中 55 岁以上的老年人和准老年人约占 20%，而我国农村老年人的自杀率，是世界平均水平的 4～5 倍。在我国老年人自杀的原因中，家庭矛盾引起的急性人际冲突是一个重要方面。特别是农村的老年人，很多人不懂得用法律保护自己，有些人不愿、也无力和自己的儿女打官司，自杀成了他们无奈、也是最后的抗争手段。2005年，据黑龙江省人大代表翟玉和的调查，在农村，52%的人对父母麻木不仁。农村中吃得最差、穿得最差、住得最差的是老年人。在农村，有两种旧观念影响着老年人的维权：一种是“家丑不可外扬”，老年人在家里受虐待，对外不愿意讲；另一种是“清官难断家务事”，村干部明明知道，也不愿意管。因此酿成很多悲剧。这些情况，不能不引起我们的高度重视，我们应当对国民加强法制教育和孝道宣传。将那些违法犯罪的不孝之人绳之以法，自然是解决问题的一种办法；但在家庭矛盾中，更多的情况属于道德范畴，只有大力弘扬孝道这种中华民族的传统美德，使做儿女的自觉尽到自己的责任，才是解决矛盾更为积极有效的办法。建立中国特色养老保障体系的前提是发展生产，重点是两个保障：一是制度保障，二是道德保障。孝道教育，成本最低，作用很大，意义深远，是建立中国特色养老保障体系必不可少的道德保障。

### （二）我们的儿童需要孝

儿童是国家的未来，应当精心培养。现在的问题是，由于我国长期实行计划生育的基本国策，所以很多家庭形成了四个老人、一对夫妇、一个孩子的“四二一”的结构。由于人们爱幼的本能，特别是隔代更甚的规律，我们的儿童往往被娇惯、溺爱。在这样的环境中长大的孩子，很容易成为以自我为中心、淡化亲情回报和缺少社会责任感的人。这对孩子们形成健全的人格是很不利的。2005年6月2日，《北京娱乐信报》刊登了一篇名为《一场令人心酸的亲子教育试验》的报道。试验开始，主持人让每个孩子和妈妈都戴上眼罩。在黑暗中，孩子通过触摸妈妈的手寻找自己的母亲，只有5个孩子认出了自己的母亲。紧跟着，孩子和妈妈又都戴上眼罩，所有的妈妈通过触摸手都认出了自己的孩子。而实际上，在前一个试验中，那5个孩子能摸出妈妈的手，几乎都是因为妈妈感觉到是自己孩子的手，给了他们暗示。为什么孩子没有顺利找到自己的妈妈，而妈妈却能顺利找到自己的孩子？有关专家指出，这暴露出家庭教育中爱的失衡，孩子只知道接受爱，不知道感觉爱，也不会付出爱，从而患上了无法感受爱的精神残疾。这样的家庭教育是病态的。因此，我们应当以孝道为切入点，加强儿童的思想道德教育，让他们从小就懂得孝敬父母的道理，做个有道德良心的人。对孩子们进行孝道教育，不必讲什么大道理，古今中外孝亲敬老的故事就是好教材。“教”字的构成很有意思：左边是个“孝”字，右边是个“文”字，先学孝道，再学文化，德才兼备，才成其为教育。从古至今的教育总是把德育放在首位。德育教育为什么强调一个“孝”字？孔子早就在《孝经》里面讲清楚了：“夫孝，德之本也，教之所由生也。”意思是说，孝是一切人伦道德的根本，教育就是从这里开始的。只有一个从小就知道孝敬父母的人，长大以后才可能成为道德高尚，对他人、对社会、对国家有责任感，能成就大事的人。一个中学组织学生看剖腹产的电视录像，开始时，学生们还嘻嘻哈哈，后来就默不做声了，最后个个泪流满面。他们看到母亲生孩子时的巨大付出，开始懂得父母生育抚养的大恩大德。这说明，对青少年进行孝道方面的教育是非常必要的。我认为，青年人应当讲“三心”，即感恩之心、敬畏之心和进取之心。人有感恩之心才会有道德良心，有敬畏之心才不敢胡作非为，有进取之心才能奋发图强，有所作为。三心之中，感恩之心是基础。说到感恩，我要说，父母生养了我们，老师教育了我们，党和国家培养了我们，大自然给了我们生存的条件，都应当感恩。《学会感恩》一书说：“感恩，人生的一堂必修课。”学会感恩，不要忘恩负义；学会感恩，拥有谦虚之德；学会感恩，怀抱敬畏之心；学会感恩，生命中爱多于恨；学会感恩，懂得人生需要忏悔；学会感恩，不再沉溺于财富和权力；学会感恩，永远不要忘记说一声“谢谢”！感恩的心，永远年轻；感恩的人，永远快乐。

有一个故事叫《感恩父母》。从前有个商人，经商致富后，不以富有而自满，反而喜欢邀请博学多闻之士到家里做客，听听他们在各地旅游所遇到的奇闻异事，或者是读万卷书、行万里路后的智慧经验。因此，他的好客之名远播四方。无论对待谁，他总是谦卑有礼，照顾有加。唯独对待他的母亲，却是粗俗无礼，动不动就恶言相向。每次他在众多宾客面前数落母亲时，大家都觉得他的母亲很可怜。有人劝过他，但他总是改不掉这个坏毛病。虽然儿子如此无礼，母亲却无任何怨言，依旧勤快地四处招呼客人；被儿子斥责时，便默默无语地走开。有一天，家里来了一位学者，说不远的山上的寺院里来了一位精通佛法的高僧，前往请教的人络绎不绝。商人听了之后，马上启程，前去请教。在他还没有抵达之前，高僧已经从弟子那里听说了他的情形。这位商人来到高僧面前，请求开示。高僧语带禅机地回答：“开悟之道便在自己家中，无须往外求。”商人请求再多作解释，高僧说：“你现在马上回家，见到一个衣服穿反、鞋子穿错、神情慌张的妇人，就会明白了。”商人急忙赶回家，用力地敲门。母亲在睡梦中听到儿子的呼喊声，害怕儿子生气，急忙跑出来开门，匆忙中将衣服穿反、鞋子穿错。商人一见到开门的母亲正是高僧描述的模样，当下悔悟，从此以后，侍母至孝。这个故事给我们两点启示：第一，对我们最用心的人，往往最先被我们忽略；第二，家有一老，犹如一宝，问佛求道，不需千里之外，就在自己家中。当你用一片孝心，侍奉父母时，你的灵魂就会净化，你的人格就会升华。为什么会这样呢？因为父母爱子女，里面有一种本能的东西，不需要引导，就会自觉去做；而子女爱父母，不是本能驱使，它需要觉悟，需要引导，才能做好。当你做到这一点时，你的人格已经升华。特别是当你不仅能敬爱自己的父母，而且能敬爱别人的父母时，你的人格就又升高了一层。年轻的朋友们，一定要好好孝敬父母。你们的成功之路，应当从这里启程。

## （三）我们的社会需要孝

我国正在完善社会主义市场经济。市场经济需要诚信法则。目前的情况是，市场上假冒伪劣的商品仍然猖獗，诚信问题成了亟待解决的大问题。对此，一方面，要依法惩治；另一方面，要对国民加强诚信教育。诚信和孝道其实是相通的。诚信要求在市场交换中货真价实，童叟无欺；孝道是对父母养育之恩的真诚回报。一个真正孝敬父母的人，在市场经济中一般是不会作假的。因此，在国民中进行孝道的宣传教育，对于形成诚信的社会氛围，从而促进市场经济的健康发展，是有好处的。



## （四）我们的国家需要孝

要把国家治理好，不仅需要以法治国，而且需要以德治国。德治的“德”，包括社会公德、职业道德、家庭美德和个人品德。在家庭美德和个人品德中，头一条就是孝敬老人。我国有近 4 亿家庭，家庭是社会的细胞，家庭稳定，社会就会稳定。而孝，正是调节家庭关系的一剂良药。在目前的家庭关系中，总的来看，关心下一代是有过之而无不及，关心上一代却显得有些苍白无力。因此我认为，以德治国也应当从家庭入手，从孝道入手，然后延伸到社会、国家。一个孝敬父母、品德高尚的人，必是遵守社会公德和职业道德、效忠国家的人。古往今来，无数事实已经证明，国之忠臣，都是孝子，许多为国家和民族建功立业的人，都是大孝子。

李先念是我们党老一辈无产阶级革命家。1931 年，他是湖北陂安南县苏维埃政府主席。为了粉碎敌人的“围剿”，需要“扩红”，他第一个报名参加了红军。出发当天，部队杀了一头猪，改善生活。他没有吃，让通讯员把一碗肉汤给父母送去，并告知他们，儿子要远行了，因为工作忙，不能前来告别，让他们保重身体，不要牵挂。听说儿子参加了红军，又要远行，母亲不顾通讯员劝阻，非要为儿子送行不可。当她急急忙忙赶来时，李先念已经带着部队出发了。他的母亲站在山坡上，望着远去的队伍，久久不肯离去。第二年8月，李母听说儿子带着红军打回来了，正在和敌人作战，就带着家里的全部积蓄两块银元上路了。这时的李先念已经是一个师的政委，此时正率领队伍和敌人打得难解难分。当他看到母亲在硝烟中向他走来时，不禁火冒三丈，厉声吼道："娘，打着你怎么办？快下去！"母亲望着两眼发红的儿子，凑上去，拍拍儿子身上的泥土，默默离开了战场。战斗结束，李先念在行军中发现口袋里有东西，掏出一看，是两块银元。他说"这是我娘放的"，不禁潸然泪下。李先念没有想到，和母亲的这次分别，竟是永别。李先念一直怀念自己的母亲，对母亲有一种歉疚之情。就在他83岁逝世前的日子里，仍是这样。我在一个纪念先念同志的纪录片里看到他对前来医院看望他的老部下说："昨天晚上，你猜我梦见谁了？我梦见母亲了！"乔羽先生为这个片子写了歌，歌的题目是《妈妈我想你》。因此，一个人要做合格的接班人，要做国家的栋梁之才，先要从孝子做起。

概括起来讲，在我们建设小康社会、构建和谐社会的伟大进程中，大力弘扬传统文化、积极倡导孝亲敬老，具有重要的现实意义和深远的历史意义。

# 科学老年观

熊必俊

作为老年人，我与老年人交流有共同语言。以下由我来为大家说一说老年的话题：什么是老？什么叫老年？人生何时入老年？它有什么意义？

老年和老年人，在过去的农业社会是受到社会尊重的。因为在农业社会书报基本上不多，当时人们生产、生活的知识和技能都是靠老年人口头传授下来的，所以老年人不管在家庭中还是在社会上都称为长者，在家是一家之主，在社会上是资深公民，就是资格老的公民。古时种田老人经验丰富，孔子就曾说自己种田不如老农，种菜不如老圃。但在现代社会，老年人的地位似乎有所下降。那么现在究竟应该怎样看待“老”？作为老年人应该如何看待自己？这都是我们需要认真考虑和对待的问题。现在，社会上对于“老”和“老年人”有一种悲观和不科学的议论，因为我进入老年学这个研究领域已经有 20 多年了，所以，以下我想把我所学习到的一些知识介绍给大家、汇报给大家，让我们大家都能够更好地安度晚年。

首先，我们要知道什么是“老”。究竟我们到了多大年龄，才算进入老年了？是不是所有人都是一样的，都是 60 岁进入老年呢？退休年龄上是一样，但是你的身体状况、你的精神面貌就不一样了。如果你已经 60 岁了，身体还很好，人称你老当益壮；如果你刚到 50 岁就弯腰驼背，步履维艰，那就是未老先衰。

其次，我们应该有一个正确的老年观，从而为今后作好准备，继续参与社会，保持自己从壮年进入老年的健康状况，而且甚至可以说进入老年以后生活得更愉快更好。我们还会讲一些老年学的知识，就是关于老年的一些科学方面的知识，如怎样延缓衰老、健康长寿对社会和个人的关系等。学习老年学知识的目的是要把我们的老年生活安排得好一些。老有老的优势，但也有它的弱点；退休有退休的弱点，但也有退休的好处。如果把人生比做跑马拉松的话，到七八十岁，已是及格了，但余下的 1/4 的时间怎样度过是我们应该考虑的。因此，一定要安排好晚年生活。有一个说法是长寿是福。过春节的时候，我们要五福临门。寿为五福之首，就是说能够长寿本身就是福。但是，你必须要健康，如果长寿但不健康，那就不是福了，那可能就是“久病床前无孝子”，自己难受，家属也受累。因此我们要研究怎样健康长寿，健康长寿不仅仅对自己有益，对国家发展也是有益的。

## 一、 老的定义：到底人生什么时候进入老年

我们自古以来就把老与衰结合在一起，因为过去没有老年的起点年龄。人们常说，这个人身体不行了，年近半百了，就是说人老了，衰了。因此，通常给大家的印象就是：老就是衰老，老就是老气横秋、老态龙钟、耳聋眼花……《说文解字》中说老是一个什么形象呢？“老”的象形字，像是一个老人，头发不多，辫子也小（过去梳辫子），弯腰驼背，前面是拄着拐杖。金文里对此也有描述，它描绘一个人是由别人来扶着向前走的，他自己则弯腰驼背。出门的时候要人搀扶他，从形象上来看这个人老了。还有一种形象，秦代的小篆中“老”字是由毛发的“毛”与变化的“化”结合在一起的，就是说头发变白了，那可能也算是一种老。总的来讲就是，在古代，一看到老，大家就想到是个弯腰驼背的老人或者是白发苍苍的老人。许慎《说文解字》是这样解释的：“老也，七十为老，言须发变也。”就是说70岁应该是老了，因为他的头发变白了。所以老的定义从它的字形上来讲是这样的。那么，反过来看，头发变白也不一定是老了，有人是童颜鹤发，头发是白的，但是面相还是很年轻的。头发变白是一种生理现象，是一种基因，这并不是老的一个必然趋势。国外也谈这个问题，《圣经》里面就讲，一头白发，是上帝赐给他的一个桂冠。为什么这样说？就是一个老年人，在他年轻的时候生儿育女，然后为社会作贡献、创造财富，最后进入老年了，头发白了，因此这个是上帝赠给他的桂冠。所以，人人都会老，家家有老人，这是没有办法回避的问题。生老病死是自然规律，长生不老是不可能的。但是，人什么时候衰老？有人衰老得快，有人衰老得慢，这是有多种原因的。首先是自然原因，天生的，比如说遗传；其次，生活条件、营养、居住的条件都在起作用。现在，我们知道有很多长寿地区。这些地区因为有很好的生活环境，有很好的生活氛围，再加上自己的努力，自然就会有很多长寿老人。造成人身体衰老的因素中，自然环境大约占60%，其余40%掌握在自己手里。现在，由于自然方面的情况恶化，污染比较严重，各方面条件比较差，这样，自然条件作用下降，约占40%，而我们自己能够决定的因素占60%。所以

自己可以使自己衰老得晚一点，慢一点。因此，大家绝不要刚刚退休就觉得自己不行了。退休，是在工作了一定时间后的新旧交替。长江后浪推前浪，这只是工作状况，并不是说你 59 岁没老，一到 60 岁，一退休，一拿了退休证就老了。大家不能机械地看问题，这样就不会对老有一种恐惧感，有一种失落感，有一种“来日无多”的感觉。

以我为例，我今年 82 岁，有人问我要不要给自己定一个长寿目标，如 100 岁、120 岁。我说不定。因为如果定下目标就像奥运会倒计时一样，就会有一种紧迫感，所以这种心态不好。我没有别的长寿秘诀。第一，我研究老年学，知道什么是老、什么时候入老年、怎样对待老；第二，我过好每一天，把这一天过好我就非常高兴，如果说每天过得好、每一个礼拜过得好、每一个月过得好，那不在乎过多少年，而在乎生活的质量、生命的质量。因此，不要怕老，不要怨老，应该喜老。

## 二、 进入老年的年龄标准



年龄的界限在不同的地区、不同的国家是不同的。第一类是发达地区。像在欧美各国、日本等这些工业发达的国家，人的寿命都比较长，现在平均寿命达到了 75 岁以上，甚至有的到了 80 岁，像日本，现在平均寿命为 82 岁，是寿命比较长的国家。第二类是发展中国家。比如我国，我们的经济还不发达，工业方面标准还不是太高，人的寿命就短一些。现在发展中国家的平均寿命不过就是 60 多岁，发达国家现在 70 多岁，最不发达的国家是 50 多岁。平均寿命高的，老年起点年龄可能要高一点，发达国家现在是 65 岁；在发展中国家，因为人的寿命比较短一些，现在是 60 岁；在最不发达的地区，就没有这个概念。因此说不同的国家，关于人生何时入老年标准是不同的。因为人的寿命的长短，是与经济发展、科技进步、人民的生活、国家的昌盛相联系的。所以在不同的地区，老年的起点年龄是不一样的。

在我国，人生何时入老年？那就是 60 岁，总的来讲，是在这个年龄退休。这也是工业化社会以后因为要实行退休制度才规定的。在农业社会，这是不明显的，因为农业社会人们不是在工厂劳动的。在农业社会，只有一些做官的人到了一定年龄要告老还乡，一般是 70 岁。因为他们是专门的脑力劳动者，所以反而比现在我们的退休年龄还晚一些。不同的工种有不同的退休年龄。但如果是在农村，他不是在工厂里，没有退休的说法，就在家里喂鸡、种点菜，还是在劳动。可是在工业社会就不一样。春秋时代有一部书叫《礼记》，它提到“老有所终”。为什么叫“老有所终”，而不是“老有所养”呢？“老有所终”比“养”内涵更广，不仅仅指供给饭吃，还要尊重你、能够给你送终。因此说，“老有所终，壮有所用”。“壮”是壮年人，实际上就是有力气的人、能干活的人，还没有衰老的人就应该有活干。还有“幼有所长”，就是说，小孩应该读书，上学。这是没有年龄的界限的，不是说60岁了你就应该在家里养着，而是说身体能够干活的时候，就应该干活；不能干活的时候，就养起来。

进入工业社会以后，人们不是在自己家里干活，也不是干农活，而是开动机器，不完全是靠体力。因此，就要有一个年龄限制。后来对年龄进行了适当的划分。比如，19世纪末，瑞典人口学家桑德巴尔提出了人口三分法，把人分成三个等级：一是少年儿童，就是15岁以下的人口；二是中年，15～49岁，就是劳动的年龄段，因为那个时候机器还比较少，而且还有很多体力劳动；三是老年，即50岁以上的人口。到了20世纪的中期，因为发达国家人口老龄化比较严重，所以就提高了人口劳动年龄的上限，即0～15岁为少年儿童，15～60岁为劳动年龄人口。后来又进一步改为65岁。

因为人的预期寿命在逐步延长，所以现在联合国有两个老年的起点年龄标准：发展中国家是60岁，发达国家是65岁，在国际上这两个通用。

我们国家已经进入老龄社会。所谓进入老龄社会，就是一个国家60岁以上的老年人达到了10%。但是在发达国家，65岁以上的人如果达到7%，也是老龄社会。尽管60岁和65岁这两个标准不一样，但国家进入老龄社会的这个标准基本上是相同的。

把年龄划分成三段是有原因的。首先，对少年人应该进行抚养和教育。其次，在劳动人口年龄，15～60岁或者15～65岁时应该是参加劳动的，就是我们《礼记》上说的“壮有所用”。最后，如果你已经进入老年，那在工业社会里要办退休手续，有退休金。

年龄三分法的一个意义是它可以衡量一个国家劳动力是否足够。因为现在我们说的劳动年龄人口，就是从15岁到60岁或65岁的人口。现在劳动年龄人口这个比重我们差不多达到70%。就是有70个人劳动，来负担这30个老年和少年。根据这个来计算国家要负担多少、职工什么时候退休。

但是，老年的起点年龄不可能是一成不变的。如我国，新中国刚成立时，我国的人均寿命较低，当时是以手工业为主，所以只有根据当时的情况确定。到了20世纪70年代，自动化水平提高了以后，一些老工人能够继续干活，到

50 岁才退休。工业发达以后，劳动年龄就应该提高，应该适当地调整退休年龄，提高老年的起点年龄。但是鉴于目前劳动力还比较多的情况，我建议 2015 年以后再提。因为到了 2015 年，我国劳动年龄人口的比重开始下降。劳动年龄人口减少了，人口寿命又延长了，这样就应该可以适当地提高老年的起点年龄。可见何时入老年，这个标准应该是可以变化的，而且应该根据人的寿命的逐步延长来逐步变化，退休年龄也应当与老年起点年龄相统一，逐步地提高。

现在发达国家，如美国、日本、英国都提出要逐步提高退休年龄，有些国家现在缺劳动力，办法之一就是延迟退休。有些国家规定了法定领取退休金的年龄，65 岁是拿全额退休金的时候，应该给多少就给多少，可以提前两年，也可以推迟两年 。提前两年，减少一个百分比，或者给 90%；推迟一年，可以增加百分比，其目的就是提倡灵活退休。

我国古代也已提出年龄三分法，而且提得还很具体。比如说《礼记》中有一篇文章是这样讲的："人生十年曰幼"，就是小孩。"二十曰弱冠"，就是进入青年了，那就要行加冠之礼。"三十曰壮"，30 岁的时候，身体强壮，就应该结婚生子，那是晚婚。"四十曰强"，年轻而且也有家室了，各方面知识也比较丰富，就应该为社会服务，做一些事情。"五十曰艾"，艾，是指端午节插的艾蒿。艾蒿本身是花白的，就是说 50 岁的人可能头发就有一点花白了，"服官政"，这就可以为政务做一些事情。"六十曰耆"，是指 60 岁的时候那就进入老年了，耆就是老的意思。"七十曰老"，"老"指的是官员退休。"八十、九十曰耄"，这就是说 80～90 岁，是老毛，就是头发眉毛进入晚年了。"百年曰期"，"百"是 100 岁，那时到这个岁数就活到极点了，就应该颐养天年、在家里享福了。这样看，当时大概 50 岁就是老年的起点年龄。

对这个年龄规定，各个朝代也不一样。比如，管子在《海王篇》中指出，60 岁以上为老男，50 岁以上为老女。《晋书·食货志》以 12 岁以下为小，66 岁以上为老，晋朝是以 66 岁以上为老的。隋朝，是 3 岁以下为黄，60 岁为老；唐朝，男女胎生为黄，4 岁为小，16 岁为中，20 岁、21 岁为丁；宋朝，以 60 岁为老。

总的来讲，就是看身体状况。《论语》中说，"十五而志于学"，"三十而立"，"四十而不惑"，"五十而知天命"，"六十而耳顺"，"七十而从心所欲不逾矩"。依此来看，各个年龄都有要做的事情，便不会认为"人老万事休"，而是继续参与社会，干一些力所能及的事。所以说，了解怎样对待老、怎样安排自己的生活，是很有必要的，因为安排好自己的生活，对自己的健康有好处。俗语说，“家有一老胜似一宝”，如果我们能够长寿又健康，能够好好地安排自己的生活，那么对自己、对家人、对社会都是有好处的。

## 三、生理年龄、心理年龄、社会年龄

老年的含义，不是完全靠形象来看的，而是从年龄方面来考虑的。但不同的学科研究的侧重点不同，比如，研究医学的人，就着重研究生理方面的情况；研究心理学的人，研究人的心态，老年人的心态是什么、怎样能够使老年人心态健康。因此，国际上定义老年人除用出生年龄以外，还有生理年龄、心理年龄和社会年龄。出生年龄，是依身份证上的出生年份计算的，但生理年龄、心理年龄和社会年龄不同。

北京市曾举行过一个评选健康老人活动，其中选评“健康老人之星”的考试考了五个方面：第一，看形象，看形象老不老，是不是老态龙钟的，看走路，弯腰驼背不行；第二，考体力，如握力、提东西上楼；第三，心态，问你要遇到不愉快的事怎么办？是灰心丧气，还是想办法来改变心态？第四，考敏捷性，就是反应；第五，参与社会的表现，即才艺展示。因此，某些人的年龄增加了，但是与衰老不是同步的。出生年龄，也叫年代年龄，用它来判断一个人是不是进入老年是不全面的。

生理年龄指什么？通俗来说，生理年龄就是指人身体的各个部位是不是衰退了。生理年龄指的是人的身体状态，如呼吸系统、消化系统等的状态。人的身体和机器一样，如果身体保养得好，能够多用几年；如果不注意保养的话，很容易就衰老了。

心理就是指心态。心理年龄，指的就是人的心态对应的年龄。

退休年龄代表不了身体状况、心理状况、在社会上的活动情况。同龄人在身体、心理、社会这些方面的活动能力是有差异的。有的人是未老先衰，什么叫未老先衰呢？如果说一个人今年才 50 岁，却觉得什么都没意思，那就说明这个人精神面貌已经衰老了，这叫未老先衰。另外，有的人是老当益壮，尽管他已经进入老年，甚至七八十岁了，但是他的精神面貌还很好，心态也挺好，因此会有些童颜鹤发，看头发是个老年人，但是看面貌、看活动的各方面，却完全不是老年人。

最后来谈谈社会年龄。社会对于老年人还是比较重视的。比如，老年人的称号，在法国叫第三年龄，因为在法国分为少年、中年、老年三个阶段。我国有老年大学，在美国、法国，老年大学叫第三年龄大学。在美国，称老年人为资深公民，即资格老的公民；日本称长寿者；新加坡称老龄或乐龄。乐龄，应该是指金色的年华，与我们银龄是一样的。这就是说，对老，在心态上要看得开，遇事应该心胸宽阔一些，要保持好心态，古诗里讲要“偷闲学少年”。人老先从腿上老，这说的是生理机能；人老心先老，说的是心态。保持低社会年龄，就要参与社会，兴趣广泛。当初上班的时候，经常和同事一块儿上班下班；退休以后，在家里一般就只有老伴相伴。因此，一些老年人，特别是一些领导干部，退休后有失落感，闭门不出，闷坐家中。这是不好的。老年人一定要走出来，要跟年轻人交朋友。例如，日本的老年大学与小学相邻，街上的小孩就会去养老院看看，老人也可以看看小孩。退休以后，没有工作压力了，无事一身轻，应该更好地融入社会，保持好的心态，多交朋友，多参加活动，如老年交际舞队、服装表演队、运动会等。

但是，生理年龄、心理年龄和社会年龄都不好确定、不好测试。因此国际上划分老年，都是将出生年龄作为起点年龄来算的。老年的起点年龄，应随着预期寿命的延长、健康水平的提高、国家经济条件的改善来逐步地提高，从而使我们能够享受更多的工作的乐趣，这也是有好处的。因此说，应以一个平均的值为标准来划分老年。



## 四、 健康老龄化

在发达国家，老龄化速度比较快。法国约在 1950 年就进入了老龄社会。随着担负老年人福利的压力提高，法国在 20 世纪 80 年代提出了健康老龄化的概念。

怎样来理解健康老龄化呢？就是说，在人的生命周期中，从儿童成长到壮年，是身体最好的时候，到四五十岁时会达到顶峰，等进入 60 岁的时候，身体状况就慢慢地下降了。人的衰老，分为三种：一是自然的衰老；二是病理性的衰老，就是得病引起的衰老；三是健康的老化，就是指每一个人进入老年以后，肯定会得一些老年病。提出健康老龄化，就是希望人们在青年、中年的时候保持身体健康。一个人如果他青年、中年时身体不好，进入老年身体也不会好。现在的中年人，要把自己的健康带入老年，把得老年病的时间推迟一点；要把生活能够自理的时间延长一点，把要别人伺候，离开人不能生活的时间缩得更短一点。这样一是减少家庭负担，二是减少医疗费。因此，提出“健康老龄化”

就是希望老年人能够把健康带进老年，来延长自己生活能够自理的时间。2002年，联合国在西班牙马德里举行的第二次世界老龄大会的主题为“老年与发展”，提出了“积极老龄化”的观点。什么是“积极老龄化”呢？第一，要健康；第二，健康了、寿命延长了，还要参加一些社会活动，就是要参与；第三，要有保障，社会团体要为老年人健康和老年人能够参与社会做一些工作，使他们能够健康，使他们能够参与社会。我们的远程老年教育就是为老年人的健康服务的，这里讲的内容属于理念方面的，目的是使大家健康，能够面对生活，过好晚年。我们还要教给大家一些技能，举办一些培训班。比如，我们有些老年大学有法律系，就是老年的法官退休以后，继续学习，以后可以当律师，可以到社区上为老年人做法律顾问。这就需要我们社会，包括我们的远程教育来为大家提供一些技能上的帮助。我们过去的老年教育是以休闲健康为主体的，现在我们的老年教育正向发展型转变。发展型就是提高大家的健康水平，然后给大家提供一些参与社会的机会。比如说办书画班，让老年人学画画，对自己健康很有好处。再比如，适当地学一点保健知识，对自己也很有好处，也能够帮助比自己老的人。通过我们的远程教育，老年人不仅可以学文化知识，还可以学实用知识。当然，我们还要学会欣赏和享受，学诗词、学绘画，甚至学烹饪，还可以学缝纫，以后可以在社区里做点缝补的工作。总的来讲，是要使大家能够融入社会。

我们远程教育的目的是，既要提高老年人的生活素质，又要提高老年人的生命素质，让他们觉得活得有意思。最后，有两句话告诉大家：第一句，给生命以时间。就是通过我们老年远程教育，给大家提供一些能够使身体健康、能够健康长寿的知识。我们要科学养老，科学健康，提高各方面的素质，使大家能够健康长寿。第二句，给时间以生命。寿命延长了，还要活得有意义、活得有价值，这就叫生命的质量。

# 构建和谐心灵

于 丹

非常高兴今天有幸与这么多朋友进行文化心得的分享。我要讲的主题，不仅是诠释中国文化，而且是传递关于我们生活幸福的感受。因为我们每个人都是立足当下的人，活在这个时代里。我们去看中国的文化、看心灵的平衡、看未来的发展，都会怎么看呢？我经常会看到周围这些阿姨，这些正直而善良的老人，她们心中有很多很多愿望，但是也有很多很多迷惑，甚至不平衡。因为今天的社会与她们生长和付出的时代相比，在价值观上，有了很大的进步，也可以说有了很大的颠覆，很多东西可能和她们那个时候有所不同。

2008 年是中国改革开放的第 30 个年头。大家都在探讨：这 30 年来，改革带来了无限机遇，开放带来了多元的人文思想，我们的生活坐标系到底发生了多大的变化？我们可以看到，站在这些令人尊敬的长者的这个年纪上回望中国，可以说整个新中国的历史是从他们的生命中穿行而过的。

她们也曾意气风发，她们也曾唱着那些 20 世纪 50 年代的歌曲，投身于社会主义建设。一路走过来，经历了“文化大革命”的动荡、经历了“批林批孔”，走进了 80 年代，经历中国从计划经济向市场经济的转型。我们的物质生活极大丰富了，文明和科技发达了，但是价值观受到了空前的挑战。

在 20 世纪六七十年代，也许一张奖状，就是对一个人价值的全部肯定：他牺牲生命，是为了一个荣誉，为了一种集体利益，他心甘情愿。但是到了 20 世纪八九十年代，我们开始要自己买房了，孩子们受教育要交钱了，看病也要花钱了。所有这一切带给我们的是什么呢？是一种生活上的提升，质量品质上的稳定，但同时也带来了心灵上的困惑。

所以今天我想谈一谈中国文化怎样让我们在享受丰富物质文明的同时，给我们一种稳定的、美好的、蓬勃的心灵状态；怎样让我们从文化的这种滋养之中找到自身的坐标体系，并且跟着整个时代的进步不断调适自己的角色。

其实，我想只要一个人的生命一直处于成长的状态，他就不惧衰老。无论是阿姨们这一辈人，大姐们这一辈人，还是我们这一辈人，甚至比我们更年轻的学生，可能所有的女人都是惧怕衰老的。抵抗衰老的最好方式是什么？就是找到为生命保鲜的秘密。不是大把的维生素，也不是化妆品，而是一种蓬勃的心灵状态。也就是一个人觉得自己还在进步，还在成长，还在变化，她还有能力去尝试，还能动手。一位老奶奶，如果她不但敢穿她孙女穿的裙子，而且她觉得自己很自信；如果她上街去吃到了一道菜，即使回家弄得满屋都是油烟，也敢于给儿孙们尝试着做一做，不管做好做坏；如果儿女们上班了，她在外面看见一块花布，就趁着儿女们下班之前，把窗帘、沙发套全给换了……你会觉得这个老人真是魅力十足。如果一个老人他还尝试上网、尝试打游戏，还能够去分享孙子孙女玩的东西或者是听的那些歌，你同样会觉得这个老人很有魅力。

什么是活在当下？我们今天的快乐，可以说有两种快乐：第一种是消费型快乐，第二种是创造型快乐。一个永不衰老的生命，是有能力享受创造型快乐的。消费型快乐，我想大家都能够感觉得到，我们可以看到在电视广告里，给爹妈送礼的各式各样的广告是如此之多。我想孝敬的儿女对自己的父母都心存愧疚。因为我们太忙了，没时间陪他们，所以在买各种保健仪器、各种衣服和各式各样的营养品，在这一方面绝大多数儿女都毫不吝啬。今天的老人在一个物质丰富的时代里，并不缺少消费型快乐。但是什么是创造型快乐？怎样去弥补这些东西堆积如山以后，他们心里无法消除的寂寞呢？那就是让他们知道自己是否还有创造能力，能够用什么样的方式去创造。因此，我们需要看看中国文化告诉了我们什么。



## 一、“神于天，圣于地”

中国文化的源头是儒家和道家。其实我们经常用一个说法，叫“儒、道、释”这三家，即中国最传统的孔子学说的儒家、庄子学说的道家和释迦牟尼学说的佛家。

这三家在20世纪六七十年代都是被彻底颠覆的。那时说，中国的儒家是封建的桎梏，阻碍了中国的民主和科学；中国的道家消极处世，教人不思进取；佛家给人的只有迷信和麻木，宗教是一种腐朽的东西。那么在今天，半个世纪之后，进入21世纪，我们应该怎样去看待传统文化中的良性元素呢？我仍然不能说“儒、道、释”这三家在今天就是要完全肯定的，但是，在任何一个稳定的文化体系中，它一定有一些东西是我们今天的生命可以去享受的，是我们能够用今天的生命去体验的。那么“儒、道、释”中都有什么呢？我们先看这个体系跟中国人的关系是什么样的。

它不是一种外在的，需要我们条分缕析去死记硬背的东西——阿姨们这个年纪，已经不像孩子们上学，还要从头死记硬背，这个时候不需要背任何东西——就是怦然入心，自己心里明白了，让它成为你生命中的一种力量，成为一种蓬勃的心态就足够了。因为“儒、道、释”本来就是跟中国人共生共长的。

有一本很古老的书《三五历纪》，说的是中国人是怎样开天辟地的。大家都知道盘古开天辟地，但他并不是如人们想象的用一种外在的方式去打开天地的，而是人在天地之中同步成长的。《三五历纪》上说，“天地混沌如鸡子”，说天和地原来就是一团真气，“盘古在其中”。这团真气的中间有个小人儿就是盘古，他就和天地一起长。盘古是用自己的身体顶天立地，把天地撑开的。这就是中国人的信念，天、地、人同步成长，当一个人顶天立地的时候，天地就与他合一了。我们从来不会因为人的孤绝，感觉到自己的渺小，也不会感觉到天高地阔，托身无所。

当你融合在天地之间的时候，你就保持着同步成长了。

因此，“天日高一丈”，也就是说苍天，每天不多长，就长一丈。“地日厚一丈”，这个大地每天也长一丈。“盘古日长一丈”，这个盘古在中间保持着跟天、地同步的速度，从容地在成长着。“一日九变”，是说盘古这个人一天之中有着无数次的变化。可以做这个，可以做那个。大家知道这个“九”在中国数字里极言其多。为什么故宫一定是 9999 间半，不会出现归零呢？因为一出现归零就一切都归于虚无了，所以九是最多。“一日九变”的生命多生动啊！现在总有一些词，在作一些不好的心理暗示。有人年纪轻轻就会说“人过三十不学艺”，我都 30 多岁了，我还学什么新东西？还有人说“人过四十天过午”，这都是什么说法呢？这就是暗示自己，生命早早地就停顿了。其实，如果一个 70 岁、80 岁的人，还在学习，还在变化，那他就像盘古一样与天地是融合的，他就一直还在长着。所以盘古一直长到18 000岁，终于把天和地撑开了。这个时候“阳清为天，阴浊为地”。阳气上升变为了苍天，阴气成为大地，而盘古在其中。

此时可以用六个字形容盘古这个人，这也是我认为的中国人的理想人格，即“神于天、圣于地”。恰好就是中国的道家和儒家两个学说所指出来的价值取向。大家都知道儒家鼓励我们做圣贤，什么是圣贤呢？就是进入社会，认同规则，勇于付出，承担责任，做一个合法的公民，能够去尽义务。这就是圣贤的境界。

什么是大地？大地就是我们这个社会群体，我们每个人都有自己的工作职责，都必须要去承担。我们受了教育，享有福利，我们要出去做事，这就是大地上的规则。在大地上，你越认同规则、越付出、越奉献，你就越接近一个圣贤的境界。这叫“圣于地”。

“神于天”其实就是道家的境界。大家都熟悉《庄子》开篇的《逍遥游》。《逍遥游》讲的就是我们个人的生命是可以与永恒的自然宇宙相接的。别看在社会生命中个体好像很短暂、很渺小，但是当你进入永恒的自然，比如，你随着春夏秋冬去调理心情，你热爱每一份春花秋月在生命中的穿行，你有一种蓬勃的赤子之心，你能够奔跑在森林、海滩，你能够去看朝霞、暮霭。也就是说，只要你感受到了自然对你生命的那种滋养，就能够做到“独与天地精神往来”。其实，这种境界，恰好就是神仙的境界。一个人如果做到了“独与天地精神往来”，用庄子的话来讲，就是可以做到“天地与我共生，万物与我合一”，那这个人就成为一个遨游天空的神仙了。

我们每个人的生命，其实都有两重人格：一重是社会人格，一重是自然人格。对长者来讲，其社会人格的形成，刚好在中国社会主义建设最蓬勃发展的时候。那个时候我们看见的宣传画上，无论是那些纺织女工还是那些女教师，大家都是呕心沥血在这个社会上付出着。作为职业女性，大家都有这个层面。但是另外一个层面，大家都是永远的女儿、母亲和妻子。这就是我们的自然生命。在自然这个层面上，大家需要去宠爱自己的这个性别，女人都是美丽的，女人都是浪漫的，女人都是柔软的。

因此，我们要像神仙一样在天空飞扬，这就是“圣于地”和“神于天”。这就是中国人人格的两岸。从儒家和道家的学说中，我们一定能够找到自己的一个生命坐标。

今天这个时代，有很多人说越来越看不懂，越看越仓皇了。其实，如果我们的坐标大了，就不会有那么多的仓皇。天和地会让我们建立一个生命的格局，格局大了，人的局限就小了。“局限性”这个词很有意思。“局限”，就是一个人格局太小，所以为其所限。也就是说，“局限性”不是别人给你找的麻烦、不是对手给你设置的障碍，而是因为我们自己生命的格局太小。我们不够大，冲不出这种限制，所以我们就会迷惑，就会抱怨，就会有种种的失落。但是如果以天地为局，在大地上无怨无悔地付出做个圣贤、在天空中如同孩子一般浪漫天真去飞扬做个神仙，把这两端同时归入我们的生命里，我们还会有那么多抱怨吗？

## 二、“仁者不忧，智者不惑，勇者不惧”

文化是什么？文化并不能改变我们生命中要面对的很多现实的结果。比如说2008年，并不因为我们拥有文化地震就不来临，金融危机就可以推迟来到。这都是不可能的。但是文化可以改变我们面对这个世界的态度。也就是说，客观的世界跟我们主观的评价之间不一定成正比。客观的世界是不是一定给我们心灵上带来一种冲击、创伤和负面情绪呢？那就要看我们以什么样的文化去建立我们心里的价值。文化其实是我们面对世界的一种判断，是我们自己建立生命的一种力量。

比如，学生去问孔子，怎样才能做个真君子。孔子说，“君子道者三”，也就是说真君子有三个基本道，即“仁者不忧，智者不惑，勇者不惧”。用我们今天的话讲，“仁者不忧”，是指一个心存仁爱的人，他的忧伤会少一些；“智者不惑”，是说一个有大智慧的人能够清楚地判断是非，他的迷惑就减少一些；“勇者不惧”，是说“两强相遇勇者胜”，一个勇敢的人，他的恐惧、畏惧就比别人要少很多。



忧、惑、惧，在现实空间中我们是无法躲开的。2008年，我们有很多忧思、忧伤、忧惑、恐惧、畏惧。但大家想想，所有这些负面情绪里面有一个密码，大家看忧伤的“忧”是“忄”旁，迷惑的“惑”是心字底，恐惧的“惧”又是一个“忄”旁。换言之，这个世界上所有的负面情绪只能通过一种方式真正击垮你，那就是它彻底地击垮了你的心。你心中这样认为，这个情绪就发生了。如果你不这样认为，情绪估计也无可奈何。我们能做的是什么？不是直接地去改变整个世界的规则，而是改变自己的心态。用什么来加强这个心？就是“仁、智、勇”。

但是，加强了以后，我们难道就不会遇到生活中的麻烦了吗？我们仍然会遇到麻烦，但每个人是不一样的。例如，划了个一寸来长的伤口这算大伤还是小伤？每个人的答案是不一样的。如果是哪个阿姨家娇滴滴的十来岁的小孙女，小姑娘肯定说：“哎呀，太疼了，要找创可贴呀，要上药啊……”第二天还得照照镜子，第三天还挂记着这件事。她可能会挂记一个星期，见谁都提及。但如果哪个阿姨家有个十来岁的小孙子，这男孩子今天爬树了，明天踢球了，他的腿经常碰伤，他从碰伤一直到愈合，自己可能根本就不知道，更不用说天天惦记这事了。

同样的道理，人的一生，工作职场上会有种种压力、竞争，情感生活上可能会有很多挫折乃至背叛，亲人的伤、病、死亡，还有金钱的得失流散，这一切不过就是生命中一个一寸长的伤口。这伤口是划在了小姑娘的身上还是划在了男孩子身上，反应是不一样的。我们的心也是一样，只不过我们的心，不是说谁先天就是小姑娘，总是什么都在乎；也没有谁那么幸运，先天就是一个粗糙的小伙子，经过的事他就不在乎。我们的心是靠修炼的，文化的力量越强，信念的力量越大，客观上带给你的伤害相对就会越小。因为你有能力超越它，有一种修复自己生命的能量，而且你还能传递给别人一种快乐，去建立别人的价值。这就是我所说的，儒家告诉我们怎样用“仁、智、勇”去提升自己。

## 三、“中心为忠”、“如心为恕”

这种提升，说起来好像是一件很高深的事情，做起来其实很简单，讲的就是在当下。

孔子的学生曾子曾经说，“夫子之道，一以贯之”。意思是，我老师的道理，说白了，很简单，“忠恕”而已。忠和恕，即忠诚和宽容。这两个字我们今天怎样理解呢？宋代有个大儒叫朱熹。他解释忠恕简单极了。其实，不要把中国文化看得特别艰深晦涩，其实不那么难。朱熹说什么叫忠？“中心为忠”，上“中”下“心”，这不就是忠诚的“忠”吗？

什么叫“中心为忠”？就是说这个世界上真正的大忠诚，不是要你忠于一个外在的制度、忠于一个人、忠于一个标准，真正的忠诚只有一种，就是一个人忠守于内心的良知，忠于你心里那个底线，这叫中心为忠，就是说，真正的忠诚是在你自己心中有个标准。

用老百姓的话说就是“摸着良心办事”。不管对什么人、对什么事，不管别人看见没看见、要求没要求，你摸着良心说这符合我心中的底线吗？如果做每件事都这样问问心，这就叫忠。

再来看第二个字“恕”。这个字写得也很有意思，朱熹还在拆字，“如心为恕”。这是什么意思呢？怎样才是宽容？不是说一件让你生气的事发生了，你咬牙切齿地说，“这事我就忍了，我就不跟他计较了”，然后自己捶胸顿足地去难受。那不算真宽容、真“恕”。宽容是要主动地、学着和那个人换位思考。一件事发生了，我站在他的角度上，当他人心如我心的时候，自然会变得宽容。这叫“如心为恕”。我们每个人的当下，其实都是所有历史教养的总和。一个人出生的地方、生长的环境，从童年到青年经历的事情，后来受的教育、从业的环境、家庭的状况，决定了他此刻想事和做事的方式。因此，不要只计较他这一时，说这人怎么这么说话、这么想事，要想一想，他是怎么成长的。当你的心站在他的角度替他想的时候，如心为恕，这自然就会是一种宽容。

朱熹还说了两句话，“尽己为忠，推己为恕”。“尽己为忠”，就是说一个人认真地尽到了自己的心，这就叫忠诚。“推己为恕”，就是把自己这颗心推到别人身上，自然就会很宽容。我们知道孟子有句话叫做“老吾老以及人之老，幼吾幼以及人之幼”。天下儿女都爱自己的父母，用这样的心对所有的老人；天下父母都爱自己的孩子，用这样的心对待别人的孩子，这就叫推己。把自己的心推到别人身上，你也就会对老人尽孝，呵护孩子，这是好事。而相反地，我们知道《论语》中有一句话叫“己所不欲，勿施于人”。自己不喜欢的事，别人一定也不喜欢，就别施加到别人身上。如果人都能这样，把自己喜欢的事推及到别人身上；自己不喜欢的事也不强加于人，这就叫推己为恕。这样的人，还会不宽容吗？

儒家思想的核心是什么呢？一个忠，一个恕，对自己忠，对别人宽容。能做到这一点社会关系也就会变得和谐。这两个字里就有刚才我们说的密码，就是一颗心。什么是中国文化？归根到底，中国文化是一种养心的文化。世间零乱，这个变化我们把握不住，但是我们养着心。人有了这颗柔软的心，在这个世界上再去斟酌，就能找到自己的起点。可见中国儒家文化并不是一个唱高调、说大道理的文化。



## 四、“老者安之，朋友信之，少者怀之”

过去我们总说封建文化影响了我们的发展，提了太多礼法，那些东西也确实存在，可是我们今天不必总盯着这些，我们看看那些温暖的学说。我想可能老人们都会喜欢下面这段对话。

孔子的学生跟孔子谈理想。子路、颜回都是孔子最喜欢的学生，都想到了很高、很远的人生理想。后来他们发现老师很沉默，没说话。于是，大家就请教老师，说那您的理想是什么？孔子就安安静静地说了三句话：“老者安之，朋友信之，少者怀之。”做到这三点就是他的理想。“老者安之”：因为我这个人在，而让我们的老人们得以安顿。“朋友信之”：因为拥有我这个朋友，其他的人会多一份托付和信任。“少者怀之”：我作为一个长辈，让年轻孩子们觉得这个人真不错，经常怀念他。孔子说，做到这三点就是他的理想。其实，这只是圣人的理想吗？这对我们每个人来讲，难道不亲切、不温暖吗？今天的人，扔掉名片上所有的头衔，忘记身后的教育背景、身份差异，人人都和这三种人有关系。生我养我的父母长辈、我生我养的儿女晚辈、一生相随相伴的各种朋友。谁没有这三种人呢？可是为什么我们今天的生活有这么多烦恼呢？我们今天不缺少成功，但有时候缺少幸福。即使你能够在整个世界建功立业，但这三种人你未必能安顿好。这就是我们说成功也许不是最重要的，改革开放为社会提供的外在成功机遇太多了，但是改革开放不能保障每一个人内心的幸福。这不是我们外在的这个机制能够保障的，这是文化的作用，这是每个人对生命价值的认同。什么是幸福？试想，如果一个人在为社会建功立业的同时，守住这条底线：都能把自己的老人安顿好，没愧疚；让朋友们觉得很温暖，相互往来，一诺千金，让人觉得这人信得过；让孩子们喜欢这个长辈，经常怀念他、不讨厌他，没有代沟。那么，也许幸福就比成功离他更近一点。

那么，首先说“老者安之”。

什么叫“安”呢？老人外安其身容易，内安其心确实挺难。安身，无非是照顾好衣食住行，好像这大家都能做到。但是什么是安心？我们来看看《论语》上对这个“孝”是怎么解释的。



“孝”这件事情，论心不论迹，其实它是我们内心的一个愿望。因此，孔子的学生问老师什么叫孝，孔子说“今之所谓孝，是谓能养”，意思是，现如今大家说起孝顺，认为能养活自己的长辈就叫孝。但是他不同意，接着说了这段话：“至于犬马，皆能有养；不敬，何以别乎？”意思是，你觉得养父母就叫孝吗？那你们家的牛羊犬马，你难道没养着吗？如果你的内心对父母长辈没有一份深深的敬意，那么养父母跟养犬马能有多大区别？

这话说得很实在，孝敬是内有敬，外才有孝；有敬心才有孝行。心中对父母不敬，能做得好吗？其实我们经常会看见现在的儿女对父母的话特别不耐烦，经常说：“我的事你别瞎掺和了，我们现在职场上竞争那事，你哪懂啊？”“你呀，别瞎操心，该吃吃，该喝喝，别省着花钱，就是对咱们家最大的贡献了。”细想起来，这说明我们潜意识里有点蔑视我们父母辈的经验，觉得他过时了，觉得他们是在一个朴素的农业文明时代长大的，他们的人生价值观已不适应现代社会。而父母呢，还爱去多管这些事，不管儿女多大了还要追着说：“哎呀，你别跟人争啊！别跟人计较！凡事吃点小亏，没事，做人得厚道点儿。”其实这就是价值观有冲突。儿女往往觉得，我可以好好地养活你，但是现在社会公务的事你别掺和，你已经落伍了。这恰恰就是孔子说的，“不敬，何以别乎?”如果内心对于他们的那种人格、价值观没有一份敬重的话，那就会有言语的冲突，就会表现得不孝敬。因此，能够耐下心来听父母的话，这也许是一件最难的事。

孔子的一个学生问老师什么叫孝?孔子给了两个字的标准答案：“色难。”就是说在孝敬这件事上，千难万难，难不过你能一直给父母一个好脸色看。两千多年过去了，今天我们这个社会都发达如此，但“色难”这个问题还没解决。

绝大多数儿女都是绝对有孝心的，可是99.99%都不敢说给父母的就一定是好脸色。儿女和父母之间经常因为孝顺的问题而发生冲突，儿女最不耐烦父母的话就是：“你看看，好日子不好好过，这些个瓶瓶罐罐，你攒它干嘛?你看能买点好吃的东西，你非得买这处理的，你看看你这生活习惯，都是原来留下的不好习惯。现在日子都过好了，你还过不出好样来，你让我怎么说你?”其实这都是出自好心，但是好话有时候就是不能好好说。

《论语》告诉我们的都是眼下就能做的事，“色难”是天下至孝。千难万难，难不过你给他一个好脸色，比给他很多钱、带他去欧洲旅游都好得多。儿女可能有时候说：“我多忙啊，每天早晨一想着上班要堵车了，连一杯牛奶都来不及喝完，刚拿着公文包就往外跑的时候，老妈醒了，非得说她做梦梦见七大姑八大姨了，要跟我说说老街坊家的事，你说我能有好脸色吗?我一天下班回来一脑门的官司，想着回家还要处理多少事，孩子那又叫我去开家长会。一进门老爷子上来说，下棋碰上哪个老头了，说了一件很稀奇古怪的事，你说我能有好脸色吗?”其实这种时候，我们不一定非得要耗着时间听他说三小时，你哪怕认认真真地坐下来听他说三分钟，都比摔摔打打、不耐烦地听一个小时要强。你看着他的眼睛，表现出好奇心，说：“哎哟，妈，今儿怎么回事，什么新鲜事，这挺有意思，那您简单点说这是怎么回事，……哎，挺好，您今儿状态挺棒!”鼓励两句也就十分钟的事。相反，你进门摔摔打打地说：“瞧你这陈谷子烂芝麻，说多长时间了，我哪有工夫听你说这个呀?”迎头一句话，有可能老人这一晚上就睡不好觉了。

“色难”是什么?论心不论迹，不在乎时间的长短。这些事情，都是中国古代典籍里教出来的。它教的不仅仅是作为一个最低的伦理规范，更重要的是一生做人的标准。《论语》里说，一个君子的成长要走过三个阶段。

第一个阶段叫“入则孝，出则弟（悌）”。就是说一个人进了门要孝敬父母，出了门要友善兄弟，这叫孝悌之意。这是人生修养的第一个阶段，先要把伦理关系维护好。

第二个阶段叫“谨而信，泛爱众，而亲仁”。“谨而信”指一个人言语谨慎，笃诚守信；“泛爱众”，要博爱，广泛地爱戴大众；“而亲仁”，而且能够亲近仁义道德这些理念。这是社会修养的第二个阶段。一个人如能本着这些宗旨，就是融入社会了，就能安身立命。

最有意思的是第三个阶段，孔子说“行有余力，则以学文”，意思是说这些事如果都做好了，还有余力，那就念书学文化吧。不过走到21世纪的文明似乎我们这条路有时候是反过来走的。我们的少年儿童从小上各种兴趣班，然后读小学、初中、高中、大学、硕士、博士，这是古时“行有余力”才敢学习的事。但是我们现在学习后才开始回到社会。有很多拿着很高文凭的大学生，进了社会以后，对人没有礼貌，没有纪律，因此，要社会一点点影响他。为什么今天的人容易成功，但不容易幸福？很大程度上是因为我们失去了伦理的基础。人不孝敬父母，不和谐兄弟，家里人也不会其乐融融。中国是一个伦理社会，因此返璞归真，回到中国文化那里，它能帮助我们建立一点内心的幸福。

包括孔子说的“朋友信之”也同样如此。如果问我们一生中有多少朋友，我们会想起那些学富五车、才高八斗的朋友，会想起那些地位显赫、能力超群的朋友，但是如果问这么多人中有几个是我们真心信得过的，可能就少了。



人这一生总要有几个不显山、不显水的朋友，可能你志满意得的时候，他不会招摇在你眼前；但是，在你遭遇一些困顿的时候，他会默默站在你身后。他不来为你锦上添花，但是随时愿意为你雪中送炭。他对你的态度从来都不是滚烫的、火热的，但是他恒久温暖，相伴终生。如果你有这么一两个朋友就够了，这叫“信得过”。

因此，有时候淡点的朋友也许更好。所谓“君子之交淡如水”。酒是好，喝多了伤肝；茶和咖啡好，喝多了就失眠；碳酸饮料里有各式各样的添加剂、防腐剂，而所有的东西里面，水最廉价、最透明，离人最近。我们的生命里就要保住这样的朋友。也就是说人生过得朴素比过得华丽要难。在今天这个时代，聪明人享受外在的这种变化，比如说好酒、好咖啡、好茶、各式各样的饮料都尝尝，但是不拿可乐当水喝，喝得最多的还是水。人生也一样，极尽繁华的事，都尝试一下，但是别以为那就是自己的生活。生活就是守住这个最朴素的伦理，守住人心中的基本价值。外面的世界都是过眼云烟，不管怎么样变化，珍惜朴素才是大智慧。这就是“朋友信之”。要有这样的朋友。



再说“少者怀之”。

孔子用的这个词很有意思，他为什么不用“少者仰之”、“少者慕之”、“少者敬之”，偏偏用“少者怀之”呢？其实，有的时候让人敬畏并不难，但是大家也听说过一个词叫“敬而远之”。有些长辈是让人尊敬，但是尊敬得不温暖，让年轻孩子看了他，很有压力，觉得这个老爷爷板着脸就训人，经常说：“孩子你现在正走弯路呢，我走过的桥比你走的路都多，听大人话，浪子回头吧，你这么做是不对的。”孩子们可能觉得“他人格太完美了，我一辈子也赶不上他，”因此敬是敬，但是不亲切。什么样的长辈才是年轻孩子喜欢的长辈呢？

孝敬是孩子们要好好做的，不过长辈也要做点事。比如说“代沟”问题。社会是向前发展的，只有我们跟着孩子们进步，不能让孩子的心来迁就我们，也就是说，孩子们喜欢的长辈，永远是人格坦荡、磊落、光明、温暖的人，他会跟孩子们嘻嘻哈哈打成一片，他会鼓励孩子们成长，而不会轻易指责他，而会说摔个跟头不容易，当年自己也是这样，但会陪着你一起走过去。这种愿意陪伴成长、充满真诚的长辈，才能让孩子们觉得：“这个长辈很不错，他的今天就是我的明天，我要是努努力，我明天能比他还好呢。”如果能有这样的长者让孩子们怀念，就叫“少者怀之”。

## 五、“仁者爱人”



我们说用“仁、智、勇”来养心，那仁爱到底是什么呢？孔子的学生问老师什么叫仁，孔子的回答很简单，就两个字：“爱人。”发自内心地爱别人，这就是仁爱。学生想了想，觉得挺抽象，说那怎么叫爱，孔子就说：“己欲立而立人，己欲达而达人。”“己欲立”，就是每一个人在这个世界上都想安身立命。这两句话通俗来讲就是自己想立足也要帮别人立足，自己想通达也要促进他人通达。他接着说“能近取比”，这里的“比”就是将心比心。“能近取比”就是你就跟离你最近的人去比，将心比心，换位思考。在单位就跟你办公室的人比，在家里就跟家里人比，或就跟街坊邻居、自己最熟的朋友比，替他想想，进行换位思考。接着是“可谓仁之方也”，可以说这就是仁爱的方法。

这就是孔子对“仁爱”的阐述。仁爱不就这么简单吗？我们看这个“仁”字，在古代就没繁体字，“亻”＋“二”，在中国民间有个解法，叫二人成仁。简单说，仁爱就是一种人际关系，每两个人在一起，你就能看出来他是仁爱还是不仁爱。一个人冥思苦想、发奋图强说“我要仁爱天下”，“我要去做浩荡家国的事”，那都构不成仁爱；你要跟别人在一起，你跑向电梯就看见别人按着开门键说“我等着你”，或者说过马路别人礼让一下，这都构成了仁爱的关系。只要两个人之间就能够构成仁爱的关系，所以说仁爱这件事情并不难。

孔子的学生又接着请老师讲解一下有哪些行为方式能够让人做到仁爱。孔子说“有五者行于天下”。这五条能做到，也就做到仁爱了。

第一条是“恭则不侮”。就是说一个人对别人如果一直保持着毕恭毕敬的态度，他自己的生活就不会轻易招致侮辱。我们每个人都有自尊心，都希望被人尊敬，那么我们怎样才能保持自己最好的尊严呢？那就是对他人、对世界由衷地保持一种恭敬，越恭敬别人自己越有尊严。其实有的时候我们会看到，有些老年人脾气很大。老年人为什么会脾气大呢？因为心理不平衡。孔子曾说过，人生有三戒，戒掉这三个字基本上你人生就没有大问题了。

第一句叫“少年之时，血气未定，戒之在色”。意思是说年轻人容易在恋爱的问题上出现冲动，因此在感情的问题上要特别留神、小心，在最冲动的、血气未定的时候，要把握住自己，过好感情关。第二句叫“及至中年，血气方刚，戒之在斗”。人到中年，血气方刚，而且有资力争斗了。这个时候就开始彼此不服气，最容易争斗。如果中年的时候能够把“斗”字戒掉，跟自己争，而不与别人争，心平气和去发展，那中年关也就过了。第三句叫“及至老年，血气既衰，戒之在得”。到了老年，人的心力、精神开始衰退，每个老年人经过一生的奋斗总会得到一些东西。比如，含辛茹苦养大了儿女，这是你生命中的所得；一生的奉献最后得到了光荣称号，这是所得；自己的这种离退休的待遇、薪水的保障，这是所得。但是，对于得到的东西我们很容易心理不平衡，比如，儿女是自己养大的，等到儿女忙的时候，不在家陪，做得不好，老年人就会觉得儿女不孝顺；又如，很多老年人的称号与工资不对应，也会引起他们的抱怨。现在有很多老年人经常说：“你看看，现在我一个离休的老干部，我的工资就没有我孙女进外企第一个月的工资高，她凭什么一进外企就拿我三倍的工资，这不是对我这一辈子贡献的否定吗？”对于这些社会的变化要看到它的合理之处，保持心理平衡。

挑剔、抱怨、指责，往往源自不平衡，不平衡就会导致对人不恭敬。没有人喜欢成天指责、抱怨的人，在我们女性的人格成长中，有一些概念其实是错误的，甚至我们一直在提倡的一些概念，今天都应该重新思考一下。比如，经常看见媒体报道说牺牲是中国妇女的传统美德，说我们中国的妇女勤劳、勇敢、朴素，为担当社会职责，而牺牲自己家庭的这种幸福，或者又为家人牺牲了自己很多，一辈子都在付出，牺牲自己成全别人。但是牺牲真的是一种美德吗？其实，当我们一直在强调牺牲的时候，也加深了我们抱怨的程度。在词典里，古代祭祀时用的被宰了的牛和羊叫牺牲，也就是说为了某种崇高的理由被剥夺生命、放上祭坛的物叫牺牲。在牺牲的名义下，女人多容易抱怨，对丈夫说："你看看我含辛茹苦地操持着这个家，现在成了一个黄脸婆，你凭什么每天晚上不回家吃饭？"有时也指责孩子："妈妈为了你，都没有自我了，连工作都丢了，你凭什么考不上清华、北大？"我们回过头来又可以对领导说："你看看我为了这个工作，弄得家里头都不快乐，你凭什么还指责我项目没做好？"我们都认为自己牺牲了，付出了，因此就有理由抱怨，大家就必须要担待我的抱怨迁就我的心理。其实有时候，女人的这种心理，会一直这么延续下去。很多中年妇女这更年期为什么特别长，有可能是老说"我更年期了，我现在情绪不好"，然后先生、孩子就一直让着她，结果一让让十年，自己不快乐，家人也不快乐。其实很多时候是心态问题。

我们可以换个角度想想，现代女性是挺辛苦的，不仅要做职业女性，要做好自己的工作；而且有自己的家庭，要做一个家里的伦理支点；还有各式各样的朋友，要做一个社交角色，确实挺不容易。但是回头想想，拥有这种多元的角色也是一种享受，正因为你有职业，所以你独立，你从社会心理价值上到经济地位上，都能自我肯定。一个职业女性是漂亮的，因为她有她的公众形象，要穿职业装，要面对社会的审视，有自己的角色和岗位，有一种自足自立的心理享受。如果你的职业角色给你独立，家庭角色给你温暖，社交角色给你自信，所有这些角色你同时拥有，为什么还要用"牺牲"这个词呢？我们不要给自己一种心理抱怨的理由。

一本心理杂志的一篇文章《无法管理的愤怒》中说，现代人就是因为越来越觉得自己重要，并把边界不断放大，然后就不断地侵害别人的地盘，所以就会越来越愤怒。其中有一个词叫"符号性愤怒"，即一个人因为愤怒而让别人觉得他重要。我们周围就有这样的人，为了强调自己的重要，莫名其妙地在单位、在家里发脾气，实际上这种行为在心理学上认为是为了吸引别人的注意。一个孩子哭闹，是因为他内心脆弱，需要别人呵护，而一个成年人如果一直这样要别人关注、哄着，或者说夸着，才会觉得受重视了，那只能说明他内心不自信。一个人如果很平衡、很自信，他就会认真恭敬地对待他人，像对待自己一样。"恭则不侮"，我们毕恭毕敬地对待他人，这是保有自我尊严的前提，谁想有自尊，就从尊敬别人开始，那你就不会受到侮辱、攻击。

第二条是"宽则得众"。就是谁宽容，谁就能得到众人的爱戴，朋友就多。大家都知道宽容是美德，但宽容，是先宽而后乃容，其实是两个阶段。也就是说一个人平时先涵养自己，有事的时候他才容得下，别等到有事的时候再要求自己。

什么是“宽”呢？宽其实就是我们看生活的一种态度。我们经常说的一个经典的例子，眼前有半瓶红酒，乐观主义者永远欢天喜地说：“哎呀天哪，这么好的酒还有半瓶呢！”悲观主义者唉声叹气说：“这么好的酒，也就剩下半瓶了。”其实这两种口气说的是一件事，这酒不会因为那人乐观就多一滴，也不会因为那人悲观就少一滴，但是秘密就在于，乐观的人总看着还满的那半瓶，悲观的人却永远看着空的那半瓶。这就是生活。世界上没有一个幸运儿，从出生到死亡就是满满的一瓶酒，生活里也没有一个倒霉蛋，从出生到死亡他眼前永远是个空瓶子。人人都是半瓶酒，但关键是你看见的是什么，给人的又是什么。

“宽”是一种态度的传递。有的时候对人宽也是对自己宽。在家里面，家庭主妇是最辛苦的，洗衣裳、做饭、带孩子，还得把家收拾得干净利索，可受不得她一边收拾一边唠叨说：“你看看你们爷俩，你看这东西就非得这么扔着吗？这袜子就东一只、西一只吗？这沙发上你就不能弄平了吗？”这爷俩面面相觑，心里都想说：“求求你，你甭收拾了，你也别唠叨了。”因此，如果能不唠叨，这人就“宽”了，别人跟他相处没有压力，不觉得整天受挑剔。长辈在家里教育孩子，往往一件事要说很多遍，其实，“响鼓不用重锤”，一句话“这是规矩”，摆在那儿。但是话不能来回唠叨，唠叨10遍以后能量就稀释了，孩子可能耳朵都磨出了茧子，反而不起作用。

宽就是你放大一些美好的价值。有的时候，人眼中的世界无非就是心中世界的放大。苏东坡有个好朋友叫佛印，是个出家人。两人一起参禅悟道的时候，苏东坡就总爱占便宜，一次他问：“佛印你看看我像什么？”佛印很老实，抬头看看他就说：“你端端正正坐在那儿，你当然就像尊佛。”苏东坡就哈哈大笑说：“你看看你一个大胖子，往那儿一堆，你就像一摊牛粪。”说完了以后他就很得意。传说苏东坡回家以后继续和他的妹妹苏小妹炫耀：“我今天占便宜了，佛印说我像佛，我就说他像牛粪。”苏小妹就笑道：“哥哥就你这个悟性还参禅呢！你难道不知道佛家讲明心见性？什么叫心如明镜台，就是一个人心里有什么，眼睛才看得见是什么。人家佛印说你像佛，那说明人家的心修炼得很美好，柔软、慈悲、宽容，他看咱们凡夫俗子个个都像佛一样；你说人家像牛粪，那你得问问你自己心里面到底有什么。”其实“宽则得众”，就是内心对世界的一种态度的放大。

第三条是“信”。“信则人任焉。”谁守得住信用，别人就会不断地相信他、任用他。在当代社会，我们对于儿女、晚辈的教育要本着一种什么样的核心价值？在今天这个商品经济的社会大家都在竞争，什么人能够抓住最后的机遇？是守信誉的人。

国际上一直在研究中国的一个重大问题，就是隔代抚养。在中国，姥姥、奶奶都非常疼爱自己的小孙子、小孙女，都说，姥姥、奶奶伺候你，学习好就是对姥姥、奶奶最大的贡献了。而在国外姥姥、奶奶基本上是不负责带孩子的，孩子都在幼儿园长大。隔代抚养的一个很大的问题，就是越俎代庖，替孩子做更多的事，其实，对独生子女来讲，今后在社会中的竞争，最重要的往往不是学习成绩，而是做人的信誉和尊严。

那么什么是信誉？什么是真正的信誉？信誉其实就是教一个人对自己的行为负责任，这是现在爱孩子的长辈们特别应该让他自己去做的事情。心理学中有这样一个观点：在这个世界上，几乎所有的爱都以大家的团聚为目标，朋友们想团聚，亲人们想团聚，爱人、情人想到一起团聚，但在所有的爱中，只有一种爱以分离作为目标，那就是父母长辈对孩子的爱。这种爱成功的标志是什么？就是让一个孩子作为独立的个体，能够越早成功地分离，就越是一种伟大的爱。



我们对于儿女，包括孙子辈的教育，要让他从小负起独立人格的责任，对自己作承诺，对自己的行为负责。现在的姥姥、奶奶都经常说："什么事都有姥姥，有奶奶给你做，你爸你妈要是说你的话，你就往我身上推。"其实，这不是一种成功的教养方式。如果一个人不能有独立行为能力的话，你能替他走多远？

第四条是"敏"。"敏则有功。"一个人越敏锐、越敏捷，越能够建功立业。"敏"就是用大智慧去完成一些事情。一个人光有仁爱的坚持，仅守信用，还不够，他必须要有敏锐的智慧去做好事情。因此对于老龄朋友来讲，只要思想还保持着一种敏锐，还能够去完成很多新鲜的发现，那么人就不会衰老。真正的衰老是一种思想的衰老，像鲁迅笔下的九斤老太，永远觉得今不如昔，永远止于抱怨，失去敏锐那就真衰老了。

有一个很有意思的故事。说有弟兄两个人，以做手工陶艺为生，他们一年能够做出100多个大陶艺罐子，画满釉彩，非常漂亮，装上船，去对岸一个大港口城市卖掉，来换一年的口粮金。这一年，两人又把100多个罐子装上船，漂洋过海，结果遭遇狂风恶浪，等他们的船终于挣扎着到达对岸的时候，所有的罐子都打烂了。哥哥号啕大哭："天哪，我们这一年的口粮可怎么办呢，我们的心血全白费了，让我们面对这么惨痛的一个结果，这么一个大城市，可谁会买烂罐子?”而弟弟一言不发，就上岸考察去了。他发现这个城市比哥哥想象得还发达，房地产业蒸蒸日上，家家户户都在忙装修。所以他回来时手里就拎了把大锤子，一上船就抡起锤子把那些碎罐子全都砸得稀烂。哥哥吓坏了，弟弟却说：“我们不卖罐子了，改卖马赛克，你看整个城市都要装修了，这碎罐子要是全都砸成不规则大小的瓷片，是多好的装饰材料啊！”结果他们赚了比原来卖一船罐子多好几倍的利润。

可见，什么叫敏锐？人在思想上可以用一种极致的想法去创造一种新价值，但前提是不要止于现在的结果而哭泣。我们的生活天天在继续，明天的早晨可能没有这么灿烂的阳光，甚至会刮风、会下雨，但那是明天的事。只要你的日子还有未来，你现在看见的不管多高兴和多伤心的事，它都只是一个阶段性状态，到明天就会改变。什么是敏？敏就是用我们的大智慧去改变这些状态。如果一个上年纪的人，对未来仍然抱有信心，能够有一种敏锐的思维方式，能够不断地更改与进步，那他的生命就不会衰老，因为他一直保持着改变状态的能力。

最后一条是“惠”。“惠则足以使人。”就是谁有恩惠之心谁就足以调动、使用别人的积极性。可能老人们会想：我还能去使用谁？我还能够调动多少人？我现在跟孩子们有代沟，他们的事我已经看不懂了，他们有他们的价值观，他们现在有他们的生活方式，我用不起自己的孩子了。

这个时代总在变化，怎么叫惠？作为姥姥、奶奶这一辈对儿孙的恩惠，不是说简单地给他压岁钱，或者说帮他做事，就叫惠，真正的惠是看到孩子的发展空间，鼓励孩子发展而且给他建立行为的边界，不能超出。

独生子女社会和隔代抚养问题叠加在一起，很考验这些姥姥、奶奶对儿孙的这种疼爱之心、慈惠之心，你能够一直调动、使用他们吗？你能够对他们的未来负责吗？我们能够完成心理学上所说的那种成功的分离吗？怎样去做这些呢？就是给他们一种个人独立空间的鼓励，给他一条自我发展的道路。越早让他学会对自己的行为负责任，那么他就会越早成为一个好公民。要做到这一点就要靠现代心理学的学习。为什么生命只有一直成长、一直变化，这个人才能保持着一种生命的新鲜，才会永不衰老？就是学到新东西，建立新的行为标准。

21世纪是个学习型社会，关于这个世纪的学习，其实国际上也有一个很好的标准，叫做好的学习导致行为的改变。过去，我们认为好的学习导致思维改变，叫“头脑风暴”，大家觉得知识更新了，口耳相传，听点新鲜事，但在21世纪，标准要再往前走一步，好的学习导致行为改变，只有老年人和儿孙辈的行为调整了，这些学习才真正用到了地方。文化给了我们心态，心态是可以改变状态的——在行为层面上改变生活状态。

## 六、 生命的"逍遥游"

儒家的教育注重人际的交往，包括长辈与儿孙晚辈的交往，一个人应建立那种仁爱的坐标；另外，还应该有一点道家的态度，就是乘物以游心，道家的这种心游万仞能够真正独与天地精神往来。

生命的"逍遥游"是什么呢？就是让我们多进入自然。老年人经常坐在家里，看各式各样的旅游频道或儿女买回来的DVD，觉得不用到处去走了。其实用民间的说法，人是要经常"接地气"的，如果我们总是在家里，冬天穿得挺薄，反正暖气足；夏天穿厚了也没关系，反正屋里有空调。一直这样，四季都不分明了，人离地气就远了。

大家都明白这样一个简单的道理，小婴儿不管补多少钙，都要像绿色植物进行光合作用一样要去晒太阳，如果不晒太阳光补钙他是吸收不了的。对老人来讲也是一样，晒太阳，在自然的这种风花雪月中去穿行，去感受春夏秋冬的陆续更迭，一定要让生命去配合大自然，太阳出来了，就要起来去锻炼，太阳落山了，就要好好休息。遵从天地四时，保持最好的状态，可能比各式各样的营养品更有效。像盘古那样，与天地保持同步的成长，这种心灵状态会给我们根本的自信。

各种各样的补养，只是一种锦上添花，但是自己与天地四时的这种遵循变化、心理上的这种不断进步，却是雪中送炭。雪中送炭之后，再锦上添花挺好的，如果仅有锦上添花，反而会让老年人不自信，天天起床，面对一大堆药瓶子，会越来越不自信。现在老年人有了自己的自由时间，还不如自己去登山临水。特别是可以加入老年大学，大家可以学画画、学写字、学弹琴，然后带着这样一种技艺，去真正的山水中完成一种感受。

现在有许多老年人在学音乐，要么弹琴，要么听点音乐。好音乐是什么？魏晋人说"抚琴动操，欲令众山皆响"，一个人一弹琴，千山万壑跟着响起来，那才是好音乐，因此好音乐需要我们到大自然里去听。现在很多老龄大学都设有绘画课程，老年人学画画也是一种养生。大画家石涛称其画画只是"心入春江水，江花随我开，江水随我起"。真正画画不在于运笔的技巧，而在于丰富的心灵，好像能泡进春江水一样，觉得所有的花是在自己心里开的，所有的水是从整颗心里涌出来的，人只不过把心中的一切挥洒到纸上。这就是中国人的写意，因为中国人是不讲究过分形似的，追求的是神似，不讲究远山近水的比例关系，永远画的是心中山水。

学音乐美术这些东西，对老年人来讲，不是为了拿文凭再去上岗就业，而是为了养生快乐。自己快乐了，儿女们就能坦坦然然去工作了。家有一老如有一宝，一个老人心灵的蓬勃健康是所有儿孙辈的一片天。怎么能够做到这一点？就是真正走到自然中去，接接地气，不要让这种单元房里边的空调把我们给宠得弱不禁风。一个老人不晒太阳、不经风雨，就跟一个小孩一样，不管是对他的身体骨骼，还是皮肤的呼吸，甚至是整个身体状态都没有好处。真正聪明的儿女，要给父母找点事做，在做事的时候父母会觉得他们还有价值，还在实现价值。人一直是在行为中建立着自信，我们说的中国文化，不管儒家还是道家，都是从自己的生命中穿行而过，融会贯通。

老人们多接地气，还可以培养好奇心。好奇心让我们欢欣蓬勃，能在行为层面上建立自己的自信，像盘古一日九变那样，让生命再成长、再变化，可以说好奇心是生命最重要的保鲜剂。孩子三四岁的时候都有过“十万个为什么”的时候，都能把家长问崩溃了，这说明什么？这说明他在成长，他对世界太好奇了。如果一个 80 岁的老人看看电脑、玩玩游戏，出去看看大片、影碟，然后去各种各样的地方去看看高科技，回来不停地追问自己的孙子：“你给奶奶讲讲这是为什么。”那这个老人就像三四岁的孩子一样，他会新鲜成长，一个能够这么蓬勃成长并对世界保持好奇心的人，他一定是会少生病的。

怎样能够让自己的生命更宽广？文化并不能阻挡地震或者金融危机的来临，但文化可以改变我们面对世界的态度，它让我们更自信、更蓬勃，能够让我们在文化中以从容不迫的方式，涵养自己的一颗心：以儒家为大地，缔结一个温暖的社会关系；以道家为长空，让生命顺应春夏秋冬四季，在宇宙自然中找到一种永恒的发展。那么，当一个人“神于天，圣于地”，顶天立地穿行于历史中的时候，生命就不惧衰老，年华就永远新鲜。

有一则寓言很有意思：有一个古老的部落，老酋长料事如神，他从来没有说错过任何一件事情。一个年轻的小伙子就找他打赌，他抓了一只刚孵出来的小鸟背在身后，去问老酋长：“您说我手里的小鸟是生是死？”他想：“这回我一定让您说错，您要说它是活的，我手指一捻就掐死它；您要说它是死的，我手心一张它就飞了，反正您是料事如神！我要让您在我面前错一回。”这样的问题一提出来，那个睿智的老酋长很宽容地笑了，他说了一句话，又对了，他对这个孩子说："生命就在你的手中。"

所有在这所学校里面涵养心灵、学习艺术和文化知识的老人，都是对自己生命抱有热爱和信心的人，都是让自己的生命能够美丽和柔软的人，她们对自己的儿女、对自己的孙辈还都有承诺、有责任，对世界有好奇、有憧憬。因此，不管现在你是 60 岁、70 岁、80 岁，甚至 90 岁，只要跟自己说"生命就在我的手中"，那么明天一定比今天更好。

# 中国优秀传统文化是中国特色社会主义理论体系的重要思想来源

刘余莉

提出“中国特色社会主义理论体系”的命题是党的十七大报告的一个重大理论贡献和创新。要推进中国特色社会主义理论体系的研究，就有必要追究一下中国特色社会主义理论体系的思想来源问题。众所周知，马克思主义来自于英国的古典政治经济学、法国的空想社会主义和德国的古典哲学。同样，中国特色社会主义理论体系也有一个思想来源的问题。马克思主义，特别是其实践观和群众观，中国优秀传统文化和当代人类一切文明进步的理论成果，是中国特色社会主义理论体系的思想来源。

虽然在十七大报告中，没有关于思想来源的明确论述，但是在谈到中国特色社会主义理论体系的形成问题时，胡锦涛总书记指出：“中国特色社会主义理论体系是不断发展的开放的理论体系。《共产党宣言》发表以来近一百六十年的实践证明，马克思主义只有与本国国情相结合、与时代发展同进步、与人民群众共命运，才能焕发出强大的生命力、创造力、感召力。”显然，可以看出，马克思主义特别是马克思主义的实践观点和群众观点是中国特色社会主义的重要思想来源之一。同时，中国特色社会主义还是马克思主义与本国国情相结合的产物。而对于中国的国情，胡锦涛总书记在谈到“到 2020 年全面建设小康社会目标实现之时的美好前景”时说：“我们这个历史悠久的文明古国和发展中社会主义大国……”这说明，中国的国情有两个特点：一是一个有着五千年悠久历史和文化的文明古国；二是一个发展中的社会主义大国。因此，中国特色社会主义理论体系的形成，离不开中国的优秀传统文化。换言之，中国的优秀传统文化是中国特色社会主义理论体系的另一个重要思想来源，谈到中国特色，离不开中国传统文化的特色。

从中国特色社会主义理论体系所体现的治国理念来看，它与中国传统文化（特别是儒家文化）中的治国理念是相传承的。

《论语·子路》记载了孔子与其弟子冉有的一段对话，从中可以看出孔子对于实现和谐社会的途径的基本看法。

> 子适卫，冉有仆。子曰："庶矣哉！"
> 冉有曰："既庶矣，又何加焉？"曰："富之。"
> 曰："既富矣，又何加焉？"曰："教之。"

这段话讲到，孔子到卫国，冉有替他驾车。孔子道："好稠密的人口！"冉有道："人口已经众多了，又该怎么办呢？"孔子道："使他们富裕起来。"冉有道："已经富裕了，又该怎么办呢？"孔子道："教育他们。"

可见，儒家文化认为，一定的经济发展水平是实现和谐社会的物质基础。2006年10月，党的第十六届中央委员会第六次全体会议强调："社会要和谐，首先要发展，必须坚持用发展的办法解决前进中的问题，大力发展社会生产力，不断为社会和谐创造雄厚的物质基础……"可以说，这一思路与儒家实现和谐社会的途径基本上是一致的。孔子从来没有否认过人对物质财富的追求。例如，他曾经说"富与贵，是人之所欲也"，意思是说，发大财，做大官，这是人人所盼望的事情，当然"不以其道得之，不处也"（《论语·里仁》），意即不是通过正当的方法去得到它，君子不接受。孟子也说："今也制民之产，仰不足以事父母，俯不足以畜妻子；乐岁终身苦，凶年不免于死亡；此惟救死而恐不赡，奚暇治礼义哉？"（《孟子·梁惠王上》）可见，无论是孔子还是孟子都认为一定的经济基础和生活条件是构建和谐社会的物质保证。

另外，孔子和孟子也看到，仅仅提高人民的物质生活水平对实现和谐社会是远远不够的，因为经济生活水平的提高不会自然而然地带来道德的进步、精神的充实和社会的和谐。所以孔子认为，在人们的生活富裕之后，必须"教之"，即应当重视对人们进行伦理道德的教育，使他们明白自己所处的人伦关系及相应的道德要求。孟子也说："人之有道也，饱食、暖衣、逸居而无教，则近于禽兽。"（《孟子·滕文公上》）也就是说，虽然经济发展了，人们富裕了，但是如果没有接受良好的伦理道德教育，就会出现吃喝嫖赌、骄奢淫逸等不良社会现象。正是为了避免这些问题，孔子才提出了"道之以德，齐之以礼，有耻且格"的主张，特别强调伦理道德教育对促进社会和谐的重要性。问题是，怎样进行教育才是切实有效的呢？应如何处理道德教育与制度建设之间的关系呢？

既然要"教之"，就必须首先提出一种全社会可以普遍遵守的价值观和道德观。回顾历史，在中国漫长的发展过程中，既能够保持各民族大团结的统一局面，又能不断融合外来民族并充分尊重各民族的风俗习惯和文化传统，就是因为中国传统社会秉持了“和而不同”和“不同而一”的理念，在全社会提倡以“孝悌忠信，礼义廉耻，仁爱和平”等为核心的道德规范，而且这些道德规范能够为各个民族、各种宗教信仰的人们所认同，成为全体人民普遍奉行的价值观，形成了社会统一的是非善恶美丑的标准，所以没有出现如墨子所讲的“一人则一义，二人则二义，十人则十义”（《墨子·尚同》）的情况，更没有出现当代西方社会出现的“不以为耻，反以为荣”的现象。当代西方著名的美德伦理学家麦金太尔在《谁之正义？何种合理性？》中所批判的正是西方社会的这种道德混乱状况。我们党在提出构建和谐社会的目标后，随即就提出了要树立社会主义荣辱观和构建社会主义核心价值体系的要求，这也是继承了中国优秀传统文化的结果。

树立社会主义荣辱观和构建社会主义核心价值体系具有重要的意义。一方面，社会主义荣辱观和社会主义核心价值体系为家庭教育、学校教育、社会教育等确定了一以贯之的价值取向。因为如果在家庭里家长灌输的、学校里老师教导的和社会传媒宣扬的价值取向不一致甚至相冲突，就会让人们特别是青少年无所适从。另一方面，以促进和谐为核心的社会主义荣辱观和社会主义核心价值体系也为法律规则设计、制度安排提供了内在精神和价值灵魂。也就是说，任何法律、制度的设计都是为了维护和体现一定的核心价值。中国传统文化并没有忽视法律和制度建设的作用，但是法律和各种制度设计所维护的核心价值与西方有所不同。

在西方宗教文化的影响下，西方的民主政治主要是围绕着公平正义这个核心价值来进行制度安排的。这具有一定的合理性，因为没有公平正义的社会肯定不可能是和谐的社会。但是，仅仅围绕公平正义进行制度安排，而没有宗教的作用，就会导致仅仅通过惩罚和约束起到维护社会公平的作用，却不能因此培养出人的爱心、同情心和团结互助的品质。但是，随着宗教在现代西方社会生活中的影响日渐衰落，西方社会不可避免地出现了精神空虚、道德颓废、人情冷漠的状况。人们可以通过一种令人厌恶的方式来遵守法律，但诸如青少年吸毒、卖淫、酗酒闹事、离婚率上升等现象频发，对社会和谐造成了不良影响。更进一步讲，通过严格的法律和监督机制可以把触犯法律的人关进监狱，但却并未从根本上解决问题，因此在西方国家出现了“监狱以人满为患，政府以警察短缺为忧”的局面。正因为如此，英国著名历史哲学家汤恩比博士在系统研究各国历史文化的基础上，从文化学的角度，发出了“要解决 21 世纪的社会问题，只有中国的孔孟儒学和大乘佛法”的感慨。

正是吸取了西方发达国家的教训，吸收了中国优秀传统文化，我们党才提出了构建和谐社会而非“法治社会”或“民主社会”的命题。因为相对于民主法治、公平正义而言，和谐是一个更具有终极价值意义的目标。党的十七大报告也明确肯定：社会和谐是社会主义的本质属性。这也就意味着，中国特色民主政治，正是围绕着和谐这个本质属性或核心价值来进行制度安排的，这也是中国特色民主政治的特色所在。但是谈到和谐，人们不免会担心陷入不讲公平正义的“一团和气”、高压下的和谐、丧失活力的和谐等所谓的“和谐”中，这其实是对和谐的一种误解。因此在党的十七大报告中，再次明确要按照“民主法治、公平正义、诚信友爱、充满活力、安定有序、人与自然和谐相处”的总要求来构建和谐社会。这说明，公平正义仅仅是法律、制度安排时要考虑的一个重要因素（因为没有公平正义的社会显然不可能和谐），但并不是全部。只有把和谐作为核心价值观来构建中国特色民主政治，才能有效避免西方发达国家出现的上述社会问题。正因为如此，在民主政治的建设上，我们应当充满信心，建立一种比西方国家更好的民主模式，而不能照搬西方的民主政治。



此外，把社会和谐作为社会主义的本质属性，也正是借鉴了中华文化的结果。胡锦涛总书记在耶鲁大学演讲时指出：“中华文明历来注重社会和谐，强调团结互助。中国人早就提出了‘和为贵’的思想，追求天人和谐、人际和谐、身心和谐，向往‘人人相亲，人人平等，天下为公’的理想社会。”的确，“和”是中华文化的核心内容之一，而这种和谐包括了身心和谐、人际和谐、政令和谐、天人和谐及协和万邦的内容。

在身心和谐方面，孔子提出“君子坦荡荡，小人长戚戚”，因此培养心胸开阔、仁民爱物、“仰不愧于天、俯不愧于人”的君子就成为实现社会和谐、天人和谐的基础。儒家经典《大学》提出了修身、齐家、治国、平天下的次序，强调说“自天子以至于庶人，壹是皆以修身为本”。不仅一个个体的尊严来自于他符合道德的行为，而且每个个体的道德修养是构建整个和谐社会的基石。

在人际和谐方面，孟子总结人类社会中人伦关系的发展规律，得出了要实现社会和谐的人伦关系所必须遵循的规律和道理，提出了著名的“五伦”学说，即“父子有亲，君臣有义，夫妇有别，长幼有序，朋友有信”。也就是说，父子之道应当循着自然亲情的方向发展，并且使这种自然亲情保持一生，因此儒家提出了“父慈子孝”的道德要求；君臣之间以“义”相处，因此提出了“君仁臣忠”的道德要求，即孔子所说的“君使臣以礼，臣事君以忠”；“夫妇有别”是指夫妻对于家庭的职责有区别，即丈夫负责家庭的经济收入，而妻子承担教育子女的职责，因此提出了“夫义妇德”的道德要求；“长幼有序”是指一家兄弟姐妹的出生有一个自然的次序，根据这种次序而提出了“兄友弟恭”的要求；“朋友有信”讲的是人在社会上与平等的主体相交往时，应当以诚信相交。在这五种伦理关系中，儒家没有抽象地谈论所谓的平等，而是根据客观实存的伦理关系的实际特征，明确了处于不同关系中、不同地位上的人的责任特征。只有这些人都主动承担相应的责任，人伦关系才可能和谐。

在政令和谐方面，孔子很早就提出了“苛政猛于虎”的论点，孟子更是提出了“仁政”、“王道”的理念，要求国家政令必须与天道、人道和历史传统相符合。

在人与自然和谐方面，儒家很早就认为，人是大自然运行的一分子，人应当顺应宇宙发展变化的规律和秩序。这集中表现在中国古代的“天人合一”的思想中，其基本含义是天道与人道、自然与人的统一。这一思想溯源于《易·乾卦·文言》:“夫‘大人’者，与天地合其德，与日月合其明，与四时合其序，与鬼神合其吉凶。先天而天弗违，后天而奉天时。”这段话的基本精神是：天（大自然）的运动有一定的规律性，人的活动也应有一定的规律性，必须在不违背客观规律的前提下充分发挥人的主观能动性，去争取最好的结果，以保持人与大自然的协调一致、和谐统一。只有顺应以和谐为特征的宇宙秩序和发展规律，保护大自然和生态环境，才会减少或避免天灾人祸，最终有益于人类自身。反之，如果破坏大自然，必将受到大自然的惩罚，如天灾频发、瘟疫流行等，使人处于水深火热之中。因此，儒家关于天人关系的思想，讲究“天时地利人和”，因人成事，因地制宜，因势利导，顺应自然，与自然相通相依，协调一致，和谐共处，要求人与自然和谐发展。

以“天人合一”为代表的儒家传统文化始终关注人与社会、自然的协调，并以看待“人”的眼光审视、关怀自然万物。这种精神所代表的是一种涵盖社会和自然的人文主义。它提倡天人合一，万物一体，民胞物与，认为人和自然万物是一个和谐的统一体。因此，人要培养美好的德行，对他人、对环境常常心存爱护的善意。只有这样，才能达到内与外的统一，即净化人心与净化环境的统一，才能从根本上巩固环境保护的成果。

在协和万邦方面，儒家道德的核心价值观是仁。对仁德的培养建立在对父母的“孝”与兄弟的“友悌”的基础之上，并把这种爱推广到社会大众的身上去，因此仁爱之心向上提升，就是互爱，而互爱向上提升就是互助（即孟子的“老吾老以及人之老，幼吾幼以及人之幼”），而互爱互助再向上提升就是“四海之内皆兄弟”的“大同世界”。深受儒家和谐观念影响的中华民族，在历史上从来没有首先主动发动过侵略战争。诚如池田大作先生所讲的：“与其说中国人是有对外推行征服主义野心的民族，不如说是在本质上希望本国和平与安泰的稳健主义者。实际上，只要不首先侵犯中国，中国是从不先发制人的。近代以来，鸦片战争、中日战争、朝鲜战争以及迄今和中国有关的所有战争，无论哪一次都可以叫做自卫战争。”①

因为中国传统社会注重“齐之以礼”，重视和谐观念和仁爱精神的培养，所以形成了举世无双的礼仪文化。中华民族是一个具有悠久的文化传统和伟大精神的民族。在历史的长河中，她虽然饱经忧患、灾难深重，但始终屹立不倒、不可征服，就在于她的人民受优良传统文化的熏陶，在血液中流淌着仁义的精神，在心灵的深处凝结着正确的耻感。

从历史上看，明朝郑和下西洋，率领了当时世界上最大的舰队，经过了众多国家和地区，但是每到一地，郑和带给当地人们的是茶叶、丝绸、陶瓷，以及先进的造船术和造纸术，并没有侵占别的国家一尺一寸的土地。因此直至今日，东南亚人民仍以各种方式纪念郑和。被誉为“日本近代经济的最高指导者”、“日本企业之父”和“日本金融之王”的企业家涩泽荣一“一手执论语，一手执算盘”，开创了日本儒家式经营之风，为儒家文化在现代的复兴做出了重要贡献。当代新加坡政府兼收并蓄，在加强法治建设的同时，特别提倡中国儒家的道德教育，自1983年起，在中学三、四年级开设《儒家伦理》课，并且注意通过法律的手段、制度的建设来强化和推行道德教育，这使得其在经济发展的同时，没有出现西方国家的种种社会问题和弊端，并成为当今世界上社会治安最好的国家。

如今，中国一些富有远见卓识的企业也把中国优秀传统文化引入到企业管理之中。在实践中，北京汇通汇利技术开发有限公司的董事长胡小林先生，在参加了中国传统文化的学习之后，把《弟子规》的教学和传统文化的理念落实在企业管理中，结果在短短的时间内就改变了整个企业的风气，这不仅坚定了他用《弟子规》建设和谐企业的决心，而且还积极投入到义务传播传统文化的事业中，为公司的用户乃至许许多多向往家庭幸福的人们免费送去《弟子规》

① 池田大作．展望二十一世纪．北京：国际文化出版公司，1985：290.

的课本和讲座光盘，他还应邀到香港理工大学作了题为《中国传统文化带动经济良性发展》的演讲，受到广大师生的一致好评。

青岛大洲运动用品有限公司（简称大洲公司）的刘克成总裁带领员工听过传统文化讲座后，在自己的企业中身体力行《弟子规》，把“正己化人，诚敬谦和”作为自己的座右铭，每天最早到单位，在门口向每一位员工鞠躬，上行而下效，员工们因此都变得彬彬有礼。员工食堂也呈现出一片和谐景象：大家规规矩矩排队打饭吃，饭前念诵学到的感恩词，泔水桶里再也见不到浪费的饭菜了，一个1000多人的公司食堂仅有一位保洁员。如今大洲公司的厂房里播放的是《跪羊图》、《推动摇篮的手》、《感恩的心》、《母亲》等孝亲感恩歌曲，整个公司变得和乐融融，各级员工都懂得相互关心和体恤家属。

由于她在企业提倡“和谐社会，从我做起，从大洲做起”的理念，把“善良、微笑、和谐、健康”作为企业文化的核心，打造和谐健康的企业家庭氛围，把这里的每一位员工都当成自己的孩子来关爱、来教育，所以很多员工都把这位总裁亲切地称为“刘妈妈”。在2008年的金融危机中，其他同类出口制造企业都面临着倒闭的危机，而大洲公司却因其良好的产品质量和诚信精神保证了订单的源源不断。

面临国内外经济环境的巨大变迁，大洲公司通过弘扬中华文化、承担社会责任应对经济危机的举措受到了当地领导的肯定和支持。青岛市人民政府侨务办公室主任王为达在2008年12月于青岛举办的“构建和谐社会，弘扬中华文化”企业家交流会上的讲话中就指出：“青岛大洲运动用品有限公司长期致力于中华优秀传统文化的弘扬，并慧眼独具地用传统的优秀文化赋予现代企业管理以民族的灵魂和理念，走出了一条企业与职工共同成长、共同发展的别具特色的成功道路。大洲运动用品有限公司的成功实践，对许多企业都有着广泛的借鉴意义和示范作用。”他还坚信：“依靠博大精深的传统文化，依靠我们企业管理和运作水平的不断提高，我们广大侨资企业一定能够变压力为动力，化挑战为机遇，克服各种困难，不断地把我们的事业推向前进。”在青岛相关政府部门的参与支持下，第二届、第三届“构建和谐社会，弘扬中华文化”青岛企业家论坛于2009年5月和2010年5月在大洲公司的积极筹办下顺利召开。

落户南京的菲尼克斯电气中国公司在成立之初，总裁李慕松就把人才的本地化工作作为公司人力资源开发的重中之重，努力实现了“100%本土管理、100%本土员工”。在到庐江参加了“幸福人生讲座”之后，企业的总裁和高管们更加主动地将中华优秀传统文化融合到企业文化核心价值观中，形成了有中国特色的菲尼克斯企业文化。在公司厂房内的墙壁上，挂着“建国君民，教学为先”、“凡是人，皆须爱，天同覆，地同载”、“格物、致知、诚意、正心、修身、齐家、治国、平天下”等书法作品，公司大厅的液晶欢迎屏幕里显示的是《弟子规》的经句，到处彰显着中国传统文化的气息。李慕松总裁在《中华文化成就和谐菲尼克斯》的演讲中谈到，正是这样的企业文化，使得菲尼克斯电气中国公司实现了辉煌的跨越式发展：在短短的15年时间里，从最初6个人的筹备组发展为现在拥有1100多名员工的现代化企业，投资增长了60多倍，总资产增加了300多倍，产出增长了500多倍。2008年，全球金融危机已经严重影响到实体经济的发展，许多外企撤资、撤单、停工、转移生产、裁员、减薪……但扎根中国的菲尼克斯公司的选择是坚定地与国家、民族、伙伴、员工站在一起，化解危机、共渡难关。2008年10月，公司出台“寒冬战略”，设定2009年业务发展目标为继续增长20%，并明确宣布：不作经济性裁员；不作经济性减薪，不把困难和责任转嫁到员工的身上；不减少战略性投资；不减少对客户、质量和品牌的承诺。在承接德国菲尼克斯电气集团先进管理经验和企业理念的过程中，菲尼克斯电气中国公司不仅“汉化”了德国菲尼克斯集团的企业文化，而且立足中国本土，传承中国传统文化，做到了“中西合璧”。



此外，广东东莞皓威五金制品厂、深圳芳子美容有限公司、南京居美馨家居用品有限公司、北京金莎苑餐饮有限公司、河北鑫华新锅炉制造有限公司、河北唐山市燕南制锹有限公司等，也把《弟子规》的教学和传统文化的教育理念引入到公司的企业文化建设中，不仅提高了员工的道德素质，也促进了经济的发展。

从古今中外这些运用传统道德而成功的例子中，我们可以看出中国传统文化对于指导我们的人生、社会乃至整个世界的发展究竟具有怎样的价值，也启发我们对怎样构建社会主义和谐社会这个问题进行深入的思考。社会主义和谐社会，不仅仅是富于效率、维护公平的社会，而且更应当是导人向善、促进道德进步、体现道德精神的社会。

中国自古就有提倡身心和谐、人际和谐、人与自然和谐、协和万邦的传统。而要达到和谐而不仅仅是公平的目的，还必须重视伦理道德教育。中国传统社会的道德教育之所以起作用，是因为它是依靠各种制度来保障的。例如，汉代实行乡举里选制选拔官吏，制举以贤良方正为最重要，察举以孝廉得人最多。魏晋行九品中正制，以九品甄别官吏，也以德义有无缺失为衡量标准。隋唐以后，实行科举制度，官吏选拔需经考试。各朝考试方法各异，但所试内容均以集儒家思想之大成的经义为主，因此受到儒家德治主义潜移默化的影响。这些制度，无不有助于道德水平的提高。可见，在中国传统社会，道德教育和制度建设之间不是非此即彼、相互对立的关系，而是相辅相成、相互促进的，从而构成一个良性循环，共同促进社会的和谐。

追求身心和谐、人际和谐、人与自然和谐、协和万邦的中华文化也是党的十六大以来我们提出的一系列重大理论（包括构建和谐社会、树立社会主义荣辱观、构建社会主义核心价值体系、建设中国特色民主政治、科学发展观、建设生态文明、坚持和平发展、建设和谐世界等）的重要思想来源。这些理论的提出之所以对内具有强大的亲和力、感召力，对外具有广泛影响力、震撼力，是因为我们尊重并发现了自己的优秀传统，并力图使这种优秀的文化传统对世界的和平发展做出应有的贡献，因此也受到了世界的尊重。胡锦涛总书记在耶鲁大学的讲话中提出："科学发展的理念是在总结中国现代化建设经验，顺应时代潮流的基础上提出来的，也是在继承中华民族优秀文化传统的基础上提出来的。中华文明是世界古代文明中始终没有中断，连续5000多年发展至今的文明。中华民族在漫长的历史发展中形成的独具特色的文化传统，深深影响了古代中国，也深深影响着当代中国。现代中国强调的'以人为本，与时俱进，社会和谐，和平发展'，既有着中华文明的深厚根基，又体现了时代发展的进步精神。"[①] 在这里，实际上就肯定了中国优秀传统文化是中国特色社会主义理论体系的重要思想来源之一。甚至可以说，只有具有深厚文化底蕴的中国领导人才可能提出"构建和谐社会"和"和谐世界"这样的命题。

总之，中国特色社会主义理论体系的提出是我们党进一步解放思想、实事求是的结果，同时它的提出也将进一步促使我们党本着解放思想、实事求是、与时俱进、求真务实的精神，真正摆脱僵化的思维模式，真正以开放的心胸借鉴古今中外一切有利于发展中国特色社会主义的文明成果。马克思主义、中国优秀传统文化和当代人类一切文明进步的理论成果，构成了中国特色社会主义理论体系的思想来源。从这三个方面来理解中国特色社会主义理论体系的思想来源，我们才不会割断历史，才不再是从马克思主义经典作家的只言片语中去寻找对现实问题的解释，而是随着实践的发展不断地丰富我们的理论，使中国特色社会主义理论真正成为一个不断发展的开放体系。

① 胡锦涛. 在美国耶鲁大学的演讲. 人民日报，2006-04-23 (1).

# 概说国学

楼宇烈

近几年，大家对国学都很关注，有的人称为“国学热”。当然对于这个“热”怎么看，也有各种各样的说法。但是现在，我国的发展确实到了一个关键时刻，我们需要探讨经济发展到一定的水平后，今后应该怎样走的问题。2010年3月28日的《参考消息》曾刊登了一篇美国报纸上的文章《崛起的中国面临身份危机》。文章讲到，20年前的日本就出现过这样的问题，当时它们经济崛起，那么它们在世界上究竟扮演一个什么角色？以一种什么身份出现在世界上？作者说20年后他在中国考察了9天，与很多有关方面的学者交流，发现中国现在也面临着一个身份认同的问题，类似于“我究竟是个中国人还是个外国人”这样的问题。身份的认同其实就是一个民族的文化认同问题。因为，文化给我们一种价值观念、一种思维方式、一种生活样式和一种信仰习俗。

## 一、 全球化与身份认同

文化一般应该包括如下四个方面。第一，价值观念。它包括我们怎样做是对的、怎样做是不对的、我们的行为规范应该是怎样的、如何判断个人的价值、生命的意义究竟是什么等，也就是我们通常讲的世界观、人生观的问题。第二，思维方式。我们怎样来思考问题，怎样来发现问题，怎样来表达等。第三，生活样式。也就是我们的衣食住行是一种什么样的形式。第四，文化也包括很多信仰习俗问题，如我们的民俗等都反映了一种文化现象。

总的来讲，文化是一个民族精神的凝聚，这种精神会通过价值观念、思维方式落实到它的生活样式和信仰习俗中去。当然，反过来，一个民族的生活样式发生了变化，信仰习俗发生了变化，也会影响它的价值观念和思维方式。

现在可以看得很清楚，我们的社会处于一个急剧的变化时期，很多的生活样式、衣食住行都发生了很大的变化。我们很多信仰习俗，包括我们这些年一直在呼吁的传统文化节日热等问题，都在发生变化，这都会影响人们的价值观念、思维方式。应该说，价值观念、思维方式是在指导我们的生活样式和信仰习俗。因此我们讲，经济上的发展最后都要落实到文化上去。世界各个民族、各个国家在经济上的竞争，最后实际上也要落实到文化层面上去。如果我们迷失了身份，那么我们发展到最后究竟是为了什么呢？

中国航空工业集团公司总经理林左鸣指责我们现在很多企业失去了灵魂，失去了民族精神。他说，在经济上我们可以发展成为世界强国，我们的企业也可以发展成为全球性的企业，但是一切经济发展的最后利润不会是全球性的，它一定是落实到某一个民族、某一个国家中去的，所以要有一种身份的确认，如果失去了我们自己的这种文化的灵魂，我们就会变成给其他国家打工的“打工仔”。他曾经写了一本书叫做《再造魂魄》。再造魂魄的意思就是说我们经济的发展要有一个民族的灵魂去指导。

2010 年 2 月，我在《人民日报》和人民网主办的“文化讲坛”上也作了题为《大国崛起的文化准备》的讲座。如果我们在文化上没有作充分的准备就要谈崛起，那么我们很难真正地崛起，也不会被世界人民尊重。

在 30 年前改革开放之初，邓小平同志就提出我们要建设有中国特色的社会主义。那么这个特色主要体现在什么地方呢？就是体现在文化上。文化是一个民族长期积累下来的一种精神产品，它可以体现出这个民族的特性。在精神方面，也就是文化的四个方面，它有自身的特性，不同地区、不同民族、不同国家的价值观念、思维方式、生活样式、信仰习俗都是有差异的。因此这个特色要在文化上才能体现出来。



其实，在经济上甚至于物质生活方面的差异有时候是很小的，尤其是在全球化以后。20 世纪 80 年代，我们都在喊全球化、经济的全球化和一体化。那个时候就出现了一个问题：文化能不能全球化？文化是不是要全球化？因为随着经济的一体化、全球化，也出现了一种文化的趋同，也就是说那些经济强国的文化也很强势。这种强势文化向全世界传播，并且借用了现代的科技，过去，一种文化传播到世界各地要花几百年、几十年、几年，现在几秒就可以了。这都是趋同形势在起作用。

20 世纪 80 年代以后，不只中国的学者，全世界的学者都在思考经济与文化的关系问题。经济全球化，文化是不是也要全球化？是不是也要趋同化？大家思考的结果就是，经济全球化好不好还是要经过时间考验的。这次全球金融危机以后，大家都在思考经济全球化的利弊问题。至于文化，大家有着比较一致的看法，就是文化应该保持多元化。

20世纪80年代中期以后，全世界还出现了文化寻根意识，同时也出现了这样的说法——在文化上越是民族的，就越具有世界意义。有的人不太赞同这种说法，而我是非常赞同的。其实，在我们的生活中也是一样，我们到任何一个地方，首先关注的是这个地方的特色、特产，即它在物质上有什么特产、它在民风上有什么特点。如果这个地方与我住的地方都是一样的，那我何必到这来？因此说越是民族的就越具有世界意义。我觉得这给我们很大的启发，也就是我们要与世界上的其他文化进行交流，就要拿出我们自己的具有特色的文化来。原来我们的经济还不够发达，还来不及考虑这样的问题，20多年以后我们的经济发生了翻天覆地的变化，因此人们就来考虑这个问题，也就是我们的身份问题。我们现在面临着一个身份认同的问题，因此才重新提起了国学。

## 二、 国学与文化认同

国学这个概念究竟是指什么？它有哪些内容？笼统地讲，国学就是本国之学。其实这也是世界上的一个统称，世界多数国家都把自己的文化所包含的那些学说或者其他有特点的一些技术、艺术方面的知识，称为国学。



20世纪二三十年代，一讲到中国自己的东西就都会讲到一个国。中国自己的历史，我们那时都不叫中国史，而是叫国史。我们称中国的画为国画，称自己的医学为国医，称自己的武术为国术。那个时候，其实我们各方面都讲到了国。因此笼统地讲，国学就是本国的学问、学说，或者技艺。

当然，这个概念比较大，因此也有人提出质疑，说那不是什么都包括了？从历史上来讲，各种学问没有分得像今天这样细，它都是混杂在一起的。要按照现在的学科的分类来讲，国学是无法归到哪一类里面去的。反过来说，国学是包罗了许许多多学科的，文史哲、宗教艺术、政经法，甚至农工医都包含在内。

因此笼统地讲，国学就是本国的学问，或者学术、学说。不同领域的人，可以在其领域从我们的传统文化中汲取所需要的资源。价值观念和思维方式对行为塑造起主导作用，如果拿现在的分科来讲，更偏重于哲学、宗教。虽然文学艺术也是我们的国学，但是我更侧重于从价值观念和思维方式这个角度去讲。



我们传统的国学或者传统的文化，由三种主体文化或者说是三个学派来支撑，就是我们常常讲到的儒、释、道三教。儒是指儒家，也叫儒教；释就是佛教；道指道家或者道教。

其实，中国的文化也不仅仅是这三种，而是中国与世界其他的国家相比较，人们都是这样来认识的。

中国是一个文化认同的国家，现在世界上许多其他国家更偏重于民族认同。这是不同的概念。中华民族更侧重于多元并存的文化认同，并不是要以一种文化去消灭另一种文化，而是相互尊重、相互包容、相互吸取，中国的文化都是你中有我、我中有你的。儒、释、道三种文化也都是你中有我、我中有你的。也就是说，儒是儒、佛是佛、道是道，同时，儒里边有佛、道的东西，道里边有儒、佛的东西，佛里边有儒、道的东西，但是还保持自己的特色。中国文化历史很值得我们今天来借鉴。今天，我们在和西方交流的时候，大量地吸收西方文化，这并不可怕，但关键是我们不能失去自己的主体，我们是在自己作为主体的基础上来吸取别人文化的。如果我们失去了主体，那么自己会变成别的文化的附庸，就会附属于别的文化，失去了自我。中国的文化发展，历来是如此，相互借鉴、相互吸取、相互包容但又相互保持着自己的特性，独立地存在下来。除了这三个主要的支柱之外，还有许多其他的文化对中国文化也有很大的影响，比如伊斯兰文化，或者说回教的文化、伊斯兰教文化。

例如，佛教本来也是外来的文化。佛教传入中国经过两千年的融合，已经完全成为中国文化的一个有机组成部分。我们现在一般认为佛教是在公元前 2 年传到中国的，那么到今天已有 2012 年的历史。伊斯兰教其实在公元 6 世纪就传到了中国。而这一时间传到中国意味着什么呢？佛教的创立是在公元前 6 世纪，到公元元年左右才正式地传到了中国，而伊斯兰教是公元 6 世纪才开始正式创立的，它很快就传到了中国，因为这是中国和中东地区一种文化长期交往的结果。中国的文化是通过中东阿拉伯地区传到欧洲去的，欧洲文化也是通过阿拉伯地区传到中国的。所以，中国与阿拉伯地区、中东地区、中亚地区早就有很密切的交往。所以这些地区的一个宗教兴起以后很快也就传到了中国，伊斯兰教公元 6 世纪就传到了中国，而且没有中断过。它不像基督宗教文化，基督宗教文化也可以说是在公元 6 世纪传到中国的，但是它一直是断断续续的，而且“断”的时间比“续”的时间要长。

伊斯兰文化对中国文化影响很大，这从我们的民间生活中就可以看出来。现在，不仅国内 56 个民族中有 10 个民族信仰伊斯兰教，与伊斯兰教信仰有关系，而且伊斯兰文化在我们的民族生活中随处可见。无论我们在什么地方都能看到清真食堂。而且在中国，伊斯兰文化实际上有两个语言系统：一个是汉语系统，另一个是非汉语系统。汉语系统从公元6世纪传来以后，一直连续不断地流传到今天。在这个流传过程中，它跟佛教一样，与中国文化非常紧密地结合，相互吸收，所以在汉语系统里，伊斯兰文化其实已经吸收了大量儒、道、佛的思想。它们在很多外在形式上其实也完全可以说已经中国化了。北京牛街的清真寺、东四的清真寺与中国的佛教寺庙没有什么差别，至少从外面来看是这样的，因此它也是本土化了的，对中国文化也有很大影响。中国的文化是非常丰富的、多元的，而且这个多元是并存的，是相互包容、相互尊敬、相互尊重的，因此中国是一个文化认同的国家。大家能够在文化上和平相处，相互学习、相互包容。不过不同文化内分派别，并相互批评，比如，先秦最后一位思想家韩非讲，当时的显学，有儒和墨。儒分为八，墨分为三。我们从《庄子·天下》里可以看出，道家也至少分成三派，其实还不止。分派没有关系，连互相的批评都是可以的，但是最重要的就是能够互相尊重、互相包容。因此中国的56个民族才能够和谐、和平地相处。

我们也应该认真研究一下基督教的文化。它自公元6世纪左右传到中国之后虽然中间断断续续，而且断的时间比较长，有的时候甚至是几百年，但在中国文化中也留下了很多痕迹。现在在西安碑林里面保存着一块明代的碑；在西安附近的终南山，还有遗留下来的基督教的塔，还有寺庙的遗址——大秦寺。那块碑叫做“大秦景教流行中国碑”。大秦就是今天的罗马（在《汉书》中可以看到当年我们称罗马为大秦），景教就是基督教的一个派别，它记载了大秦景教流行中国的历史。此碑据说就是从终南山大秦寺中发掘出来的。到元代也还有基督教，明末天主教（基督教的主要宗派之一）也传入中国。所以基督教断断续续地对我们的文化多多少少产生影响。于是国内有了很多基督教的信仰者，尤其是在明末，包括许多著名的学者，像徐光启，就是天主教的信徒。明末有许多天主教的文献，用汉文写的文献都留存了下来。它与当时中国的儒学、佛教都发生过许多争论，并且互相批评。这是一种文化交流的正常现象。文化交流都是首先看到对方与自己的不同，然后就相互批评排斥，慢慢又找到相互之间共同的地方，又相互结合。





## 三、 儒家与规范

儒、释、道这三种主体文化在中国的传统文化中有一个相互默契的配合。自隋唐以来，社会上就有这样一种说法：以儒治国，以道治身，以佛治心。三者一定要相互配合，也就是身心社会都有一种理念在指导我们。

但是这样一种分工其实是相对的，并不是儒家只能用在治国上面，道家只能用在治身也就是养生方面，佛教只能用在治心、治人的心灵方面。这些都是相对来讲的。

确实，在中国的传统文化中，我们的治国的理念以及我们的社会政治制度、价值观念，应该说是以儒家文化为主的。比如，儒家理想的社会是大同社会。大同社会是中国几千年来的一个理想。根据记载，“大同”出于儒家经典《礼记》的《礼运篇》。里面记载的大同社会的景象是：“幼有所长”，小孩都能够受到良好的教育；“壮有所用”，年轻力壮的人都有发挥自己作用的可能；“老有所终”，老人都能够得到社会的安养；“矜寡孤独废疾者皆有所养”，丧偶及有残疾的人，都能得到社会的养育保障；而且路不拾遗、夜不闭户。这当然是最理想的一个社会了。因此中国人一直在为之奋斗，几千年以来它都是最高的理想。

毛泽东在他的《新民主主义论》中也曾经提到过我们近代的几次社会改革、革命，其实目标都是想建立一个大同的社会。他说康有为领导的戊戌变法就是想建立一个大同的理想社会。康有为为此专门写了《大同书》，在该书中描述了他的理想，就是这个社会消除了阶级隔阂，消除了男女隔阂，消除了种族隔阂，甚至于消除了国与国之间的隔阂，即“天下大同”。他领导戊戌变法也就是要建立一个大同社会。然后他又分析了孙中山领导的旧民主主义革命。他说孙中山的理想也是建立一个大同社会，三民主义就是为了实现大同的理想。我们可以看到，在孙中山的题词中最多的是“天下为公”。“天下为公”就是大同社会。然后，毛主席又讲到共产党领导的新民主主义革命，其实也是希望建立一个大同的社会。因为那时，在人们心目中共产主义和大同社会差不多，因为大同社会就讲天下为公，又讲这个社会没有什么贫富贵贱的差异，幼有所教、壮有所用、老有所养，这不就是理想的共产主义社会的愿景吗？

其实在《礼记·礼运篇》中也讲到大同的时代已经过去了。那个时候实际上是战国时期，已经进入一个有国和家、人与人之间也有差别的社会了。那么这个社会是一个什么社会呢？小康社会。

大同是理想，小康是现实。那么小康社会应该是一种什么状况呢？战国末期，还有一位非常著名的思想家叫荀子。他可以说是先秦思想文化的集大成者，对整个中国后来的文化发展有很大影响。他是一个现实主义的理想者，他要建设一个符合现实社会状况的理想社会，而不是一个脱离现实社会的理想社会，因此他提出“群居和一”的观点，指大家不仅住在一起，而且要和平地相处，有一个共同的理念，上下能够一致，社会能够一致。荀子分析，人与动物的差别就是人是群居的，动物不是群居的。荀子曾经举过这样的例子：人力不如牛，走不如马——人的力气没有牛的大，人要跑也跑不过马，但是“牛马为用”，牛马被人来支配、来用，为什么？因为人是群居的，而牛马不是。但是不是一个自然群体聚集在一起就称为群了呢？不是。

人类的群必定要有所分。因此荀子有一个非常著名的提法叫做“明分使群”。人的这种群的力量要发挥出来一定要有所分（或者念成 fèn，身份的份，分和份都一样）。因为有了“分”才有“份”。分开了然后才身份不同。这样区分开来，这个社会才能够正常地运转。社会上的每一个人都有自己的一种社会的身份。社会的身份就要有所分，至少我们从自然这个角度来讲就有分。例如，“我是年长的，你们是年幼的；我是父母，你是子女”。过去，儒家就把社会上的人分成五大类，也就是我们经常讲的“五伦”，或者说“五常”。儒家认为，这种社会身份的确认是非常重要的，因此要大家明白社会有五种不同的身份关系。“五伦”或者“五常”指君臣、父子、夫妇、长幼、朋友这五大关系。人与人之间的关系可以说全部包罗了。当然我们还可以细分成很多类，例如，现在出现的买者和卖者、患者和医者的关系等。但是总的来讲，我们都可以归纳在这五大关系中。每个人在这个社会上都有自己的一个身份。你是子女还是父母？君臣我们现在不讲，但还有上下级。因此这个社会总会有上下的区分，总会有年长、年幼的区分。

因此每个人在这个社会中都要有一个角色。角色就是今天我们讲的身份。不过这个身份在不同的场合、不同的时间段会发生变化。我们的身份在不断变化，现在年纪还轻是子女；成了家有了子女以后，就变成了父母。今天是下级，是被领导的；明天升职了或者提职了，变成了领导，身份也就发生变化了。现在年轻，是一个少者；将来年纪大了，就又是长者了。因此所谓的长幼、上下、父子，都是一个相对的身份。但是我们每个人必须要确认自己在这个场合、这个时间段里是什么身份，然后才可以按照身份确定该怎么做，什么该做什么不该做。不能说在父母面前也摆出父母架子来，与父母对立。父母有一些事情是不能在子女面前做的，子女在父母面前有的事情也不能做。这些我们在日常生活中应该都可以体会到。如果说错了就失去身份了，就是名不正言不顺，事也就做不成了。

儒家认为社会一定要有一个次序。因为人是一个群体，群体一定要有次序，一定要明确每个人的不同的身份。这样社会才能够正常地运转。我们可以去否定过去传统历史上不合理的身份，但是我们不能连身份都不要。那样社会肯定不能够正常运转。因此我们要学习了解传统文化中的儒家思想，要把握它的精神而不是一些具体的形式。为什么说儒家思想是治国的呢？因为它的思想就是为实现使这个社会走上正常的轨道、和谐地运行的目的。在全国各处的孔庙，我们会看见它有一个大殿，大殿上面挂着一块匾额，叫做明伦堂。伦就是类的意思。另外，我们每个人在社会中都要明确自己是属于哪一类的，也就是我们是哪一个身份的人。

儒家的整个思想，就是要告诉我们这个社会一定要分成不同的身份等级，而我们每个人要能够认同自己的身份、地位、角色，那么这个社会才能够正常地运转。这是最根本的一个问题。

是这个身份，就应该做符合这一身份的事情。我们经常在强调我们要尽伦尽职。只有我们每个人有一个身份的认同，整个社会才能够正常运转。其实每个人对于自己身份的不认同，是造成每个人痛苦的原因之一。如果我们总想越出自己的身份去做不符合我们身份的事情，那一定会痛苦万分。可是如果我们能够明确自己的身份，按照自己的身份去做，那无论做什么事情一定很顺利，也不会有自我的痛苦。这就是儒家常常讲的“名正则言顺，言顺则事成”。名不正则言不顺，言不顺则事不成。因此我们说话做事都要符合我们的身份。这样别人也能接受，做事也能够顺当。



现在我们一讲到要“明伦”，好像就有一种感觉，儒家的有些说法不能接受，比如“君君、臣臣、父父、子子”。但我们真正明白“君君、臣臣、父父、子子”所要表达的意思了吗？可能未必。其实所谓的“君君”，就是做君的要有君的样子，应该尽到君的责任和义务；做臣的应该有臣的样子，应该尽到臣的责任和义务。“父父”、“子子”也是这样，也就是我们常常讲的要名实相符。

那么怎样明伦呢？儒家怎样来明伦呢？就是要用各种各样的语言来规范自身行为，也就是说要落实到行为规范上去。一言一行如果都按照“礼”的规定去做，那么就不会背离自己的身份。孔子讲“非礼勿视，非礼勿听，非礼勿言，非礼勿动”，就是说视、听、言、动都要符合礼的规定。

礼的规定就是告诉我们，一种身份应该有一种行动。《弟子规》告诉我们的是从小孩做起的行为规范。所以我也经常讲，《弟子规》不是用来背的，而是用来实践的。我们要从小就养成行为上的一种规范。行为规范的选择、行为规范的遵守，体现了一个人整体的文化素养和道德修养。因此儒家的整个思想归纳起来就四个字：“敦礼明伦。”所谓“敦”就是重的意思，“敦礼”就是重礼、从礼；然后要“明伦”。那么怎样来实现呢？通过教育让大家认识到应该怎样做一个人，不同的身份应该怎样去行动，通过教育来让人明白做人的道理。因此教育的核心理念、根本宗旨是教人做一个人，把人与动物区别开来。通过教育来让大家明白做人的道理，还要通过修养，或者说修身来落实这个道理，落实到日常的一言一行、一举一动中。否则，仅明白道理，而不能付诸实践，就不会有效果。知行合一了才能够起作用。

儒家经典《大学》中讲“修身，齐家，治国，平天下”，讲到要平天下必先治好国，要治好国必先齐好家，要齐好家必先修好身。最后《大学》又讲：“自天子以至于庶人，壹是皆以修身为本。”从天子到普通百姓，都要把修身作为根本。所以儒家是非常重视修身的，其一切学问，可以说，都是为己之学、为人之道。学习都是为了使自己更加完美、更加完善。中国是一个礼仪之邦。这个礼仪之邦并不是由武力来构成的，而是通过礼乐的教化形成的。儒家讲的就是治国治身的道理，而且讲得很清楚，“治人必先治己，正人必先正己”，要想去治理别人，首先要治理好自己；要让人们去做一个懂得怎样做事情、怎样做人的人，就要让他走上正道。孔子还讲过“政，政者正也”，只有自己成为一个有高尚道德品质的人，才可以在社会中起引导作用。因此我们强调身教胜于言教，身教重于言教。儒家的学说不是空谈，而是要落实到我们生活中去，而且要从一点一滴的小事做起。要明白做人的道理，首先要落实到为人处世的一举一动中，这在儒家就叫做“上达必先下学”。“上达”就是我们要认识做人的道理就必须“下学”。学什么呢？学洒扫应对，进退动静。



《弟子规》讲的都是洒扫应对、进退动静的规范。例如，有老人在，应该怎么样；跟老人一起走，应该怎么样；在家里，对老人应该怎么样。“父母呼，应勿缓”，可我们现在很多孩子都做不到。“晨则省，昏则定”，早晚请安我们现在有很多人也做不到。因此《弟子规》里边讲的都是一些行为的规范。培养人的一种习惯性的行为规范是非常重要的。幼儿教育，最重要的就是培养他的行为习惯，这会影响他的一生。一举一动都要有礼节，去跟人交往，大家都欢喜；如果说话没大没小，坐没坐相，站没站相，别人就不会喜欢与他交往，也不愿与他一起做事情。因此，要从小养成这种行为规范。大家现在都在学习《弟子规》，但不要只是背和读，而是要学一条做一条。少学几条没有关系，只有把学的东西变成生活习惯中的东西，才是真正地学会了。



儒家的核心理念就是“敦礼明伦”，就是要教育修身，就是要“知行合一，”就是要“治人必先治己，正人必先正己，由己及人，推己及人”。要想别人这样那样，首先自己要做到。否则，怎么能够让别人信服呢？这可以说是儒家教育和修身的一个根本理念。由己及人，推己及人，由近及远。你要首先尊敬爱护自己家里的老幼，然后到社会上才能够爱护别人的老幼。这就是孟子讲的“老吾老以及人之老，幼吾幼以及人之幼”。在家里都不能尽孝尽慈，到社会上，也不可能友善对待老人。如果在家里边是虐待老人的，而在社会上是尊敬老人的，那一定是在做样子，而不是出于内心的。儒家重礼仪，重礼最核心的东西是要出于内心，而不是外在的，不是一种形式。《论语》里面有这样一句话，孔子感叹：“礼云，礼云，玉帛云乎哉！”我们讲礼呀礼呀，难道就是一些贡品吗？不是。礼的核心是出自内心的敬重，因此伦理的核心也可以说就是相互的尊重。

## 四、 道家与养生

道是以道治身。我们常常讲，要把道看成中国的养生文化。《黄帝内经》中讲“圣人治未病不治已病，治未乱不治已乱”。这是中国人养生的根本原则。不是要等到生病以后才去治，而是要让自己不得病，其重点是让你怎样健康不得病，这就是中国的养生。

《黄帝内经》里边也讲了几条养生的核心原则。

“法于阴阳”，我们要效法阴阳；要“食饮有节”，饮食要有节制，不能暴饮暴食；“起居有常”，起居要有常，作息要有规律；“不妄劳作”，就是我们劳动、做事情也要有节奏，不能够没把握。我们想到了就做，动静要适宜。“和于术数”，所谓术数就是要讲究方法，要注意天时、地利，总体来讲就是要顺其自然。中医养生强调顺四时，“顺四时”是一个说法，不只是一年四季，一天也要顺 12 个时辰。我们常常讲，子午觉是最重要的。子时和午时（子时就是晚上的 11 点到凌晨 1 点，午时就是中午的 11 点到下午 1 点）这两段时间，是人体阴阳交替的时候，在这时阴阳能影响到身体各个方面，因此人在这个时候最好休息。晚上当然要好好地休息、好好睡觉，中午也要适当地休息。顺自然是最重要的，也是符合道家思想的。老子最重要的两句话是什么？“道法自然”，这个“自然”不是我们现在讲的自然界的“自然”，而是自然而然的“自然”，或者我们也叫做本然。每个事物都有自身的自然状态，都有它的本然状态，也就是都有它自己的本性。

所谓的“法自然”、“顺自然”就是要尊重每个事物的自然的本性，要按照它的自然的本性去做事情，不要违背它的自然本性。春、夏、秋、冬四季长的东西是不同的，但是总的来讲，是春生、夏长、秋收、冬藏。但各个季节产的东西又不一样，有的东西就生长在冬天，就生长在雪堆、雪山里面。事物有各种不同的特性，我们要根据这些事物的本性去做事情，尊重它们的本性，不要随意去改变。现在我们本领很强，能让本来在春、夏生长的东西在冬天也生长，可以造出一个环境来生产反季节的食品。但反季节的食品其实对于人是没有好处的。食品因为人的努力而反季节生长，可是人生在这个大自然中，我们不能够让夏天变成冬天、让冬天变成夏天。当然，我们现在可以人为造就，一天到晚在装有空调的屋里，夏天也就是冬天了，但也不舒服。因此人还要顺应春夏秋冬，如果人顺应了春夏秋冬，但吃的是反季节的食物，那就与自然失调了。曾经有一些营养学家或养生学家劝告我们说最好买最便宜的水果蔬菜。因为食品便宜，就说明它是这个时候产得最多的；大棚里面的食品是人工制造出来的，就比较少，少就一定贵，反季节的东西吃多了是有问题的。它与整个环境、人的身体不协调。因此，道家讲要自然养生。

但是自然养生不仅仅是一个生活环境、饮食等的问题。自然养生实际上很复杂，心情、心态都要自然，尤其是心态。我们常讲养生必先养心。现在可以看到，许多病是由心引起的，也就是由心态引起的。在中医里面叫做情志，也就是你的情绪。各种各样的情绪，喜、怒、哀、伤、惊、恐、忧，这七情对人体五脏六腑的伤害是极大的。例如，怒伤肝，发怒会影响肝脏，使肝火上升。大家在日常生活中都能够体会到这一点。情绪对人的身体有直接影响，所以道家强调养生要自然。自然就是心态要自然，比如说淡泊。我们看问题也都要看开一点，看淡一点。尤其是像名和利，更要看得淡一些。

道家养生，追求的一个是长寿，一个是健康。那怎样才能够健康长寿呢？少用一点心机。明代四大才子之一的唐伯虎，不仅是画家、书法家、诗人、文学家，还是养生家，他也学道、学儒、学佛。在学道的过程中，他对道家养生的功夫深有体会，总结了一句话：“忘机便是长生术。”忘机就能够长生。什么叫做忘机？这个机就是机心！道家反复强调人不要有机心，机心太重是劳神明的，劳神明就要减寿，因此人要少一点机心。心机、机心，可以翻来覆去地讲。一天到晚地算计，既算计别人，又算计自己。《红楼梦》中有一句话：“机关算尽太聪明，反误了卿卿性命。”其实更可怕的是算计自己，我们现在很多人实际上一天到晚在算计自己，如总想着：“我是不是这个营养不够，是不是那个营养不够。这不好受是不是这有什么，发生了什么病变了；那不好受，是不是那长个什么包了。”这种怀疑心多了以后，没有病也会变成有病，本来许多假象也会变为真的了。

人不能有太多的机心，心态要放松、要自然，不要一天到晚紧张。要养生、要长寿，就要去掉三个心：一是怀疑心，总怀疑自己，没有病也会变成有病。二是恐惧心。人一恐惧、一紧张，小病就会变成大病，轻病就会变成重病。三是悲观心。人有了悲观心，能治的病也变成不能治的了。

2010 年年初的《参考消息》曾经登过两个英国医生的研究，他们提出了几个问题。第一，有的癌症是可以治愈的，但是什么原因他们不清楚。第二，他们做了一项研究。我们都对癌症非常恐惧，都希望能够治好它，因此利用现在发明的越来越精密的仪器希望能够早一点探测到癌症。原来以为，发现得早，就一定能够降低癌症患者的死亡率。可是事实是，癌症患者死亡率不仅没有降低，反而升高了。原来我们可能发现 10 个人中全部有这种癌细胞，然后经过治疗 2 人死亡，死亡率是 20%。可是现在仪器进步了，检查的是 100 人，100 个人都得了癌症，结果不仅 20 人死亡，可能比 20 个人还多。因此从比例上来讲，是升高了，而不是降低了。

他们的结论就是早的诊断和过分的治疗并不是一件好事，在悲观、恐惧中病情可能会恶化。现在有很多的癌症俱乐部，加入的癌症病人相互鼓励、相互支持，相互制造乐趣，有的人慢慢地转好，有的人即使没好，但症状也没有恶化，存活率越来越高。美国一个很著名的医科大学的终身教授研究发现，细胞生存最重要的是环境，它的活力来源于环境，它的生命来源于环境。有一个非常和谐的环境、非常愉快的环境，生命力就旺盛。如果环境很压抑，细胞就很容易萎缩、死亡。因此他说，信念和情绪比细胞的生命水平还强。道家讲自然，也包括心境的问题。要有自然的心境，淡泊处事。

道家讲的这些内容，不仅仅是养生问题，也是非常高明的管理问题，自然无为是最好的管理。我们可能觉得道家提倡自然是一种消极的情绪，是什么事情都不为。其实，道家讲的无为是更积极的有为，是“无为而无不为”。意思是，按照事物本身的规律去做，而不是按照自身主观的愿望，当然什么事情都能做成。就像我们教育孩子，我们首先要发现孩子的兴趣在哪一方面、在什么地方最有潜力，不要按照大人的兴趣去让孩子干事情。我们要帮助孩子把潜力开发出来，把兴趣提升起来，这样，孩子就能健康成长了。如果总让孩子做他不喜欢的事情，他就会产生逆反心理，结果可能走向反面。道家尊崇自然，不是无所作为，而是推自然之势，根据它的发展方向去推动它，是辅万物之自然。任其自然是放任不管，道家讲的是辅万物之自然，推自然之势，要辅要推。所以，如果我们懂得了这一点，领导者就会尊重和充分地调动被领导者的主动性、积极性、能动性。

后来法家也吸收了一部分道家的思想。法家的韩非子提出“君道无为，臣道有为”，也就是君是总的领导，作原则上的把握；臣是具体做事的，所以他要去为，当然是要根据事物的规律去做。但是总的来讲，“君道不要事必躬亲”，作为一个领导不是要事必躬亲，而是要充分调动下属的积极性。法家还有一句话，叫做“政在四方，要在中央”。我们常常讲，法家是中央集权，可并不是说什么事情都是自己来做。“政在四方”，事情要四方去做，但“要在中央”，中央要把握“要”。因此韩非子讲“君道无为”，君不要去做许许多多具体的事情，但是君要掌握两项原则：一项是用人，要看准人，并且用人不疑、疑人不用，充分地调动人的主观能动性；另一项是掌握赏罚。

现在道家思想的现实意义也越来越凸显。其实是由于我们长期以来，尤其是20世纪以来，强调要征服自然、改造自然。人也确实用最大的主观能动性征服了自然，改造了自然。但现在看来，征服、改造自然的结果是危害了人类自己。现在科学家已经开始提出这样的口号：要把征服自然、改造自然，变成尊重自然、顺应自然。因此道家思想现在在世界上非常受关注。2008年，我国举办了《道德经》世界论坛，由全世界几千名学者参与，他们甚至上台讲：道教是在中国，但道教研究不在中国。现在世界有三大道教研究中心：一个在德国，一个在美国，一个在日本。我们应该检讨、反思，加强对道教博大智慧的探究。

其实，《孙子兵法》中也有很多道家思想。最近，美国人把《孙子兵法》翻译成英文，成为西方流行的书。美国一位老资格的军事理论家为该书写了一篇序。他在序中提到当年去国民党的军校讲学的事情。他看到军官们都在学他的军事思想，就问军官们：“你们读过《孙子兵法》没有?”那些军官说：“没有读，那本书已经是过时了的，应该淘汰了的，没有学。”他就说：“你们一天到晚读我的思想，而我的思想在《孙子兵法》里面就有。”“你们应该学《孙子兵法》，而不应该学我的军事思想。”《孙子兵法》里讲到“攻心为上”、“不战而胜为上”。联系到治病的问题，长期吃药后人的抵抗力其实是越来越弱的。中医强调人自身的抗御能力和自我修复能力。人的机体出了问题是可以自我修复的。现在，西医也开始强调要充分地调动人自身机体的自愈能力和修复能力。道家讲求不违天时，顺其自然，不同地方的人、不同体质的人，在不同情况下得的病需要的治疗方法是不一样的，同样一个现象症状，有的可能是受凉了，有的可能是受热了，因此一定要落实到非常具体的每一个不同的特性上去。钱学森先生在晚年非常认同中医，他反对那些说中医不科学的说法："所谓中医不科学的说法，是以一种传统的实证主义科学的观念去看它的。而中医里边的整体论和系统论，恰恰是现代科学、复杂性科学的一个基础。所以中医医术不一定符合实证科学那个理念，但是它符合现代科学、复杂性科学的理念。"因此他积极地提倡中医。其实，中医在很大程度上，与道家有很密切的关系。道家的养生与中医的养生构成了中国养生文化的主要内容。

道家的重心就是自然无为，因此，道家的养生不仅仅是为延长寿命，还是为让我们的身心都能够健康。我们对长寿，有的时候也有一种误解。其实，长寿的重点不是延长我们的寿命。长寿的重点在于让人们尽其天年，或者说无疾而终。无疾，就是说自自然然地死去。如果活得时间很长，而且一身病，这个长寿就没有意义。道家的追求是成仙。仙是什么意思？拆开来讲，是一个"山"一个"人"，即山人，不受城市及这个社会上各种各样的尘嚣的东西的污染。作为一个"山人"，最根本的，是能够视生死为一体，生死同域。中国文化强调生命来源于自然，天地之气相合、夫妇之气相合，就有了子女，就有了生命。因此天地合气，物偶自生，夫妇合气，子偶自生，这是一个自然的过程。有生就必然有死，因此不要把生看得太重了，也不要把死看得太重了。中国文化从一定意义上说是相当豁达的，对生死看得很透彻，这也是一种顺其自然。在这一点上，道家给了我们很多启发。



## 五、 佛教与治心

佛教虽然是外来的，但在中国的文化中处处可以看到佛教的影响。佛教用来治心。为什么说它治心呢？佛教究竟有什么样的教理呢？我们可以用两个字来概括：一个是苦，一个是空。

佛教认为，凡是一个生命体，其生命过程就是一个苦的过程。人生来就是为了受痛苦的。你如果认为人来到这个世界就是应该享受的，那你的人生肯定就充满了痛苦。如果你能够认识到人是为了受痛苦来到世界上的，那你就会得到很多的幸福、很多的快乐。

佛教认为人的生命中有很多种痛苦。比如，生老病死，本身就是一个痛苦的过程。生下来痛苦，老了痛苦，病了更痛苦。死是最大的痛苦。佛教认为，一个生命体一定要经历生老病死这样一个过程，这是谁都避免不了的问题。人生还有很多其他的痛苦，爱别离是苦，怨憎是苦。如果我们喜欢的东西丢了、坏了，也会让我们很痛苦。另外，烦恼或牵挂等都是苦。人总是有很多追求、很多欲望，得不到也苦。那为什么会有这样一些痛苦呢？佛教分析：是因为人被现象世界的现象所困惑。所谓现象世界的这些现象其实都只是暂时的，没有一个现象是永恒的，因为一切现象都是在各种条件聚合起来的时候产生的。在佛教里面这叫做因缘。因缘聚会才有这些现象。因缘散了，现象也就没有了。一切现象世界的事物，不管是有生命的还是没有生命的，其实都要经历一个由生到灭的过程，叫“生住异灭”。“住”就是停留的意思。生住异，变异，最后灭。其实这是一个普遍的规律，生命、微生命都是这样。因此，世界上没有永恒、永远存在的东西。这在佛教里面叫无常。生命现象是无常的，一切其他现象也都是无常的。

任何现象都没有一个独立的自性，这在佛教里叫做无我。世界的一切事物，从根本上来讲都是无常的、无我的。这就是佛教所讲的“空”。佛教讲的“空”并不是说我们看不见这个空。“空”不是不存在的意思，而是讲这些现象世界的现象都是无常的和无我的，不是永恒的，没有独立自性，因此我们说它是空。从这个意义上来讲，其实一切现象没有分别。佛教中常常讲，你再富贵、地位再高、财富再多，死了以后也是一个土馒头。这句话听起来好像很消极，一贫如洗的人，最后是一个土馒头，再高贵的人，也是一个土馒头。其实它是说我们要能够看到事物的本质，其实没有什么太大的差异，人与人之间没什么区别，人都是一堆白骨包上一个臭皮囊。你能够看清这些东西，就不会这个放不下，那个也放不下了。

佛教里面有一种修法，就是让你去想人最终是一堆白骨，从而反观自己，以求解脱。而当我们看不清这些东西的时候，就会产生佛教中讲的三种心，即贪心、嗔心、痴心。这个痴心实际上也就是指我们看不清这个现象的本质，被现象所蒙蔽，因此在佛教中叫做无明。因为“无明”，看不清事物本质，所以就要贪。贪是一种过分的欲望，贪名、贪利、贪食、贪色。正因为看不清，所以觉得这些东西好像都是实实在在的，就想拥有。嗔是一种怨恨。怨就是不平衡，看别人比自己强，就嫉妒他；看别人不如自己，就瞧不起他；看别人拥有此物，就想得到它。有攀比心理的人就会怨天、怨地、怨人、怨事，这样心境就永远不能平静。佛教认为，一个生命的苦的根源就是“贪、嗔、痴”这三心。佛教把“贪、嗔、痴”称为“三毒”，也就是“三毒心”。八苦缠绕，三毒攻心。佛教认为三界唯心所造。“三界”指的就是欲界、色界、无色界。所有的生命都生活在这三界里边。其中还有许多的非生命体。那这三界是哪来的呢？佛教认为三界唯心所造。

佛教讲："心生则种种法生，心灭则种种法灭，相由心起。"相指我们看到的各种各样的现象的相状，方的、圆的、红的、黄的、长头发、短头发、漂亮、不漂亮等都称为相状。在佛教看来，这些其实都是人们心里面生出来的，也就是说是人们自己分开的。就事物本身来讲都是因缘所造，没有那么多的区别。那么多的界限分别，都是我们的耳朵听出来、眼睛看出来的。人的认识过程确实就是一个分别的过程，没有分别就没有比较，我们说"这一位先生年纪大，这一位先生年纪轻，"实际上就是在比较。有了这个比较，我们才能够把事物区别开来，才能够给事物定性。但是正是这样的分别，才给我们带来了一种分别心。有了分别心以后，就会产生爱憎喜好的情绪。有了这些情绪，然后就会有这样的想法：喜欢的东西，最好是永远在我手里面；不喜欢的东西，赶紧推出去；得不到的，我想尽办法得到。这在佛教中叫做执著心。有了分别就有了执著，有了执著，烦恼就来了，痛苦就来了。

人的种种烦恼痛苦，就是这样来的。佛教强调，我们如果要消除这种痛苦和烦恼，就必须要超越这种认识给我们所带来的这种问题。超越它，就是让我们用一种平等的眼光去看一切的现象。这样就不会偏心了。得之不喜，失之不悲，心就很坦然了。用这种平等就可以消除这种嗔恨心。另外，还要有感恩的心。任何一个人在社会中要做一件事情，都一定要众缘和合才能够做成。仅靠一个人的力量是不能做成的。因此众生之间是不能隔开的，众生之间都是相互帮衬的。

《金刚经》是佛教中一部很重要的著作，里面讲到了众生平等，要破除这种分别相，破除我相、人相、众生相、寿者相，甚至于在理论上来区分高下，那也是不对的。《金刚经》中有一句话叫做"是法平等，无有高下"，所有的法都是平等，没有高和低的区别。因此佛教就是强调以平等的心来看待一切的事物，甚至于看待一切的理论。佛教是相当包容的，不排斥其他教。佛教里面有这样一句话："一切世间的善法皆为佛法。"一切世间的善法，都是可以为佛法所用的，也可以说都是佛法。因此中国人能够接受佛教，能够包容佛教。中国的文化也是非常包容的。

儒家强调敦礼明伦，道家强调自然无为，那么佛教强调什么呢？明心见性。

佛教在中国的发展与东南亚等地区有差异。中国佛教强调明心见性，强调人人皆有佛性，如孟子所讲，人皆可以为尧舜；荀子讲，人皆可以为禹。这些思路都是一样的，意思就是人都可以成为圣人。只要你去努力，就能把自己提升为圣人。

“佛”这个词是原来印度的一个词 buddha 的发音，是音译过来的，我们把它翻译成浮屠、佛陀。buddha 就是觉悟、觉悟者、觉者。因此，佛是一个觉悟了的人。菩萨也一样，是由两个名词结合在一起的：一个是菩提，一个是萨埵。bodhi（菩提）跟 buddha 是一个词，一个是名词 bodhi，觉悟者；一个是动词 buddha，觉悟。因此菩提就是觉悟。

我们常讲佛教是“上求菩提，下化众生”，对于上，是要求一个人觉悟，因此佛教是一种觉悟的宗教，一种自身觉悟的宗教。

萨埵就是指有情。因为佛教把整个世界分成有情世界和无情世界。有情世界是有情感活动的，有生命的；无情世界是没有情感的，没有生命的。山川河流就属于无情世界。菩提萨埵就是觉悟的有情，我们简称为菩萨。

为什么要这样区分呢？当时，人们对佛非常尊敬，也可以说是他创造的佛教，他是最先觉悟者，所以把觉悟者的称号给他。我们其他的人最多就是一个觉悟了的人，是普通人，那就叫菩萨，最初还叫罗汉。但总的来讲，佛是一个人，不是一个与人不一样的神。这与基督宗教中的上帝的概念是不同的。上帝的概念强调上帝与人的不同，人是不能成为上帝的。但是佛教中强调佛与人是相通的。人人都具有佛性，人人皆可以成佛，因此中国的佛教反复强调人觉悟了就是佛，人迷了就只能是个人，就是凡人众生。凡人众生与佛之间的差别就在于一个是迷惑了的，一个是觉悟了的。因此，把人的佛性挖掘出来、发扬出来就叫见性。人见性了，就会看到自己身上的佛性。



佛教在中国的主流，是寻找自己内心的佛，叫做自性弥陀。我们讲弥陀佛，那弥陀佛在哪里？在我们自己心里。中国佛教，主流强调的是自己。通过自己的智慧和毅力来求得自己的解脱，也就是来求得自己能够“成佛”。佛不在别的地方，就在自己心中。那么怎样才能够见性呢？从主观上来讲，是见，看到了；从客观上来讲叫现。见是从主观角度来讲的，现是从客观角度来讲的，因此这两个字其实一样，见性也就是现性。

怎样才能够让佛性显现出来呢？要明心。明心就能见性，明心才能现性。那么什么叫明心呢？我们如果说性是静的，那心就是动的。今天这样想，刚才那样想，现在这样想，心是时时刻刻在变动的。在中国佛教禅宗中曾经有这样一个故事，有一天一个禅师问师傅：“很多佛经里面都讲人人皆有佛性，这句话怎么理解呢？”其实他是有一个潜在想法的：既然佛经里边都讲人人都有佛性，那当然我也可以成佛。他的师傅就回答他：“你做佛用是佛性”，你如果自己处处按照佛的要求去做，就具有佛性，你就可以显现出你的佛性来。接着他又讲“做贼用是贼性，做众生用是众生性”。你是普普通通的人，如果做众生用，就是众生性。因此性的显现要看你的心的表现。佛教强调：要成佛必先成人，要学佛必先学做人。人都做不好是不可能成佛的。佛教强调首先要舍得，舍得就能放下，放下就能自在，希望每个人都能够得到自在。我们见到一些庙的大匾上写着“得大自在”，这是佛教追求的一个最高的境界。能够自由自在，不受外界的侵扰，能够舍得、能够放得下，你就能够得自在，舍不得、放不下就得不了自在。

我们要做到舍得、放下、自在，就要在自己的行动中不断地去磨炼自己。在平常的生活中、工作中，能不能以一个平等的心去对待一切，这就是磨炼。我们只有在现实生活中磨炼自己，才能够使我们的行动符合佛教的这种平等的精神。佛教信徒去拜佛和菩萨，很多人也去拜佛和菩萨，其实主要是来学习这些佛和菩萨所体现的精神，然后用这种精神去指导自己的生活。

那么佛教的根本精神是什么呢？中国的佛教继承了印度的大乘佛教，其精神主要有两条：一是慈悲，二是智慧。

佛经里面常常讲慈悲和智慧，佛以慈悲水灌溉一切众生。慈悲是什么呢？慈是给人以快乐，悲是去除人们的痛苦。慈悲两个字连在一起，就是去苦予乐。佛教强调的慈悲精神是不为自身求安乐，但愿众生得离苦。慈悲是佛教的一个最核心的理念。大乘佛教强调，普度众生是慈悲精神的一种体现，不是只为了自己得到解脱，而要让大家都能够解脱。那么怎样才能够解脱呢？要靠智慧。也就是要去认识现象世界背后的本质，要认识到我们看到的现象世界中的这种分别从根本上来讲是平等的，无须分别，也不要执著，而要靠智慧来解决。智慧是让自己脱离苦海，慈悲是让众生都脱离苦海，所以慈悲和智慧结合在一起，就是“自觉觉他，自度度人”。

我想告诉我们老年人两句话：“慈悲做人，智慧做事。”在我们的日常生活中要做到如下三点：“诸恶莫作”，所有的恶不要作；“众善奉行”，各种各样的善事，要努力地去做；“自净其意”，自己来清洁心中的各种各样的不好念头，让它干干净净。“自净其意”是佛教一开始就提出来的实践原则，因此我们要落实到生活中去，而不去探求那些虚无、非常玄虚的理论。“诸恶莫作，众善奉行，自净其意，是诸佛教”，慈悲做人，智慧做事，我们也就把握了佛教的根本的精神。

# 《大学》与儒学的核心价值

张学智

儒学是中国传统文化的主干，自孔子创立儒家学派，到现在已经有2500多年了。儒学典籍浩如烟海，要找一本最能代表儒家精神和核心价值而又简明扼要的著作，我想就是《大学》。

宋代著名的思想家朱熹曾经说过，学习《四书》，要“先读《大学》，定其规模”。“规模”就是范围和纲领的意思。也就是说，《大学》代表儒学的范围或者纲领。“次读《论语》，立其基本。”就是说读完《大学》以后，要读《论语》。因为《论语》是孔子教人如何做人、做事的话语，针对不同的弟子讲不同的内容。话语虽然平实，但是内容非常丰富。读了《论语》，就可以掌握基本的做事做人之道，为进一步深造奠定了基础。再往下要读《孟子》：“次读《孟子》，观其发越。”“发越”就是发挥的意思。对孔子讲的一些内容，孟子有深入发挥。《论语》里面有一句话：“夫子之文章可得而闻也，夫之言性与天道，不可得而闻也。”意思是，孔子讲儒家经典，我们经常听得到，但是像人性、天道这样的形上学问题，这些深奥的道理，我们听不到。孟子恰恰对这些深奥的道理进行了发挥。比如说人性问题，“孟子道性善”。孟子认为人性是善的，他举了一个例子：假如人看到一个小孩一步步向井里走去，都会有一种怵惕恻隐之心。所谓“怵惕恻隐”就是一种惊惧的、怜悯的心情。之所以有这种心情，并不是为了在乡里博得一个好的名声，在朋友之间获得好的名誉，也不是为了结交这个孩子的父母，也不是因为厌恶这个小孩的哭声，而是发自当下一念最真实的情感。这就是孟子所说的“恻隐之端”。孟子认为“四端”是“四德”的发端。“四德”是仁、义、礼、智。恻隐仁之端，羞恶义之端，辞让礼之端，是非智之端，所以“仁义礼智根于心”。就是说，仁、义、礼、智这些人最根本的品质，本来就在心里面。读了《孟子》以后，就可以对人性这样比较深奥的问题有深入了解。又比如天道问题，孟子讲“尽心，知性，知天”。意思是，穷尽人的四端之心，就可以了解人的本性。

了解了人的本性，也就了解了天道 。在儒家看来，人性和天道是统一的，人性就是天道的具体体现。孟子把人和天联系起来，对孔子讲得很平实的做人做事的道理作了深入发挥。

朱熹说，读了《孟子》以后，最后要读《中庸》。读《中庸》可以"窥见圣人微妙处"。意思是，儒家讲的一些精微的道理，在《中庸》里面有更加深入的发挥。比如说《中庸》前三句："天命之谓性，率性之谓道，修道之谓教。"意思是，人性是天之所赋，人的善性是生来就有的。遵循人本有的善性去做，就是人的"应该"，也就是人进行修养的现实道路。"修道之谓教"是说，通过教育，把一些比较抽象的或者一般的原则，化为具体行为。《中庸》还讲到中和："喜怒哀乐之未发谓之中，发而皆中节谓之和。"就是说，当喜怒哀乐这些情感还没有发生的时候，人心是处在中的状态。喜怒哀乐的发生都能够恰到好处，就是和。《中庸》把中和作为人最根本的性质，也把中和作为天道最根本的性质。所以《中庸》说："致中和，天地位焉，万物育焉。"就是说，假如人类的各种行为能够达到中和，那么天地万物就会按照各自的规律、各自的轨道去运行，这样天地万物就是一个和谐的总体。

《中庸》还讲到"诚"。这个诚就是诚实不欺的诚。《中庸》把诚作为一个哲学概念来用。在它看来，天地万物、整个天道就是一个最大的诚体。所以《中庸》提出：①"诚者天之道，诚之者人之道。"人通过修养达到诚，达到和天道为一，是最终的目标。②"尊德性而道问学。"所谓"尊德性"就是首先要把自己内在的德性树立起来，道问学就是要从事于学问知识，把它作为现实的道路。"尊德性而道问学"，就是把德性和知识结合起来。③"博学之，审问之，慎思之，明辨之，笃行之。"就是要广博地学习，审慎地思考，明晰地加以辨别，然后对它提出疑问，深入地思考，最后笃实地去行动。这些都是《中庸》里面非常重要的内容。以上是朱熹关于《四书》的顺序和结构的学说。

另外需要说明的是，《大学》本来是《礼记》里的一篇，后来经过朱熹整理收在《四书》中。《礼记》里的《大学》叫《大学》古本，经过朱熹整理的一般叫《大学》新本。古本新本文字是不一样的。

朱熹有一篇文章《大学章句序》，在这篇序里他讲到，古时候人从 7 岁开始入小学。小学教的内容，主要是洒扫应对。所谓"洒扫"就是打扫卫生，让小孩子做一些力所能及的体力上的事情，"应对"就是应对大人的问话，然后学一些进退周旋的礼节。到了 14 岁，开始进入大学。学的内容主要是个人的修身和治国、平天下的事情。

## 一、《大学》的主要内容

《大学》的内容可以用“三纲领八条目”来概括。所谓“三纲领”，就是“明明德”、“亲民”、“止于至善”。“明明德”，第一个“明”字是动词，第二个“明”字是形容词。“明明德”就是通过修养功夫，把自己心里本来有的光明的德行发明出来。这样讲，就是首先肯定人心里本来有光明的德行。这和《中庸》所讲的“天命之谓性”是统一的。儒家的修养学说，既讲本体又讲功夫。所谓本体就是心里本来具有的内容，功夫就是一些修养的方法或者手段。《大学》首先是“明明德”，主张通过修养功夫，把人内在本具的光明德行发明出来。

“亲民”，二程认为应该是“新民”，后来朱熹遵循二程，也认为应该是“新民”。新民就是通过教化，使百姓不断提高自己的道德水平。《易传》也强调人每天要不断地更新自己，提升自己。《易传》甚至把天地也作为一个不断产生、不断更新的总体，“天地之大德曰生”，还说，“日新之谓盛德，生生之谓易”。意思是，天地最高的德性，就在于生生不已。儒家有一个特点，就是把天道作为人修养的基础，作为人效法的对象。因为天道生生不已，日新又新，所以人要不断地提升自己，更新自己。

“止于至善”是说，《大学》所提倡的修身，是以止于至善为最高目标的。至善就是最高的善，“止于至善”就是不到至善不停止。按照《大学》的说法，知道自己的修养目标在止于至善，心就有了定向，有了定向心就能够安静下来，心安静下来了，就能够安然地去做，只有安然地去做，才能够有精详的考虑，有了精详的考虑，才能有积极的结果。所以《大学》说，任何事物都是有本有末、有终有始的。人应该以修德为本，以治世为末。“知所先后则近道”，是说能够知道先做什么后做什么，那就离正道不远了。《大学》的“先”就是修身，“后”就是齐家、治国、平天下。以上是《大学》所讲的“三纲领”。

《大学》还提出“八条目”，作为达到“三纲领”的具体步骤。《大学》说：“古之欲明明德于天下者，先治其国；欲治其国者，先齐其家；欲齐其家者，先修其身；欲修其身者，先正其心；欲正其心者，先诚其意；欲诚其意者，先致其知；致知在格物。”“八条目”就是格物、致知、诚意、正心、修身、齐家、治国、平天下。“八条目”完整地体现了《大学》达到至善的步骤。这八个步骤之间，存在着逻辑关系。这就是，先格物，才能致知；致知然后才能意诚，意诚然后才能心正，心正然后才能身修，身修而后家齐，家齐而后国治，国治才能平治天下。这是“八条目”的次序，这个次序是不能乱的。《大学》把“三纲领”和“八条目”归结为修身为本，说“自天子以至于庶人，壹是皆以修身为本”。就是说，不管是天子，还是普通百姓，都要以修身作为根本。如果修身没有做好，那么治国平天下的事情是做不好的。

我们下面从格物致知开始讲“八条目”。在朱熹看来，格物致知是修身和求知最基本的活动，最为重要。但《礼记》里面的《大学》这一篇，也就是古本《大学》，对格物的解释丢失了，他要把它补出来。他根据二程的说法，为它作了一小段解释，这就是《补大学格物传》。“传”是对于经的解释。朱熹补的这一段非常重要，体现了朱熹的一个非常明确的思想，就是特别重视格物致知。朱熹的补传是这样开始的：“所谓致知在格物者，言欲致吾之知，在即物而穷其理也。”意思是，要想获得知识，先要研究具体事物；研究具体事物怎样进行呢？“即物而穷其理”，就是接触事物，然后穷尽事物上的道理。每个人都有认识能力，天下所有事物都有它的道理。因为人对事物的道理很多没有研究过，所以知识是欠缺的。《大学》让人们到事物上去仔细地研究，穷尽它的道理。道理积累多了，会豁然贯通。达到豁然贯通的状态，那么你对事物就会了解得很仔细。外在的、内在的、粗率的、精细的，你都会知道。这样，你的认识能力会有很大提高。

朱熹非常重视格物致知，格物是他的学问方法的纲领。南宋时有个很有名的“鹅湖之会”。朱熹和陆九渊约集于江西上饶的鹅湖寺，讨论为学之方。朱熹主张先格物穷理，陆九渊主张先发明本心。也就是说，朱熹主张道问学，陆九渊主张尊德性。两个人争论了几天，没有达成一致意见。尊德性和道问学都是儒家非常重视的内容，朱陆两家各执一端，当然谁也说服不了谁。但是这两方面的内容确实都非常重要。

格物致知以后，就是诚意。诚意就是自己所发的每一个意念，都要出自本心的道德意识，没有虚假。诚意，首先在于不欺骗自己，就像“如恶恶臭，如好好色”那样。所谓“如恶恶臭，如好好色”，就是假如你闻到了难闻的气味，心里自然厌恶。这个厌恶是你心中的真情实感，要想作假是作不出来的。就像人们看到了长得漂亮的人都喜欢，这也是人发自内心的自然情感，要想装假也是装不出来的。“如好好色、如恶恶臭”，就是诚意。人发生的每一个意念都要像“如好好色、如恶恶臭”一样真诚，就是“诚意”。

《大学》还讲到慎独。所谓慎独，就是在自己独处、人所不知的情况下，要特别谨慎。因为人很容易在大庭广众之下，把自己好的一面展示出来，把不好的一面隐藏起来。所以《大学》提倡人修身，首先要慎独。它说："小人闲居为不善，无所不至，见君子而后厌然，掩其不善而著其善。"意思是，小人独居时是无所不至的，什么样的事都能做得出来，但是见到君子以后，就把他不好的东西掩盖起来，而把他做得好的一面展示给人。《大学》认为，每一个人都生活在别人的注视之下，别人看你，就像能看到你的五脏六腑。你把自己不好的地方掩盖起来，把自己好的地方展示给人看，这有什么用呢？人都是"诚于中而形于外"的，内心里是什么样子，就会在外表上表现出来。曾子曾经说过："十目所视，十手所指，其严乎！"就是每一个人都在大家的监视下，十目所视、十手所指，非常严正，丝毫马虎不得。作假终究会被人们识破。所以《大学》讲"富润屋，德润身，心广体胖，故君子必诚其意"。"富润屋"是说，假如一个人很富有，那么通常他的房子很高大、很华丽。"德润身"意思是，德性会滋润身体，比如我们经常形容有德之人，面色红润，举止安详，体态舒泰。"心广体胖"的意思是，心地宽广，表情、姿势很舒泰。《大学》主张，人要通过修身达到诚意，诚于中必然会表现于外。

要修身首先要做到正心，正心就是心在正当处，像镜子一样光洁，像秤一样平。《大学》说，人在愤怒的时候，心就不得其正；在恐惧的时候，心也不得其正。有所好乐，有所忧患，心都不会在正当处。好乐就是特别喜好某事，忧患就是对于某事有忧虑，这样心都不会在正当处。如果心不在正当处，他看东西就像没有看，听也听不见什么，吃东西不知其味。所以要想修身，首先要端正自己的心态。这一点非常重要。关于端正自己的心态，《大学》讲得很好，它说人对他所喜好的人，都有所偏爱；对他厌恶的人，往往厌恶得过头；对他敬畏的人，往往会产生畏惧或者过于恭敬的心态。可怜某人、轻视某人，都会使你的心不在正当处。所以《大学》引用当时的谚语说，很多人不知道自己孩子身上的缺点，不知道自己的庄稼长得好。意思是，很多人往往溺爱自己的孩子，所以看不清他身上的缺点；很多人往往贪得无厌，只看到别人的东西好，看不到自己的东西好。一个人如果能看到他喜好的东西的不好处，看到他厌恶的东西的好处，这是非常难得的。

关于"齐家"，《大学》里面所说的家，和我们现在的家是不一样的。现在的家，是典型的三口之家。还有所谓"丁克家庭"，甚至不要孩子。但是写作《大学》的那个时代，家都是指家族。我们知道，中国是一个以封建宗法为基本家庭制度的农业大国，古代中国家庭的基本形式是家族。《大学》认为，要想治理好一个诸侯国，首先要把自己家族的事情做好，做好家族的事，就是对治理国家的见习。所以说治国必先齐家。在家里首先要做好孝，“孝者所以事君也”，在家里能够做到孝，那么到朝廷去做官，才能够忠君。对于这一点，中国古人是非常重视的。我们经常听到一句话：“忠臣必出于孝子之门。”就是说，忠臣一般是从孝子中产生的。儒家非常重视孝，有一本很有名的书，叫《孝经》。它的字数很少，但内容非常丰富。《孝经》讲了从天子、公卿、大夫、一般读书人，一直到普通百姓的孝。《孝经》说：孝开始于“身体发肤，受之父母，不敢毁伤”，就是人的身体是父母生出来的，不能无缘无故毁伤，因为毁伤它会引起父母的痛苦。孝的最高表现是显亲扬名。所谓显亲扬名，就是通过个人努力建立了功业，得到朝廷的肯定和表彰，对他加以封赠，连带对他父母也加以封赠。这是孝的最高表现。

《礼记》里面对孝也有很多描述。比如，“孝子必有深爱，有深爱必有和气，有和气必有愉色，有愉色必有婉容”。意思是，孝子对父母有深深的爱，有深爱才会产生和谐的气氛、和颜悦色的表情。孔子也曾讲到孝，说只给父母提供最基本的生活资料，这不算孝。养一匹马，养一只狗，也会喂马和狗食物。如果对自己的父母，只是供给他们饮食，这和养狗养马有什么区别！孔子认为，孝首先是对父母的爱与敬。《论语》里面还有“色难”的说法。所谓“色难”是指，长久地对父母保持和颜悦色，是非常难的。民间有句话“久病床前无孝子”，就是说对父母暂时的、短时间的和颜悦色是容易做到的，但是长久地做到这一点，很不容易。以上这段话就是《礼记》对孔子所说的发挥。《大学》说：“孝者，所以事君也，弟者，所以事长也。”所谓“弟”就是弟弟尊敬兄长。在家里能够尊敬兄长，那么出门办事，到朝廷里去做官，就能够尊敬长官。“慈者所以使众也”，慈就是慈爱。假如在家族里能够对兄弟姐妹慈爱，那么在朝廷里做官，就能够爱护百姓，给他们恩惠，合理役使他们。

齐家是治国的基础。“一家仁，一国兴仁。”如果能在一个家族里兴起仁爱、辞让之风，那么去管理一个诸侯国，也就能在诸侯国里兴起仁爱、辞让之风。“一人贪戾，一国作乱。”假如在家族里表现得很残暴、很贪婪，那到政府里去做官，就会因为贪婪和残暴引起国家动乱。尧舜是圣君，他们率领天下实行仁道，老百姓就跟着他们奉行仁道。桀纣是暴君，用暴政管理国家，那么整个国家就暴戾、昏乱。《大学》还引了《诗经》中的一些诗句说明，只有在家族里能够成为表率，一国的百姓才会仿效他。“孝悌慈”在《大学》里非常受重视，后来成了民间讲学最重要的内容，尤其是在民间讲学最为发达的明朝，“孝悌慈”是最通行的讲学内容。

《大学》的最高理想是平治天下，而“平天下在治其国”。就是说，要想平治天下，做天下的共主，首先要治理好一个诸侯国。在诸侯国里应该怎么做呢？“上老老而民兴孝，上长长而民兴弟，上恤孤而民不倍。”意思是，在上者能够尊敬老人，敬爱兄长，那么整个国民就会兴起孝悌之风。在上者能够爱护、抚恤孤儿，国民就不会轻易背叛这个国家。所以，首先要从管理国家的人做起，从“在上者”做起。《大学》还讲到“絜矩之道”。“絜矩之道”简单说就是推己及人，将心比心。就是你不希望别人怎么对待你，就不要用同样的办法对待别人。比如，你不希望下级顶撞你，那么你就不要顶撞你的上司；你不希望上司压制你，你就不要压制你的下属。这就是将心比心，絜矩之道。这一点《孟子》讲得也很多。比如，《孟子》说：“老吾老以及人之老，幼吾幼以及人之幼。”就是说，尊敬自己的老人，然后把它推开来，也尊敬别人的老人；爱护自己的孩子，然后把它推开来，也爱护别人的孩子。这就是“善推”，就是絜矩之道。孟子的这个学说与他的“四端说”是一致的。孟子甚至认为，四端之心是仁政的基础，“有不忍人之心，斯有不忍人之政”，并且认为，用善推的方法去治国，治理好国家是很容易的。



另外，《大学》非常重视得到百姓的拥戴。比如《大学》引《诗经》里的话：“殷之未丧师，克配上帝。”就是商纣王在没有丧失百姓的拥护之前，他还是得到天命眷顾的，他还可以做他的王。但是，如果他违背了百姓的心愿，百姓就会离开他。武王伐纣时商的军队在前线倒戈支持周推翻纣王的残暴统治，就是最好的例子。所以《大学》提醒统治者：“道得众则得国，失众则失国。”失掉了人民的拥戴，就要失去这个国家。所以负有管理国家之责的人要先修养好自己的德行。统治者的德行，是治理好一个国家的前提。《大学》说：“有德此有人，有人此有土，有土此有财，有财此有用。”说的就是这个道理。作为一个统治者，首先要修德，德行修养好了，才会有一批有本领的贤德之人团结在你的周围，辅佐你、帮助你，你就会开辟土地，扩大人口，得到财富。有了财富，一个国家的用度就不会匮乏，就会富强。所以《大学》提出“德者本也，财者末也”，就是说治理好一个国家，最重要的是统治者个人的德行，这是本。反过来，如果把本当做次要的东西，而把次要的东西如财富、土地、人口当做最根本的东西，就会和老百姓争夺利益。和百姓争夺利益，他们就会离你而去。《大学》接着说：“是故财聚则民散，财散则民聚。”如果统治者能把国家的、自己的私人财富散给百姓，让国民共享，那么别国的百姓就会汇聚到这个国家来。如果统治者只顾聚敛自己的财富，不顾百姓，那么百姓就会离开这个国家，流散到别国。

除了治理国家的大政方针，《大学》也非常重视统治者个人的言行，占据高位的人言行正确与否，是决定一个国家生死存亡的关键。《大学》说："是故言悖而出者，亦悖而入，货悖而入者，亦悖而出。"意思是说，如果治理国家的人说了错话，这个错话所引发的后果终究会返回到自己身上，所以说话一定要遵守正道。假如财货是通过不正当的手段得到的，那么也会因为继续奉行不正当而失去。所以财货一定要通过正当手段获得。奉行正道得来的财富才能够长久地保持。《大学》还引《尚书》和《国语》中的话，说明统治者的德行、善举是最根本的。比如《尚书》的《康诰》中说："惟命不于常。"这就是我们经常说的，天命无常，惟德是辅。天命并不特别地青睐某个人、某个国家，它只眷顾那些有德者，所以"善则得之，不善则失之"。如果统治者奉行正道，那么就能得天命；不奉行正道，就不能得天命，得到了也会失去。《国语·楚语》也说："楚国无以为宝，惟善以为宝。"就是楚国不以别的东西为宝，以有贤德之人为最贵重的财宝。春秋五霸之一的晋文公，在成就霸业之前，曾经流亡在外。他流亡的时候，有很多人跟着他，其中有他的舅舅狐偃，狐偃曾告诫他："亡人无以为宝，仁亲以为宝。"就是说我们流亡在外的人，没有别的宝贵的东西，只有亲近仁爱的人，才是最可宝贵的。这都是对统治者个人德行的强调。

另外，《大学》还告诉我们，作为统治者，一定要志量宽大，要能容众。看到有长处的人，自己心里就高兴，而且把他推举出来，放在重要的位置上；看到别人有不对的地方，就规劝他。这就是宽容的人，气量宏伟的人，就是好的统治者；反过来，如果别人做得好，自己就嫉妒，压制他使他不能发挥所长，这就是心地狭隘。心地狭隘的人，是不能够成就大事的。把宽容的人放到重要位置上，把心地狭隘的人流放到远处去，就是孔子所说的"唯仁者能好人，能恶人"。如果有这种人，大家喜欢的，他偏偏厌恶；大家讨厌的，他偏偏喜欢。这种人是违反人性的。违反人性的人，灾祸必然降临到他身上。

《大学》由此提出了做人做事的根本原则，它说："君子有大道，必忠信以得之，骄泰以失之。"君子做人有一个通行的原则，这个原则就是忠信。忠信就是对人诚实，给别人出主意、想办法尽己之力。忠信的人必然勤谨谦虚；反过来，骄奢淫逸、贪暴傲慢的人最后必然失败。生产活动、经济运行也有根本原则："生财有大道，生之者众，食之者寡，为之者疾，用之者舒，则财恒足矣。"这是说，财富的产生有一个根本原则。要想产品源源不绝，生产活动继续不断，那就要生产的人多，消费的人少；生产的人要勤谨地生产，消费的人要慢慢地消费，这样财富就是永远充足的。《大学》这个原则说得非常好。《大学》时代是农业自然经济，提倡节约，少消费。但生产总量要不小于消费总量，从事生产的人要多于消费的人，量入为出，这却是经济领域一个普遍适用的法则。

《大学》还提出，一个仁人君子对待财富的态度应该是怎样的。《大学》有一句话非常精辟："仁者以财发身，不仁者以身发财。"仁德的人，财富只是他完成一个仁人君子的理想人格的手段，而不是目的。财富是必要的，但它只是生命的必要凭借，不是它的全部内容。反之，不仁者以身发财。一个没有修养、没有理想、没有品位的不仁者，他生活的全部目的，就是为了获得财富。把仁者和不仁者加以对照，提出仁者对待财富的正确原则，这一点对当今社会也是有警醒意义的。因为现在有很多人，为了获得财富不择手段，不惜生命。有的人有了钱，不知道怎么花得有意义。有很多人，把获得财富当做生命的全部内容。对于一个统治者来说，他的财富观，他获得财富、运用财富的理念对国家的兴衰荣辱有决定性的作用，所以要非常注意。"未有上好仁而下不好义者也"，在上者能够喜好仁德，那么在下的人就会追求仁义。只有追求仁义，才能善始善终；只有追求仁义，仓库里的财富，才真正属于你自己。假如不按正道去做，没有对待财富的正确原则，最后你已有的财富，还会因为你奉行不义而失去。



最后《大学》提出一个国家对待财富的态度："国不以利为利，以义为利。"就是国家不能以单纯的利益作为追求的最高目标，而要以义来统率利。这一点，是儒家"义利之辨"的最高原则。"义利之辨"是儒家一个非常重要的方面。孟子游说诸侯时见到梁惠王，梁惠王一开口就问：您老人家不远千里而来，对我们国家有什么利处呢？孟子说："王何必曰利，亦有仁义而已矣。"我们现在讲儒学的时候，很多人都说儒家很迂腐，开口就讲仁义，不讲利。实际上儒家并不是不讲利，它是以义为最高原则。利，是奉行正义所带来的自然结果。要树立获得利益的正确的原则，这就是义。通过《大学》所讲的"国不以利为利，以义为利"，我们可以清楚地看出，儒家以正道、正义为原则，利益是奉行正道自然带来的。儒家不是不讲利益，而是讲以义统利，以义带利。"长国家而务财用者，必自小人矣。"统治一个国家，做国君的，如果只是追求财富，那么他一定是受了小人的蛊惑，这个国家最后必然会起祸乱。《大学》把正确的求财原则鲜明地提了出来，并反复警醒、告诫统治者要掌握正确的求财原则，严于义利之辨，以免为小人所误，引起严重后果。

## 二、《大学》对后世的影响

《大学》对后世的影响非常大，特别是宋代以后，二程表彰《大学》，朱熹把《大学》、《中庸》、《论语》、《孟子》合在一起称为《四书》。朱熹用了半生精力，注释《四书》。自述对《四书》用了 40 多年的功力，每个字都反复斟酌，好像在秤上称过一样，不教偏一点。著名的例子是朱熹在逝世的前三天，还在修改《大学》的诚意章。《四书章句集注》后来成了元、明、清时代科举的标准教科书。科考出题都要从《四书》中出，考生答题也不能违背朱熹所讲的义理。《四书》对后来产生的影响是其他书不能相比的。

南宋后期，有个儒家学者叫真德秀，作了一本《大学衍义》。"衍"就是扩展、引申的意思。他在儒家的经书里找了很多语句，又从史书、政书等各种典籍里找了很多事例。他把语句和事例分类，附在《大学》的各条目之下。后来这本书成了最通行的经筵教本。所谓经筵，就是皇帝或者太子到了读书的年龄，在朝臣中选择德高望重有学问的人，来做皇帝或太子的老师。自从真德秀的这本书完成以后，就经常用来做经筵讲章。所以这本书，对上到天子下到一般读书人，都产生了非常大的影响。

《大学》也是宋明理学最重要的经典和理论来源。从先秦到宋明，儒学都是整个中国传统文化的主干。先秦主要是孔子、孟子、荀子。孟子和荀子都自称继承了孔子，但两人的学问趋向很不一样。孟子带有很强的理想主义色彩。孟子从人的内心出发，讲四端、讲善推、讲絜矩之道、讲不忍人之政。而荀子则重视现实问题，重视法律，重视政治，主张"隆礼重法"。在人性问题上，孟子主张性善，性善的根据是"四端"；而荀子主张性恶，认为人生来就好利，好争夺，善是后天教化的结果。荀子在一篇文章里，对子思和孟子学派进行了激烈的批评。宋明理学兴起以后，理学家对孟子很尊崇，但一般都批评荀子。对荀子的批评，最重要的原因就在荀子主张性恶。先秦孔子、孟子、荀子的出现，这是儒学的一个高峰。

第二个高峰，是北宋开始的理学。理学有几个代表人物，比如周敦颐、张载、二程、朱熹、陆九渊、王阳明等。周敦颐有一篇很短的文章，叫《太极图说》。《太极图说》有图有说，通过讲天地万物的起源、人的起源及修养方法，来阐述儒家之道。《通书》是周敦颐对于《太极图说》的补充，篇幅不大，但内容很丰富。关于张载，我们都知道张载的四句话："为天地立心，为生民立命，为往圣继绝学，为万世开太平”，即“横渠四句”。这几句话是典型的理学。为什么说它是典型的理学呢？“为天地立心”，按照道家的说法，天地无心，比如，老子说：“天地不仁，以万物为刍狗；圣人不仁，以百姓为刍狗。”意思是天地对于任何事物，都是平等对待，没有特别的偏爱，故说天地无心。但是张载认为，儒者的使命就是要为天地找出一个基本原则，天地的基本原则和人的德行，内容是一致的。这就是“为天地立心”。为天地立心的目的，是为了为生民立命。“为生民立命”就是要给人找出一个安身立命之处。天地之德就是生民之命，立于德就安身了。这就是为生民立命。为生民立命的目的是什么呢？是“为万事开太平”，是为了整个国家的和谐与长治久安。何谓“为往圣继绝学”，我们知道，儒家有一个非常重要的内容，就是对于经书的解释。解释经书，有道德价值的阐发，有各种政治原则的解释，还有具体的注释经典的方法。通过对经典的阐释，把儒家学说一代一代地继承下去，张载认为这也是儒者非常重要的责任。

儒家也讲道统。唐代的大文学家韩愈写了一篇有名的文章，叫《原道》。在《原道》里，他为儒家勾画了一个道统。所谓“道统”，就是儒家之道的传承统绪。韩愈说，儒家之道，是由尧、舜、禹、商汤，然后周文王、周武王、周公、孔子，这样一代一代传下来的。孔子传给孟子，孟子以后，道统就中断了。后来的儒家学者，虽然对道有所言说，但是选择得不够精确，言说得不够详细。韩愈之所以能作为理学的先驱，原因之一就是因为他大力宣传《大学》，提高《大学》的地位，以此对抗当时思想界占统治地位的佛教。宋代儒学就是要把这个道统延续下去，所以宋明儒者都非常强调道统说。宋代儒者认为，儒家之道不仅仅讲如何做事做人，而且要人体悟天道。天道是人的修养方法的根据，天道和人道是统一的。宋明儒者都是首先讲天道，其次讲人道，再讲修养方法。

说到这里，我要澄清人们对宋明理学的误解。过去一提到理学，许多人就持强烈的拒斥态度。有人说，孔子、孟子很伟大，我很喜欢，但是理学我不喜欢，因为理学主张存天理、灭人欲，人欲怎么能灭呢？其实宋明理学所讲的人欲，主要是指不符合天理、不符合正道的那些欲望，主要是私欲。理学家主张通过各种修养方法，逐渐去除人的私欲。比如，张载就非常重视“知礼成性”，“变化气质”。所谓“知礼成性”，就是通过对礼的讲习讨论，弄清楚它的道理和仪节，然后用礼来约束自己；同时，通过修养，把自己身上各种背离正道的东西，慢慢地消除掉，人的气质、境界发生变化。这就是“知礼成性”，“变化气质”。

二程讲得比较多的是“天理”。二程认为天地间有理，理的存在是绝对的，不以人的意志为转移的：“不为尧存，不为桀亡。”到了朱熹，主张首先格物致知，明白事物上的道理，通过积累具体知识，达到豁然贯通，最后明了“道”。“道”既是道德价值，又是万物的本体。天地之间，有理有气。理是产生万物的根本，气是构成万物的材质。理是形而上之道，气是形而下之器。朱熹花了很多篇幅来证明理是最根本的、最重要的。另外，朱熹在修养方法上，吸收了张载、二程及二程弟子的一些说法。他区分了“天命之性”和“气质之性”，认为人天生就有善性，这一点是吸收了《中庸》的“天命之谓性”。同时他又认为，每个人都是由气构成的活生生的肉体生命，要通过修养功夫，把自己本有的天命之性保存下来，把人的出自肉体的种种逾越正道的欲望慢慢去除掉。朱熹的学说，从南宋末期到元、明、清几个朝代，都占据思想界的统治地位。

与朱熹同时的有陆九渊，主张发明本心。他吸收了孟子的思想，从自己内在的道德意识出发，与朱熹所主张的功夫要领大不相同。真正对朱熹形成挑战的是明代中期的王阳明。朱熹学说的重点是“格物致知”，王阳明的学说重点是“致良知”。陆九渊与王阳明虽合称“陆王”，但二人思想有较大区别。所谓“致良知”，就是把自己本来具有的良知推行到做具体事上，在做具体事中获得知识，然后把知识充实到自己的良知中，作为下一步致良知的基础。“致良知”就是这样一个不断反复、不断扩大、不断充实的过程。王阳明非常重视精神境界，最高的境界是“万物一体”。王阳明晚年有一篇重要著作，名叫《大学问》。《大学问》是通过王阳明和弟子的问答，用“致良知”学说去解释《大学》的“三纲领”、“八条目”。同时用它来贯穿《中庸》里所讲的“诚”、“天道”、“性命”等范畴。

王阳明的学说也叫“王学”，自从确立以后，成为一个显著的学术潮流。在东南一带，它几乎有颠覆朱子学的势头。明代中期以后，通过阳明弟子的推阐发挥，“王学”逐渐成为席卷大半个中国的学术潮流。“王学”主张人要自尊、自立、自强，要破除外在的偶像，要信任自己的本心。“王学”对后来许多政治家、思想家产生了影响，包括康有为、谭嗣同、梁启超、孙中山、蒋介石等。

清军入关以后，为了压服汉族知识分子，大搞文字狱，很多知识分子被逼到书斋里，退守一隅。在乾隆、嘉庆时期，主流学术形式是文字训诂名物考证之学。后来一些思想家受西学的刺激，出于对中国积贫积弱的忧虑和对国计民生的关怀，慢慢地提倡义理之学。义理之学逐渐地取代训诂考证之学，成为学术界的主流。到西学大规模传入之后，儒学受到越来越多的冲击，影响力越来越弱，演变到后来，就出现“打倒孔家店”这样的情形。这一段历史很复杂，这里不再展开。

儒学的内容非常广泛，我今天是以《大学》为主，贯穿其他儒学内容，概括地介绍给老年朋友。

# 道家的智慧

李中华

国学，对我们每个人来讲，都是一个新课题。我们多年来，可以说是近百年来对国学比较生疏，从20世纪初一直到改革开放，国学处在一个被边缘化的状态。

我讲课的时候，一直是先谈这个问题：今天我们为什么要学习一些国学？为什么会产生国学热？实际上它是必然的社会思潮，不是想“热”就能“热”的。三四十年前，我们就没有“热”；20世纪80年代中期，我们有文化热，那不是国学热。文化热是西化思潮的一次表现，最后以《河殇》为代表，提倡“蔚蓝色文明”或走向“蔚蓝色”。从20世纪80年代中期到现在，20年，又一变。这个变化就是从国学热开始了。

这和我们国家的经济政治以及各个方面的进步、发展、提高有关系。特别是经济的发展，使我们找回了对文化的自信。尤其是不能再走照抄西方、照抄苏联的道路。包括企业家们，也都认识到了这一点：要建立我们中国自己的、民族的管理模式，不能完全照抄，照抄就会失败。所以国学热是有其历史动因的。

我主要与大家讨论和探讨道家的思想，使大家概括地了解道家的基本精神和它在现代的意义。

## 一、 道家的产生及在中国文化中的地位

对一般群众来讲，道家、儒家、墨家等，都是某个学派的称谓。但对中国文化来讲，应该说，儒道两家是国学里面最重要的两个体系、两支重要的力量。国学是一个很大的概念，就其外延说，无所不包。古代把它分成经、史、子、集四大部分，仅经学就是一个大体系。“儒家”、“道家”这些称呼都是源于子学的。我们说的“诸子百家”，说是“百家”，实际上在先秦，最重要的只有六家。

按照司马迁的父亲司马谈的说法，百家中主要有六家，他在《论六家要旨》中就讲了这六家的主要思想和要旨。这六家就是儒、墨、名、法、道、阴阳，即儒家、墨家、名家、法家、道家、阴阳家。这六家应该说是诸子百家中最突出的六家，也就是说是对中国文化影响最大的六家。在这六家中，如果再选两个影响最大的，就是儒、道两家。当然法家影响也很大，但主要是对政治，对中国传统的政治思想影响很大。但在中国古代文化里，最发达的还不是法家的思想，最发达的还是儒、道两家的思想。阴阳家具有哲学性和术数的特点，最后这种特点也都渗透到儒、道两家中来。

儒、道两家比较起来，我们一直说儒家是中国文化、古代文化的主干和主流。那么道家呢？对道家的理解比对儒家的理解要难一些。例如，在民间经常有一些带有哲理性的俗语，如“出头的椽子先烂”，“木秀于林，风必摧之”，等等。这样的话，好像都是从道家思想里引申出来的。例如，老子讲的“无为”，就是道家思想中很重要的概念和思想。但是在民间，我们对它的理解有误差。特别是近代以来，其中包括 1949 年新中国成立以后，对传统文化实际上也有很多的误解，尤其是对儒、道两家。



那么什么叫道？一般我们讲道家，有时候是和儒家对比着讲的。因为这两个学派，有很多思想、形态看起来是相反的。例如，儒家强调社会责任，家庭的、社会的、国家的、民族的，包括文化的，儒家都是讲责任、讲承担的。宋代大儒张载有一句很有名的话，最能代表儒家的这种承担和使命感，即“为天地立心，为生民立命，为往圣继绝学，为万世开太平”。人类的特点、人类的使命，特别是儒家，要为天地立心，就要和天地保持一致，不能背离这个天地的精神，把天地看做父母。它甚至可以杀身成仁，舍生取义。《论语》中讲了很多，如“朝闻道，夕死可矣”，早晨得了真理，晚上死了也甘心。人们常说的“长江后浪推前浪”；荀子讲“青，取之于蓝而青于蓝”；孔子讲“后生可畏”。为什么后生可畏？就是因为他相信历史的发展，相信人类的进步。由于儒家有这样一种精神，所以它推崇献身精神，为了真理甚至贡献生命，为了把仁爱的思想普及天下，甚至可以杀身成仁 、舍生取义。



儒家对中国文化的贡献，使其在古代社会一直成为中国文化的主流、主体。道家和儒家不同，道家是从反面看问题的。例如，儒家讲现实，讲有为；而道家，看起来是很消极的，讲“无为”。为什么讲无为呢？无为的含义就是道的含义。道家强调道字，所以它叫道家。可以说道家对中国文化的主要贡献，就是开创了中国哲学的本体论。这个很难理解的哲学概念，由道家所创。儒家更多地强调人的道德伦理，在先秦还没有建立起一个哲学的形上学或一套系统的理论来指导它的伦理学。任何伦理学都要有背后的哲学理论，以此来论证它的合理性，在这一点上儒家建立得还不够。《论语》也讲道，但它讲的道就是我们一般讲的真理，天下有道、无道等。这个道是学说的意思，属学说思想、国家政治范畴。但是老子讲的道就不是，老子讲道是万物的总根源。例如，老子讲："道可道，非常道。名可名，非常名。"它是一个纯哲学的问题，是代表中国哲学的一个特点的问题。中国哲学以老子为代表，他说道如果可以道，道如果可以说、可以表述、可以用语言描述，这就离开了真正的道，就不是真道，不是常道，所以叫"道可道，非常道"。这就将中国哲学和西方哲学区分开来，概括了两者一个最大的区别：西方哲学更多是强调语言的逻辑分析，并对一个概念加以界定、加以分析，建构一个逻辑体系，所以西方哲学是无法离开语言的，从古至今，包括现代的西方语言学、语义学、语义哲学，都是以语言为主的；中国哲学则不然，中国哲学更多是强调，一旦用语言去描述它或用一个概念去指称它，这个概念就有了固定的内涵。任何一个概念，都有它固定的内涵，比如说杯子，它的内涵就是能容，有容，有所容；它的功能就是盛物，所以说杯子的时候，就不能说是架子。但是道就不是具体的东西，道是万物的根源，是万物的本根。而这个根源，又是不能用语言来描述和形容的。

《老子》有一章讲什么叫道，它用谷神来比喻道，如"谷神不死，是谓玄牝。玄牝之门，是谓天地根，绵绵若存，用之不勤"。意思是说：谷神，山谷之神啊，山谷的神是永恒的。为什么叫山谷之神？因为老子讲"虚"，就是虚空的"虚"，有虚才能容，如果都满了就容纳不了。这也和老子讲"无"有关系。什么是"玄牝"呢？就是玄妙的母性。"牝"就是牝母的牝，雌雄的雌。老子是贵柔守雌的。"玄"就是玄妙、幽深、幽远，"牝"就是母性母体，"玄牝"就是玄妙的母体，"玄妙之门"，玄妙的母体的门；"是谓天地根"，这个门是天地万物的根源。天地万物都是从这个门里来的。老子讲"道生天地"，道是万物的根，离开了道就无所从出。没有道就没有生命，天下万物都是道派生的。"绵绵若存"，就是它的存在连绵不断；"用之不勤"，就是它的作用无限，用之不尽。"勤"是尽的意思。道的作用、道的力量、道的功能，都是强调道是万物的根源，万物的内在的动力。老子这里用的都是比喻。用谷神来喻道，又用玄牝来喻谷神。什么是玄牝？这里实际上就是老子的母性哲学。玄牝就是女性的生殖器，玄牝之门，就像生孩子一样，没有母亲哪来的孩子。这个道就是母亲，万物就是孩子。后来玄学家把它比做"守母以存子，崇本以举末"。这个道就是本，万物就是末，道就是母，万物就是子。要守住母亲才能保存儿子；举其本，末才能带起来。崇本举末，守母存子，用母子关系、本末关系，用门户、用谷神的比喻都是讲道的。所以，老子讲这个道就是万物的总根源、万物的根、万物的本体，没有道就没有万物。

道家是怎样产生的？春秋末期到战国中期，诸子百家产生。这个时代是中国文化的一个大转折的时代，也是中国历史一个大变动的时期。从夏商周三代到秦汉之间，中国社会已进入奴隶制社会，已经有阶级、有国家了，文化已经发展了。中国的传统文化，是在夏商周三代奠基的。我们说的“六经”，应该说都是三代文化的结果、结晶，都是在孔子以前就有的。虽然有的名字是后起的，但其内容在孔子以前就有了。到了周朝末年，历史就开始发生变化了。周朝末年至秦始皇统一中国，这四五百年的时间，历史上叫春秋战国。原有的周王朝的政治统治逐渐走向瓦解，一个新的社会形态，或者一个新的政治体制，将要诞生。但这个过渡期很长，长达四五百年。决定后来文化发展的最重要的诸子百家就是在这段时间里产生的。诸子百家之前，夏商周三代已经有了很重要的文化，就是《诗》、《书》、《礼》、《乐》、《易》、《春秋》这“六经”。孔子的最大贡献就是整理了“六经”，没有让“六经”失传，把夏商周三代的文化继承下来。没有儒家学派来传承“六经”，那么夏商周三代的文化就不能传下来。诸子百家是在三代文化的基础上诞生的。到了春秋战国时期，诸子百家兴起，三代的文化又得到了发展，这个发展是具有本质性的，就是把原来具有宗教性的、巫术性的文化，变成一种理性化的东西。这个过程是在春秋战国时期完成的，西方把它叫做人类文明的轴心时代。这个概念是德国哲学家雅斯贝尔斯提出的。就是说人类文明经历过一个轴心时代，这个轴心时代大约是在公元前800年到公元元年。世界几大文明古国（包括古希腊、古印度、古中国、古埃及等）的先知们，都在他们各自的区域里提出了一套自己的哲学。这个哲学和以往的思想不同。因为这时的思想发生了变化，产生了飞跃，变成了一种理性的认识。称其为轴心时代，就是因为它实现了哲学的突破。这个突破主要表现为人类对构成人类处境的外部环境的认识有了一个理性的飞跃，产生了一种新的理解、一种新的认识，而不再认为天地是鬼神所创造的。在《论语》中没有帝或上帝的位置，虽然还保留了天，保留了天命，但是这个天命的概念，已退居一个次要的地位了。一部《论语》只讲了五六次天命。然而，孔子还是很重视天的，如“五十而知天命”，“君子有三畏，畏天命、畏大人、畏圣人之言”，“死生有命，富贵在天”等。可见，它并没有成为《论语》的最高概念。《论语》最高的概念还是仁，是礼，这是儒家孔子对仁的发现。所以孔子的贡献，除了把“六经”继承下来外，就是发现了仁。仁成为人的本质，挺立了人的主体性和人的道德性，认为这是人和动物的最大的区别。也就是说，儒家用仁用礼淡化了天命的这种神权论的说法、宗教神学的说法，这是一个很大的变化。

以老子为代表的道家则用道取代了上帝天命的概念。在老子的书里更没有上帝和天命的地位。老子把天命这一具有人格神和具有宗教性的概念转化为一种自然天道观。自然天道，不是鬼神主宰的，这是一个大的转折。

《道德经》第一章至第三十七章讲的就是道，第三十八章开始讲德。一个《道经》、一个《德经》构成了《道德经》，所以我们说道家的最大贡献是创立了中国哲学。以道为核心、为最高范畴，为古代中国建构了哲学本体论和形上学。因此，若从哲学上来比较，道家的哲学要比儒家的哲学来得深刻。道家以道为最高的概念，以道为思想学说的核心，创立了哲学本体论和形上学，提高了中国人对世界、对宇宙和对自身的认识。轴心时代的人类文明在中国一个重要的表现，就是我们所说的以儒道两家为代表的诸子百家的形成。诸子百家在春秋战国这几百年当中，其多元文化、多元思想的互动，促进了中国早期文化的发展，成为后来思想文化的胚胎，用现在的词形容叫基因。包括《周易》在内的经典诠释，在春秋战国时期，进入了义理的和理性的范畴。

轴心时代对我们当今的人类有什么意义呢？雅斯贝尔斯说，人类一直靠这个轴心时代所提出的思想和所创造的一切而生存。人类的每一次飞跃，都要回顾这一时期，以重新点燃思想的火焰！轴心期潜力的苏醒、回归、复兴，总是为后来的人类提供一种精神的动力。这话是很有道理的，不光是中国，西方也一样。西方的文艺复兴、西方 18 世纪的启蒙运动，实际上都是在回顾西方的那个轴心时代的文化。我们中国也一样，可以说明清之际出现了启蒙思潮，后来被清军入关打断了，使得和西方同步进行的这个启蒙运动没有进行到底。清军入主中原，延长了封建社会的历史，又强化了封建统治的力量。而西方却恰恰在这个时候走入近代。我们没有走入近代，但是我们知道在这一段时期出现的那些伟大的思想家，实际上就具有启蒙的性质，他们开始进行反思，如顾炎武、黄宗羲、王船山，就是明清之际的启蒙思想家。轴心期的文化，对于我们中国来讲，就是诸子百家。恰恰在这个时段里，文化的创造、思想的创造，为后来的中国文化奠定了坚实的基础，甚至成为后来中国文化发展的胚胎和基因。因此我们说，国学的核心在“六经”，“六经”的核心在诸子，诸子的核心在儒道。这是我的一个说法，有的学者不一定同意。

从思想层面讲，儒道最具有思想性，儒家的思想文化被制度化了，就是我们说的礼乐制度。儒家对中国的影响为什么大？因为它的文化思想被制度化了。像我们的教育制度，古代的礼法、礼乐制度，包括建筑形制、服装等级各个方面，都是儒家来制定的。因为儒家讲性善，每个人性都是善的，谁都有成为尧舜的可能。成圣成贤的根据和本质，不在外部而在内部。不要去求上帝，也不要向外去追求成佛，要向心里、向性里去寻找。这就是儒家的特点。那么道家呢，道家有的时候反对儒家，反对它什么？儒家的那些思想过犹不及。道家比较早地发现了人类文明的弱点，人类文明是有弱点的，比如说尚贤，老子有一句话叫，“不尚贤，使民不争”，“不贵难得之货，使民不为盗”。尚贤就是推崇贤才、能人，推崇的结果就是在下争夺造假，争当贤才。所以老子说，“不尚贤，使民不争”，老子反对浮华，有时候他反对得很厉害，所以有人说道家反文明。实际上不能这么看，它是补充了儒家的不足。它认为儒家讲尚贤讲过分了，就会导致大家去争。同样，儒家讲贵难得之货，就是说统治阶级或者是社会的贵族去推崇难得之货，这个社会的盗贼就兴起了，要把那最难得的东西偷来。对于道德，老子讲“上德不德，是以有德。下德不失德，是以无德”。“上德不德”，真正有道德的人，他不标榜德，那才是真正的有德。道德不好的，属于下乘的，口口声声地说德、标榜德、口不离德，这叫“下德不失德，是以无德”。这一标榜，实际上正说明他无德。

人类文明的发展，在道家看来，变成了一个虚伪的装饰品，一个浮华的东西。这是老子、道家对人类文明的批评。老子为什么讲“返朴归真”？就是因为离开真实太远了，社会上虚假的、夸大的浮华太多了，多到把人的本质破坏了，把物的本质破坏了，失去了真性。所以道家是追求真的。儒家可以说是追求善的。真就是原有的本质、原有的样子，就是道家讲的自然。自然就是自然而然，生来就那个样子，而不是由外加的强力使它成为那个样子，就是事物的本来面目。儒家叫真儒。道家是把自然推出来，作为道的最基本的性质。为什么道这么崇高？因为道的最基本的属性就是自然，就是老子讲的“人法地，地法天，天法道，道法自然”。“道法自然”，道的本质就是自然，它没有伪饰，没有装饰，完全是朴实的、素朴的，没有经过雕琢的东西。这是道家常提的，也是道家最本质的东西。

从这个意义上讲，儒家推崇圣人，推崇智慧，老子说绝圣弃智，圣智也不要。事实上，他不要的是那个被吹胀了的圣智。因为吹胀的圣智，离开了真实的所谓的圣智！实际上这都给社会带来了弊端，所以老子讲“绝圣弃智，民利百倍，绝仁弃义，民复孝慈”。儒家讲仁义，仁义本来很好，但是标榜、追求的结果是仁就变假了，因为过分地标榜它。比如说孝，中国古代从汉以来就以孝治天下。选官荐举，首先考察是不是孝子，如果不孝，不能做官，这本来是好的。但是因为孝能当官，是当官的一个必需的品德，这样想当官的人就伪装孝。《后汉书》里有很多伪君子，有的就装成孝子。《后汉书》讲了一个故事：一个人在乡里称孝，非常有名。当时汉代中央要派官员去考察他，通过荐举而后征辟。州郡几次去征辟他做官，他都不做，表明他孝并不是为了做官，实际上还是嫌弃给他的官小！后来又给他大官做，他答应了。经过仔细调查，这个人为父母守孝不止三年，但是他偷生了多个孩子，纯粹是一个伪君子。汉代这样的事情太多了，所以到了汉末，儒家的名教产生了巨大危机。名实颠倒使儒家走上下坡路，走向了危机，后来出现了魏晋玄学。这就是道家批评儒家的一个原因。

道家在中国文化中的地位，应是和儒学互补的，处在一个互补地位。没有道家，儒学就会走向极端；没有儒家，道家也就显示不出它的特点。这种纠偏，在中国历史上起了互相补充、互相批评的作用。学派之间的争论反而推动了思想学说的发展。道家在中国文化史上的地位是始终伴随儒家的，两者始终表现为对立统一的关系，表面看来是相反的，但实际上是相辅相成的。



在中国几千年的文化中，曾经有过儒、释、道三教互论长短的问题。三教各自都说自己位高，但实际上它们应该是一个互动互补的关系。不能界定谁位高，只能说起的作用不同。儒家是主流，因为它是可以制度化的东西。道家没有这种制度设计，所以道家主要是起防治作用。道家在中国历史上起到了保持社会良心的作用，持一种批判的精神，特别是对虚假事物的批判。东汉以后谶纬之学盛行。谶纬是一种神学性质的儒家的内容，也就是儒学被神秘化了，被宗教化了。儒学站在儒的立场来综合诸子百家。法家、阴阳家、五行家都被儒家所吸收，纳入自己的系统，所以它已不是纯粹的原来孔孟的儒家。儒家有了新的发展。此时的儒学不仅被神秘化，而且被绝对化，甚至是烦琐化。用几万字注一个字，很烦琐。另外就是僵化，甚至虚伪。在葛洪著的《抱朴子》中有一首歌谣，就是对当时社会和名教的虚伪性的揭露：“举秀才，不知书。察孝廉，父别居。清白寒素浊如泥，高第良将怯如鸡。”这是名实相乖，名实不符，欺世盗名。

名教产生了危机，儒家开始走下坡路，这时候道家作用显现，于是就产生了魏晋玄学。魏晋玄学就选取了道家的思想。它认为汉末名教的腐败、走向虚伪和绝对化的一个原因，就是它没有一个真正的理论来作指导，所以它就选了道家的自然主义。

## 二、 道家的基本思想

老子创立了道家学派以后，经过春秋战国，至战国后期道家也发生了分化，分成了很多学派，出现了杨朱学派、列子学派、黄老学派、庄子学派、文子学派，到汉代又有淮南子。这都是道家的不同学派，主张都不完全一样，但是他们共同持守着老子的最基本的思想，就是道和无为。道和无为是道家始终坚持的。道家强调道法自然，认为人性的本质就在自然。人性本质不是善，而是先天的、自然的，不加伪饰的东西。若加人为地改造，这个自然就被破坏了。庄子有一句话，言什么叫人、什么叫天："牛马四足是谓天，穿牛鼻，络马首，是谓人。"如果人为地对自然进行破坏，就造成了真性的破坏。所以道家的标准，一个是道，另一个就是无为。

无为和道是相联系的。因为道常无为，所以人道也要无为。在历史观上，道家推崇黄帝，而不推崇尧、舜、禹。它认为人类社会文明的堕落就是从尧、舜、禹开始的，是他们破坏了原始的自然之道，产生了道德礼法。《老子》第三十八章就是讲这个问题的："上德不德，是以有德。下德不失德，是以无德。上仁为之，而无以为。上义为之，而有以为。"因此所谓"无为"，就是说不要违背自然的本来面貌，按照自然本身的规律去做，这就叫"无为"。"无为"不是什么都不做，而是不能刻意地追求，就叫"无以为"。如果刻意地追求这"无为"，那就叫"无为而有以为"。所以道家讲养生，就是讲自然无为，无为无以为。道家老子讲养生，就是一种自然无为，如果刻意地去养生，在老子看来，这就是违背了无为，道家反对刻意，反对主观意欲的膨胀，反对主观意欲的这种计算。这种计算，越想越多就不自然，不自然，身体就不好——佛教也讲不想，连"不想"都不能想。"上义为之而有以为。上礼为之而莫之应，则攘臂而扔之。"上义再被破坏就变成礼了。"上礼为之"。很明显，在道家看来，儒家讲礼，那是有为，有为地主张礼。礼仪规定尊卑、贵贱、上下，"上礼为之而莫之应"，在社会上推广礼，没人响应，就"攘臂而扔之"，"攘臂"，把袖子卷起来，强拉去遵行礼，强制遵行礼，这叫"上礼为之而莫之应，则攘臂而扔之"。老子说："夫礼者，忠信之薄而乱之首。"礼的出现就是因忠信浇薄，社会没有了忠信，祸乱也就开始了。社会的祸乱出现，所以才提出礼法。因此，老子批评儒家的仁、义、礼。

上礼失去了以后，就是法了。法在老子看来更糟糕，法是完全强制人们遵守的一个事物。他说："法令滋彰，盗贼多有。"意思是说，法律、法网越细密，这个社会就越复杂，盗贼就越多。我们要注意一个问题：国学里有一些东西走偏的话就会起消极作用。道家走偏就成了消极，最后就只有逃世玩世了。过去有人批评道家，说道家、庄子、老子一类就是阿 Q 精神，就是"滑头主义"。"滑头"，就是逃世，逃避这个社会。实际上道家并非逃世，其实老子是非常入世的。道家不是道教，不是宗教，不是出世也不是逃世，它是以一种特殊的方法，来抑制或者纠正社会的不足，特别是针对儒家所提出的一些东西。我们也看到了，老子揭示的这些问题在现代文明中也确实存在。庄子有一句话叫做："为之斗斛以量之，则并与斗斛而窃之；为之权衡以称之，则并与权衡而窃之，为之符玺以信之，则并与符玺而窃之。"现在不仅是盗窃，而且是成批生产。所以圣人又发明了仁义，庄子说："为之仁义以矫之，则并与仁义而窃之。"这个大盗连仁义也盗窃了，盗窃的结果，社会变成了盗贼的天下。"彼窃钩者诛，窃国者为诸侯。诸侯之门，而仁义存焉。"窃国大盗变成了真理和仁义的代表。庄子揭露得非常深刻，文明发达了、发展了，虚假的东西也随之增多，结果盗贼就把这个文明也盗窃去了。所以道家主张回到朴素，返朴归真，回到真实上来。

人类文明发展到了今天，我们发现假变成次要的东西了，最重要的是，自然界遭到了破坏，人类生存受到了威胁。生态、环境、能源，自然的平衡被打破，社会的平衡也被打破，出现了环境危机、社会危机。现代社会和人的关系、人和人的关系，变成一种相互防范的关系，一不小心就会掉入陷阱。人和人之间建立了一堵高墙。个体的人在高科技、高文明发展的现代社会变成了一叶浮萍，谁也左右不了自己的命运，个体被压挤到一个更小的、窄狭的范围，就像大海里的一根小草，漂来漂去没有归宿，这可以说是人类文明发展的结果。人自身也遇到了矛盾，就是精神和肉体的矛盾。老子和庄子的书都讲形神合一，老子讲"载营魄抱一，能无离乎"。营和魄不能分离，这个营就是灵魂，就是精神，这个魄就是肉体。营和魄、精神和肉体，能不能做到不分离？分离了，这个生命就没意义了。

在古代，老子就提出了这个问题，那我们现代人呢？现代人的这种灵肉的分离，实际上在人类史上已经达到了最高点。面对双重危机，现代的文明要转变，其中一个办法就是，让被我们边缘化 300 年的国学起新的作用。因为在我们的国学中，无论是老子的道家还是孔子的儒家，都是强调天人合一的，灵肉不能分离。对文明的发展要有一个强有力的价值理性，或者人文的要求，是价值理性，而不是工具理性。西方 300 年的工业文明，强调的是工具理性，知识就是力量，知识就是权利。有了知识就有权利，有知识就有力量。法国哲学家埃德加·默寒的书中就谈到这个问题。他说，作为一个宇宙行星的地球，受四种力量的推动。四种力量有相互关系，但没有限制。这四种力量就是科学、技术、工业和资本主义。

当今人类被这四种既有关系又互不制约的力量所推动，造就了地球上一个最大的产品：人的欲望。人的欲望还有满足的那一天吗？像华尔街的高级管理人员，一年上千万美元的薪酬，有几个能满足的？所以，人类文明的发展需要吸收文明中的优秀成果，来解决人类面对的这些问题。“祸莫大于不知足，咎莫大于欲得。”这祸患再没有比不知足更大的了。所以老子讲“知足之足，常足矣”。这是从人的修养的角度来讲的，人要知足，知足常乐。我们不能从这句话里得出消极的结论来。有些人学了道家理论，往往会产生一些消极理解。这种理解是片面的。道家讲不争，不是不要竞争。这和儒家是一样的。它反对的是膨胀自己意欲的争、恶性的争、不择手段的争、违背自然之道和社会规律的争，甚至违背人道的争。不是不要争，是用什么态度来争；也不是不为，是用什么态度来为。老子讲“后其身而身先，外其身而身存”。一味地去争好处，反而得不到好处。必须把自己的身放在后，后其身反而能身先。所以不能把道家说成权谋。要扬弃不适应现代社会的东西，而且要知道，整个《道德经》五千言都是对统治者说的。

老子是个有智慧的人，我们现代人有责任用现代人的正确角度去诠释老子。因为古人还是有局限性的，国学的传统文化有一个现代转化问题，或者扬弃那些不适应现代社会发展的东西。老子说：“后其身而身先，外其身而身存。”“不争，故天下莫能与之争。”只有把自己置之度外才能更好地生存。这些话都可以作两种解释。老子说“坚强者死之徒，柔弱者生之徒”，坚强，就要死亡；老子讲“勇于敢则杀，勇于不敢则活”，“勇于敢”，勇敢就被杀；“勇于不敢”，不勇敢就活。这是什么意思呢？老子自己说他的话是正言若反。现在社会上对老子的理解有偏差。老子的勇敢是指过分抛头露面、锋芒毕露，意欲的膨胀和个人意见的争锋。一点收敛的、柔弱的、退让的精神都没有，怎么能在现实生活中取得成功？老子讲“挫其锐、解其纷，和其光、同其尘”。要挫掉锋芒，调解纠纷，和谐光耀，不能太刺眼。整个《老子》五千言，里面凡是讲人的地方都是对统治者讲的，但是对一切人都适用，但他的本意还是对前者。老子在这五千言里作了大量的揭露批判，例如，“民之饥，以其上食税之多”，在上的人通吃太多的税赋，老百姓交的税都被挥霍了。“民之难治，以其有为。”老百姓所以难于治理，就是因为高高在上的统治者太有为了，而其所谓“有为”皆胡作非为。老子有一句话讲：“夫物芸芸，各复归其根，归根曰静，静曰复命，复命曰常，知常曰明。”了解了常道这就叫明，真正的明是知常，知道这个常道就叫明。“不知常，妄作凶。”很明显，老子讲的这个有为就是妄作，就是不知常，违背事物发展的规则规律。妄作，必然带来灾难！

要了解道家，首先要对无为作正确理解。对无为不能作消极理解。人是一个有主动性和能动性的动物，他做事是有自觉、有计划、有目标的。对体现能动性来讲，人是最强的，特别是在战争当中。儒家恰恰发现了人的能动性，就是人的这种主体性、精神的力量。儒家是讲德的主体性的，有了道德主体性就有力量。孟子讲“吾善养吾浩然之气，其为气也，至大至刚，充塞天地”，因为有了这种气，所以人才能成为大丈夫，才能顶天立地，才能威武不能屈、富贵不能淫、贫贱不能移。这是儒家讲的道德精神的力量。道家发现的是自然，自然是什么？就是道的总规律，我们把它叫做客观规律。道家强调，人在客观规律面前，只能规规矩矩地尊重客观规律，主观意愿不能无限膨胀。现代社会，由于科技的高度发展，人的主观能动性已经发挥到极致，甚至到了蔑视客观规律、蔑视自然、蔑视天道的程度。



儒家也是讲天人合一的。只是这个天人合一和道家讲的天人合一有些不同。儒家强调以天合人，道家更强调以人来合天，实际上二者没什么本质区别，都是天人合一，都不能违背天道，不能违背客观规律。《易经》影响了儒道，然后儒道的思想反过来又影响了对《易经》的解释。《周易》这部书是最能代表中国文化天人合一思想的。《易经》里讲“夫大人者，与天地合其德，与日月合其明，与四时合其序，与鬼神合其吉凶”。这叫“四合”。“大人”作为人类的代表，也就是说人类的行为，要做到和天道自然、日月四时等相合，否则人类就有问题。阴阳颠倒，就和日月不合明，人类就会陷入黑暗。因为明亮是日月的本质本性，它照亮了地球大地，所以人道也要像日月那样，人道要光明。所以《周易》讲天人合一，应该说是讲天道、地道、人道的合一。推天道以明人事，人类行为的合理性要到天道那里去寻找。比如，《周易》认为，君子以自强不息，这是人类行为的一个合理性。它来自天道的启发，因为“天行健，君子以自强不息”，这是天的运行的法则。天体运行是不知疲倦的，这叫“天行健”。人道的合理性，就是从天道来的，效法天道，所以君子要自强不息。厚德载物也一样，因为大地给人类的启示是，大地是承载一切的，她涵容一切，忍辱负重。大地就是母亲，宽广无边，心怀博大。人道也要像大地一样，所以叫“地势坤，君子以厚德载物”。

中国古代文明是从自然那里得来的启示，所以人道就不能违背天道，这是中国哲学有别于西方哲学的最重要的一个特点。这个特征反对的就是天人分离。《周易》中讲：“夫大人者，与天地相似故不违，知周乎万物而道济天下故不过，旁行而不流，乐天知命故不忧。”人类的行为要效法天地，要了解天地，这个智慧能够周遍万物，有助于人类的发展。“道济天下”，“故不过”，即不超越，不超过这个自然界的天道的规则。乐天知命，有乐观精神，不感到忧郁、消极。不违、不过和不忧这“三不主义”和前面讲的“四合主义”都有天人合一的意思。

我们只有正确地理解道家和儒家，才能对现代社会和未来社会有所帮助。道家讲的天道和人道，也要保持这样一致的关系。像庄子讲天人不相胜，就是说天和人不要互相战胜。“无以人灭天，无以故灭命，无以得殉名。”不要用主观的意念、主观的心思破坏了道，强调人的主观能动性，要符合这个客观规律性。这也是强调天道、自然规律的普遍性、客观性、规律性，不能违背。不符合道就会“不道早已”，就要失败。



儒道两者的综合，就是我们现代哲学讲的人的主观能动性和客观规律性的辩证统一。吹胀了主观能动性不行，夸大了客观规律性也不行。

儒家是强调中庸的。道家实际上也讲中道，都是用中道或中庸来调整哲学理论上的偏差。总的来讲，儒道也是对立统一的，共同来解决这个偏差，指导中国哲学的发展，避免其走向片面。

## 三、 道家思想的现代意义

探讨道家思想的现代意义当然也是一个很复杂的命题，了解道家要有深入的思考，不能简单化。从这个角度，我们说道家在中国历史上或者对人类文明的意义，最少有以下方面。

第一，道家的生态学意义。道家反对人为破坏自然的行为。大家知道，到了东汉以后，道家向道教方面发展，没有道家就不会有道教。道教是中国本土的宗教，它主要受道家的影响。道家是一个思想体系，不是道教，这两者不能混淆，但是道教是借助了道家的哲学建立起来的一种宗教。汉代有一部经叫

《太平经》，它是道教的第一部经典，阐述的就是道家的思想。在《太平经》里面，道教就非常强调人和自然的合一。因为道教是我们本土的宗教，它不仅受到儒道的影响，也受《周易》的影响，讲天人合一讲得非常到位。它把天地当做人类的父母，这也是从《周易》中来的。《周易》有八卦：乾、坤、震、巽、坎、离、艮、兑，分别代表天、地、雷、风、水、火、山、泽。它所象征的事物，是自然界中八种最大的物象。乾卦是纯阳之卦，象征的是天；坤卦是纯阴之卦，象征的是地。在《周易》中乾坤两卦是父母卦，其他的六个卦就是六个子女，乾坤两卦的结合，产生了六个子女，即震为长男，巽为长女，坎为中男，离为中女，艮为少男，兑为少女。这六个子女谓乾坤六子说。所以《周易》八卦是一个大家庭。除乾坤两卦，后来那六个卦都有阴有阳，这叫“一阴一阳之谓道”。阴阳从哪来的？都是从父母那里来的。从父亲的纯阳之卦得到阳，从母亲的纯阴之卦得到阴，所以这六个子女中有阴有阳。这就是它把天地自然看做人类的父母。所以，八卦也叫父母卦，也叫乾坤六子卦。

道教《太平经》讲，天地乃人之父母。人对天地的态度，就应该像对自己的父母的态度一样。父母是中国古代哲学无论儒家还是道家都强调的。所以《太平经》讲，天地是父母，“天地乃人之真本”，真正的本。“所以天地有亏，则不得竟吾年，故欲安者，当先安天地，然后乃可得长安。”这就是道家的思想，《太平经》的思想。宋代大儒张载在解释《周易》的时候，也是这样解释的。“乾称父坤称母，予兹藐焉，乃浑然中处。故天地之塞，吾其体；天地之帅，吾其性。民吾同胞，物吾与也。”天地是人类的父母，人的生命和人的本质，都是天地父母给的。因此，天地间的人，都是我的同胞姐妹，天地间每一个物都是我的伙伴。这就叫“民胞物与”，也叫“仁民而爱物”。仁民爱物，就是人和自然、人和人、人和物，都是伙伴，它们之间都是一个有机的整体，有机的联系不能破坏。所以道家在中国文化中具有强调生态哲学原理的意义，“道法自然”的命题及其所包含的思想，与现代生态哲学有紧密联系。现在外国的一些学者很推崇《道德经》，推崇道家思想即包含了生态意义。道家是一种自然主义，强调自然的本来面目，但有一点不足之处就是，对人的主观能动性重视不够，甚至有意地压抑人的主观能动性。因为中国文化的主流是儒家，在中国历史上，向来把人的主观能动性提得很高。从孟子到王阳明的心学，都强调主观能动性，即心的作用。心学把人的主观能动性提到最高，“宇宙即是吾心，吾心即是宇宙”；“心外无理，心外无物”，等等。这都是在高扬人的主观能动性。历史上道家在这个问题上与儒家有很大不同。道家不讲天地间人为贵，道家是自然主义。道家实际上是以个体的人为本位，强调个体的人效法自然，保持“真性”。什么是“真性”？即人的自然本性，反对矫揉造作，反对任何人为的装饰，不要被过度的文明异化了人的本性。

第二，道家强调个体的生命价值，来弥补儒家强调个体之不足。儒家强调家庭，强调社会，重视个体对家庭和社会的责任。人类的特点是能群，群就是群体，就是社会，人能组成社会，这是儒家一个特点。人是社会的一分子，所以要以社会为核心，以家庭为核心，以群体集体为核心。儒家的“群学”在中国文化发展中具有重要的意义，但过度或走了极端就会造成另外的问题，即容易掩盖个体的利益、个体的要求。道家实际上即弥补了这个不足。道家讲个体，它的意义在于强调个体的生命价值。老子讲“人无弃人，物无弃物”，没有理由放弃任何一个人，哪怕一个恶人，也没有理由放弃他。他说：“道者万物之奥，善人之宝，不善人之所保。”道是万物的庇护所，是善人的法宝，不善人也要保有它，又讲“善者，吾善之，不善者，吾亦善之，德善”。善良的人我对他好；不善的人，我也要善待他，这样社会风气就会得到改善。他又说：“信者，吾信之，不信者，吾亦信之，德信。”讲诚信的人，我信任他；不讲信用的人我也信任他，这样社会风气也就会得到改善。此即“人无弃人，物无弃物”。这样一种胸怀，就是对个体生命的关怀。所以道家重视生命，重视个人的权利。这是道家与儒家及诸家不同的一个思想，也是值得肯定的。

第三，道家的齐物思想，主要是庄子的《齐物论》。道家有平等思想，齐就是平等的意思，“齐物”就是强调客观世界的相对性，没有绝对的东西。它反对权威主义和绝对化。标准是相对的，老子讲善恶美丑的相对论，庄子《齐物论》也讲到这一点。庄子讲故事，说西施，人皆以为美，鱼见之深藏，鸟见之高飞，麋鹿见之决骤。人看到西施都认为美，但是鱼见到西施，一下子就深藏起来，游到水底去了，鸟见到西施便高高飞走，小鹿见到西施，扭头就跑。人、鸟、鱼、鹿，四者孰知天下之正色？谁真正懂得美的标准？标准的美是什么？庄子认为，天下没有绝对的美丑，你只是从你的角度看美，从他的角度看不一定是美，因此没有一个绝对的标准。所以庄子举了很多例子，然后他说此三者孰知天下之正处？真正好的居处，有绝对的标准吗？你住四间房觉得很好了，装修也很好，但是那住八间房的人看了会认为好吗？所以庄子讲，“齐生死齐是非”，“方可方不可，方不可方可，方生方死，方死方生”。刚刚产生，同时也意味着死亡，所有对立的东西都是相对而存在的，他强调相对性，反对绝对性。这是道家的辩证思维。这种思维要比西方哲学丰富得多。真理不是绝对的，在道家看来，儒家把自己所提倡的学说当做绝对的，墨家也把自己的学说当做绝对的，所以才有儒墨之是非。究竟是是还是非呢？那么找第三个人来评判吧，如果他认为是，就与是者相同，以为非，就与非者相同，这样就没有超越是非。没有超越是非，如何评判是非？他如果不是是，也不是非，也就没有资格来评判。所以第三者也要卷入到这个是非的队伍里。《齐物论》就是主张客观世界是齐一的。反映到人的头脑里，也要有这种认识的相对性。这种思想对先秦时期的辩论起到了非常大的作用。这就是所谓的辩证思维，我们现在讲的是相对主义的辩证思维。它也有缺点，如否定绝对性的东西，最后把相对绝对化了。

第四，道家对自由和平的鼓吹。道家中庄子讲逍遥游，老子始终主张给人民一个自由的空间，不要把人民束缚得太紧了。道家有很多看法、很多论述，体现为对逍遥的追求。从某种程度上讲，逍遥就是我们现代人讲的自由。

道家反对战争，一部《老子》，有人说它是兵书。老子有很多反战的思想，当然也是反对非正义的战争。老子讲“以道佐人主者，不以兵强天下”，以道来辅佐人主的，就不能以军事战争来逞强于天下。战争对人类社会的破坏是最大的，特别是对生命的破坏。老子讲了很多，其军事的辩证法对后来的兵家有很大的影响。《孙子兵法》是站在一个大战略的高度来看待战争的，老子也是。所以我们说，道家是中国古代主张软实力的一个代表。



第五，老子的人生哲学，守柔贵虚、致虚、守静、守耻等，强调柔弱胜刚强。所谓柔弱胜刚强，我们可以理解为，人要有一种韧性、一种柔性，不能太坚太强、太外露。老子认为，有韧性的东西才有生命力。什么最有韧性？就是婴儿。《老子》说：“人之生也柔弱，其死也坚强。草木之生也柔脆，其死也枯槁。故坚强者死之徒，柔弱者生之徒。”所以他说这个世界上水最好，水是最柔弱的。水不仅往下流，而且无私地滋养万物。水的品格是最接近于道的，水处众人之所不愿处的卑下地位，但它最接近于道。它谦下。谦下就是不争，江河湖海都是往下流的，所以它才能汇成海洋。人要谦下！

道，看不见、摸不着，“视之不见，名曰夷；听之不闻，名曰希；搏之不得，名曰微。此三者不可致诘”。这就是道的品格，道是超越人的耳目感官的，这才是最有力量的。老子的书，我们应该很好地读，但不能戴着有色眼镜去看，把他看成阴谋家、大滑头、避世主义、唯心主义、诡辩家等。实际上，老庄思想、道家思想是中国文化的重要思想资源，对人类文明的转型、弥补西方文化的不足、提高我们的认识能力和精神境界都具有重要意义。

# 佛学与心性修养

魏常海

## 一、 什么是佛教

第一，佛教是使人觉悟之教。“觉悟”就是我们平时说的有没有觉悟的“觉悟”。佛教，如果从字面上说，顾名思义就是佛的教导、佛的教化、佛的教育、佛的教说。佛教大概产生于公元前6世纪到前5世纪。它的创始人是印度的释迦牟尼。释迦牟尼生活的时代和孔子是大致相同的。佛教创立于印度，释迦牟尼经过多年的修行、修道而成佛，所以他的教说就叫做佛教。佛，其实是印度梵文字的音译，译成佛陀，后来我们就简单地叫做佛。佛字的本意就是觉，觉悟的觉，或者可以译成觉者。觉者就是觉悟的人，也可以作这样的翻译。所以，其实佛就是觉悟的人。

佛是先觉的人，按佛教的说法叫做自觉觉他，觉行圆满的人。其实这个思想中国也是有的。《孟子》中就曾经引用过商朝伊尹说的一句话说：天生下人来，“使先知觉后知，先觉觉后觉也”，就是使先知的人去教育后知的人，使后知的人也能够提升；使先觉的人去教育后觉的人，使后觉的人也能够得到觉悟。可见，这与佛教思想是一致的。所以，佛教归根到底，就是先知先觉的人，来教导、教化后知后觉的人，使大家都能够得到觉悟。所以佛也没有什么神秘的，佛也是人，并不是我们平时所说的像神仙一样的。他只不过是一种先进的人，是透彻觉悟的人，也可以说他是我们的导师。所以佛教就是已经觉悟的人，对还没有觉悟的人进行一种教育，使还没有觉悟的人得到觉悟。

佛教既是一种宗教，而且是世界三大宗教之一，又是一种文化，而且是一种很有特色的文化，特别是中国佛教。佛教传到中国之后，形成中国佛教，和中国的儒家、道家逐渐地融合起来。这三者结合，形成了中国传统文化的主流。所以，中国佛教是中国传统文化一个不可分割的组成部分。

第二，佛教的人生观。所谓人生观，基本有这样两点：一是它的“四谛”

说，二是它的“十二因缘”说。

所谓“四谛”，就是说佛教究竟怎样看待人生。在佛教看来，人生有很多的苦，有很多的烦恼，所以它对苦和烦恼作了一个概括。苦大体分为八种，生、老、病、死是其中的四种。老、病、死都是消极的东西，是苦的！但是生，佛教说也是苦，因为孩子呱呱落地的时候他一定是哭的，所以生下来就是苦。除了这四种之外还有四种。第五种叫做爱别离苦。在生活当中，人们本来是相亲相爱，希望能够长相厮守的，但是，很多情况下却不能不分开，不能不离别。这种痛苦，人生中是有的，所以就叫做爱别离苦。第六种苦叫做怨憎会苦。比如，两个人本来不和，一见面接触就心里不舒服，但是有的时候躲也躲不掉，这就是所谓的冤家路窄，不是冤家不聚头。很多时候不仅偏偏见面，而且说不定还要工作在一起。这样就会带来更多的烦恼。这叫做怨憎会苦。第七苦叫做求不得苦。求不得，就是追求什么东西求不到。比如，有理想，希望实现理想；有非常爱慕的人，要去追求，结果求来求去就是得不到，事事不如意，这就叫做求不得苦。日常生活中经常会有这种情况。

第八苦比较复杂一点，叫做五阴盛苦。五阴也可以叫做五蕴，或者叫做五蕴盛苦。那么五蕴或者五阴是什么呢？第一蕴是“色”，有形的东西，不管是有形的外物还是自己有形的肉体，都叫做色。学佛的人都听说过《心经》，经中讲到“空即是色，色即是空”，“色”即此意。这是属于有形的，或者说是物质方面的。第二是心理、精神方面，因为有“色”，就会产生感受，所以第二蕴就是“受”。有了感受之后就会产生思想、产生意志，就会有想法，所以第三蕴就是“想”。有了想法以后就会有行动，或者会有一种意志的趋向，这叫做“行”，是第四蕴。第五蕴，就是把这些受、想、行和起来，会形成一种认识、形成一种判断、形成一种思想、形成一种理论，如此等等，就叫做“识”。所以，五蕴总的来说，就是色、受、想、行、识这五个方面。这五个方面，色是属于肉体的，有形的、物质的方面；其他四个方面，应该说是心理的、精神的、非物质的、无形的。结合起来，就是一个生命体的全部，也就是我们人的全部。我们前面讲生、老、病、死等这些苦，只有在这五蕴当中才能够得到体现，才能够表现出来。而五蕴又是不断变化的。人的一生，从生到死流转无常，这五蕴也是流转无常的。所以追求越多，就是五蕴越盛。越炽盛，那么痛苦烦恼就越多。所以这就叫做五阴盛苦，或者叫做五蕴盛苦。这就是八苦当中的第八苦。

当然，我们生活当中，还有很多很多的乐，还有很多很多幸福，只讲苦，好像没有说服力，所以佛教又有一种说法：在这八苦之外，另外又有三苦。第一种叫做苦苦，就是像前边我们说的那些八苦一样，都是实实在在的苦，即苦苦。第二种叫做坏苦，就是本来可能是乐的、可能是幸福的，但是它会被破坏掉，会由乐变成苦，所以叫做坏苦。坏苦应该说有两方面的含义：一是说乐当中本来可能就包含着苦。因为很多事物都有两面，中国的道家也讲这种思想，如老子讲的祸福相依，福中包含着祸，这是可能的。比如，一些贪官污吏贪了很多钱，一方面觉得很高兴，另一个方面又有很多烦恼，心里整天在害怕哪一天让人揭发出来、哪一天就被抓了，担心来担心去，却又不肯放弃贪的那些东西，又不肯改变他的那种恶习，那怎么办呢？烧香拜佛读经是没有用的，归根到底在自己。自己心里安宁，那么通过烧香拜佛进一步得到安宁。这样的烧香拜佛，归根到底是自己保佑自己，并不是说真正寄托于一个外在的东西；如果做了那么多的坏事，贪了那么多的钱，最后希望烧香拜佛，让佛菩萨保佑，那也未必会得到安宁。这就是说，所谓的乐，同样有苦。二是说，即使我们平常人真得到了欢乐，得到了想要的东西，理想能够实现，做的事情也都是发自良心，与心爱的人也可以长相厮守等，都是乐。但是这种乐并不是不变的，所谓生不带来死不带去，那种乐还是要失去，还是要被破坏的。从这个意义上说，它也叫坏苦。第三种苦叫做行苦。不管我们平常所说的苦也好乐也好，总而言之，人生是变化无常的，不停地在生灭流转。苦也好乐也好，都在这种变化当中，都在这种生灭流转当中，任何人想留也留不住。那么这样一种生灭流转、这样一种不停的变化，也会不断地带来各种各样的烦恼。所以，归根到底它是行苦。佛教的这种解释，并不是不承认人生当中有乐，而是说这种乐也终归要变。所以从这个意义上来说，它也是苦。

以上也就是“四谛”中的第一谛，叫做苦谛。既然人生的现状是这样的，那么人们就要问：怎样才能够摆脱这种苦、从这种烦恼当中解脱出来呢？如何能把这种苦灭掉呢？要灭掉这种苦，一方面要探讨、要追寻、要研究造成这种苦的原因；另一方面，找到这种原因之后，还要想办法把这种苦灭掉。这种追寻探讨造成苦的原因的过程，在佛教中叫做集谛，即第二谛。“四谛”中的第三谛叫做灭谛。集谛的目的是要把这些苦灭掉；而把这些苦灭掉，就叫做灭谛。灭除这些苦和这些烦恼的方法、途径、道路，就是第四谛道谛。这就是佛教讲的“四谛”。这个谛就是我们平常理解的真谛的意思、真理的意思、真实的意思。佛教认为这四个方面都是真实的，所以叫做“四谛”。

接下来我们说第二谛集谛。集谛就是指苦的原因，到底是什么能够招致众苦。佛教讲其根本原因就是两个字“无明”。“无明”就是不明白事理，无知，没有觉悟。佛教讲，人生受这么多的苦难归根到底都是无明惹的祸。因为有无明，所以就形成了“十二因缘”。

什么叫做“十二因缘”？“因缘”就是说因果，有这样的“因”它会产生相应的“果”。“十二因缘”就是从“无明”开始讲的。因为有“无明”，就会接着产生“十二因缘”当中的第二因缘“行”。佛教中这个“行”不仅仅是指行为，它还指意志、意志力、意志趋向、意念等。有了“行”后，就有“识”。有了识后就会有“名色”。“名色”就是把外在的事物看成认识的对象，认知的对象叫做“名色”。“色”是有形的东西，名就是这些事物的一些概念，一些你脑中的印象，所以叫做“名色”。然后有“六入”。“六入”也叫做“六处”，就是每一个人都有的“眼、耳、鼻、舌、身、意”这六个方面，因为外边的事务要通过这六种感觉器官才能够进入你的精神。有了“六入”之后，就会和外界的事物接触。这就是“触”。接触以后就有感受，所以之后就是“受”。有了感受以后，就会产生好恶，就会产生贪爱，所以之后就是“爱”。而爱之后呢？因心里爱它，那么当然就想取为己有，所以下边就是“取”。取后，就又形成了另外一种新的环境，这种个人的个体生命和整体的周围环境结合起来，又产生一种新的环境，这个新的环境就叫做“有”。有了这种环境之后就会有另一个生命的循环，所以这时候有“生”。有了“生”之后当然又要发展到“老死”。所以最后一个环节就是“老死”。

因为有“无明”，所以人生就像一个连环套，就像一条锁链一样，不断循环。“十二因缘”，前一个环节是后一个环节的因，后一个环节是前一个环节的果，就是这样循环的。佛教讲“三世”：前世、今世、后世。也就是说，人生不是只有这一世，人去世之后还要再轮回，还要再循环。所以，前面讲到的“无明”和“行”，正是前世的因。比如，人生下来，就带着“无明”带着“行”，带着那些愚痴、意志的东西来到今生了，所以它是今世的因。后边的“识、名色、六入、触、受”，这都是今世的果。同时它又是“爱、取、有”的因。“受”之后是“爱、取、有”。这个是今世的果，同时它又是来世的因。种下今世的果之后又要“生”，又要“老死”。这个“生”和“老死”就变成来世的了。“爱、取、有”是来世的因，那么“生”和“老死”就是来世的果。这就是佛教所说的“三世轮回”。但是并不是说就限于三世。三世后没有结束。如果解脱不了，就要永远地这样三世轮回下去，过去、现在、未来，过去、现在、未来……

为什么会这样轮回？为什么总是不能从这种苦中解脱？原因在于“无明”。对于无明，佛教讲了三个字。第一个是“贪”，第二个是“嗔”。“嗔”就是愤怒的意思，人心中有很多愤恨、愤懑，就叫做“嗔”。第三个叫“痴”。佛教里把“贪、嗔、痴”叫做“三毒”。所以具体来讲，“无明”最主要的是指三毒。

为什么是这“三毒”呢？因为人有贪欲、贪爱、贪恋、贪婪等，就必然会产生更多的喜怒哀乐。“人心不足蛇吞象”，由于贪婪，永远不满足，所以就会产生怒，产生“嗔”。处在这种愤怒中，这种感情冲动占领了你的思想，这个时候，就会生“痴”。

这样就找到了根源。各种各样的苦的根源就是“无明”。因为有了“无明”，所以就有“十二因缘”，而这“无明”中最主要的就是“贪、嗔、痴”。这就是人生有那么多苦、有那么多烦恼的原因。这就是我们所说的第二谛“集谛”。

第三谛是“灭谛”。灭谛就是人生努力的目标，就是我们要达到的理想目的，就是想办法灭掉造成个人痛苦的那些条件，达到一种无痛苦的境地，达到一种大安乐的境地。按佛教的说法，就是达到涅槃的境地，达到解脱的境地。

第四谛叫做“道谛”。对于要灭掉这些痛苦、灭掉这些痛苦产生的条件，究竟要遵循什么样的道路，佛教讲了很多。比如“三学”，学佛要有“三学”：戒、定、慧。“戒”就是持戒，不一定像出家人那样守戒，但是要戒掉一些东西。比如，有心脏病，要戒烟。“定”，就是禅定，心要静下来。“慧”，要有智慧。另外还有“八正道”。“八正道”有八个方面，叫做“正见”、“正思维”、“正语”、“正业”、“正命”、“正精进”、“正念”、“正定”，就是说，“身、口、意”三个方面都要走正道。要有正确的思维、正确的意念，说话要说得正，做事要做得正。归结起来，即“身、口、意”这“三业”都要正，所以就叫“八正道”。这是小乘佛教讲的。大乘佛教后来也讲这个，但是大乘佛教还作了一些补充，比如“六度”。“六度”就是“布施、持戒、忍辱、精进、禅定、智慧”这六个方面，通过这样一些修行道路、一些修行办法，就可以灭除各种各样的苦。

第三，佛教的世界观。对于佛教的世界观，有一个最基本的说法，叫做缘起性空。它都是从缘起的立场出发的。所谓缘起，是说这个世界上的所有事物都是靠因缘条件才能够形成的。刚才我们讲的“十二因缘”也是缘起，但是它侧重从人生观方面讲。人的这些苦难是怎么发生的呢？都是因为从无明到老死，一环扣一环，不停地缘起的，所以这也是一种缘起论。这种缘起论在佛经中有的叫内缘起。另外还有一种缘起是我们都很容易理解的，叫做外缘起。比如，桌子是由木头加上人工，还有其他的条件才出现的。桌子不可能永远不变，总有一天木头朽了它就没有了。所以佛教讲“此有故彼有”，就是说有了木头、有了人工，这叫做“此有”，然后才有桌子，这叫做“彼有”。“此生故彼生”，因为有木头的生成加上人工，然后桌子才能够产生。然后接着一句话就是“此无故彼无，此灭故彼灭”。这四句话合起来，“有”、“无”，是从物的存在方面讲的，“生”、“灭”是从物的时间流转方面讲的。所以这叫做外缘起。内缘起、外缘起结合起来，都是缘起。这是佛教的一个基本出发点。

事实上，缘起论揭示出世界上的一切事物，不管是精神的还是物质的，都是在生灭变化中的。它的存在都是暂时的，都不是永恒的。如人自身，即使可以长命百岁，但与地球寿命比起来，只是弹指一挥间。所以在这个意义上，活60岁与活100岁没有太大的差别。只要是有形的事物，都是要灭的，任何生命体都是有生有灭的。所以佛教基于这样一种缘起的理论就有一种说法：由这种缘起论来推断的话，任何事物都没有一个真实不变的实体，都没有一个真实不变的本性。它有的只是现象，只是这种起灭变化的现象。佛教有的时候又把它叫做假象，或者叫做幻象，就如同是水中月、镜中花一样。世界上的一切事物，不管是物质的还是精神的，都是缘起性空。就是我们开始所讲的，任何事物都是缘起的，都是要靠前面的条件才有的，但是它迟早有一天还是要灭的，这叫做缘起；从本性上来说它是空的，本质上也是空的，所以就叫做缘起性空。但是要注意，佛教讲的这种空不是什么都没有，很多人误解了。说空就是什么也没有，这叫做断灭空。断灭空是什么也没有，但是佛教讲的性空不是这样的空，它是离不开“有”的空。不能说有一个空的东西单独存在，然后又产生一个有的东西，而是说这个空就在“有”当中。只有说到有，才能够说空，这两者是相连的。不能片面地说天下的事物，要么说空要么说有，这都是不对的。“有”是缘起的东西，即有“生”，迟早也是要有灭的。生就有，灭之后就空，但它不是什么也没有的空，而是即有而说空。佛教说这就叫“真空假有”。就是说它本性上是空，但是它仍然有现象。它现象上是有，所以不能偏一边，要把空和有结合起来。佛教又有一个名词，叫做中道。就是我们讲的中庸之道。佛教也是讲中道的。另外佛教还有一个专用名词叫做中观，即要从中道的角度去观察世界上的一切事物，不能偏向空，也不能偏向有。这是后来佛教的一个很大的派别。缘起性空的理论是后来的大乘佛教特别强调的。前面我们讲的“十二因缘”、人生观，那是小乘佛教也一直强调的。大乘佛教也讲“四谛”、“十二因缘”，但是它特别讲这种缘起性空的理论。所以这不仅仅是一种人生观，也是一种世界观。

大乘佛教中与这种缘起性空的理论有联系的还有一种说法，叫做“八识”。说人的意识有八种，刚才我们说过“六入”，“眼、耳、鼻、舌、身、意”。六种之外，其实还有两种。第七种识叫做末那识，是从佛教梵语中音译来的。第八识也是一个翻译名词，叫做阿赖耶识。这八识不仅中国没有，西方也没有。我们知道，西方讲弗洛伊德等，讲潜意识，但是它没有再划分，而佛教分得非常细。这八识合起来仅仅是说心王。然后从属于这八识的还有无数种意识，从属它的还有很多很多的心所，或叫做心数。但是归根到底，是心王在起作用。八识当中最根本的识就是第八种阿赖耶识，又叫做根本识，或者也可以叫做种子识，这是因为不管你是作恶还是行善，你是坠入地狱还是上天成佛，都是它在起根本的作用。而第七识是沟通前六识的一个桥梁。第八识要通过第七识才能传递到前六识，才能与前六识发生作用。不过八识不仅仅是一种人生观，也是一种世界观。

第四，佛教的解脱观。我们刚才说过，所谓佛就是觉悟的意思，佛教就是使人觉悟的教说。从这个意义上说，解脱也就可以说是觉悟观。要真正觉悟出来，对小乘佛教来说就要破除无明，要摆脱“十二因缘”。但是，这种佛教的解脱观，尤其是到了大乘佛教时，有进一步的发展。佛教早期主要是讲“四谛”说，要从这种苦难当中解脱出来要有三学，要有八正道等。大乘佛教也都承认这些，但是认为这种讲法还很不够，觉得这样的解脱观还有一些问题。



第一，这种解脱观强调破除对“我”的执著，即小乘佛教重点讲的破除“我执”。前面讲“十二因缘”造成那么多痛苦，归根到底在于总想着有自己，执著自己。这叫做“我执”。要破除它，就要修行。但是后来的大乘佛教说，仅仅破除“我执”还是不够的。因为还有外在的事物，还有各种各样的事物，破除“我执”，无非是把自己关起来，眼不见心不烦。可是这样，这些东西并不是真的没有了。所以仅破除“我执”是不够的，还必须把这个世界看透。这就是大乘佛教说的要破除“法执”。法，佛教讲的法不仅是佛法，佛教把一切事物都叫做法，有一种表达方式就叫做诸法。要破除对诸法的执著。因为大乘佛教的缘起性空论认为，这个世界就是这样一个空和有结合的世界，你要看到它现象的有，同时也要看到它本质上的空。第二，小乘佛教还有一个问题：躲到深山修行，是对家庭不负责任，对社会也不负责任。只求个人解脱不管别人，这是自私自利。而大乘佛教认为应该有一种普度众生的精神，不仅要自利，而且还必须想着利他。所以大乘佛教提倡一种菩萨道。所谓菩萨道，从实践上来说就是普度众生的精神，就是自利利他的精神。佛教讲“我不下地狱谁下地狱”，这就是一种菩萨道。还有菩萨发誓，叫做“地狱不空我誓不成佛”。这就是一种普度众生的精神。为什么叫大乘佛教呢？因为奉行菩萨道是大车载人。用一辆大车，把所有的众生都载到入，要带着大家都从苦海里出来，走到安乐的境地去，所以叫做“大乘”。大乘佛教的提倡者说以前那些佛教叫做小乘。小乘就是一个独轮车，就坐着自己，只有自己解脱了，所以叫做小乘。大乘小乘的说法是后来提出来的。大乘佛教与小乘佛教的解脱观是有不同点的。但是不管怎样，二者都讲解脱就是觉悟，就是使人得到觉悟。一旦得到觉悟，就是达到了那种解脱的境地。

## 二、 佛教在中国的发展

佛教在中国的发展经历了一个过程。对于佛教究竟是在什么时候传到中国的，有很多不同的说法，如商朝说、周朝说，还有春秋战国时期说等。但是比较通行的，或者说比较可靠的说法，应该是西汉末年到东汉初年。这恰恰是从公元前到公元后的过渡时期。佛教经典和佛教传记中记载着一个故事：在东汉汉明帝的时候，一个正月十五的晚上，明帝突然做了个梦，梦见一个金人，身长丈六，赫赫如日，全身放出的光如日光一样强烈。他到了明帝的殿前，对明帝说：“我们那里有一种教要在你这里流传。”明帝觉得很奇怪，第二天就召集群臣占梦，有一个臣子就说皇帝梦见的一定是西方的大圣人，是佛，所以汉明帝就下决心派人到西方去访求佛法。去求佛的人到西方（西域）之后碰见了两个僧人，在那里求了释迦牟尼的画像和佛教的经典，带着这两个僧人和这些经典回到洛阳。后来就在洛阳建造了白马寺。所以，白马寺是佛教传入中国后兴建的第一所寺院。那两个西域的僧人就留在了寺中。这就是流传到中国最早的佛教。那时中国人理解的佛教是什么？就是和中国的神仙一样，身长丈六，浑身放光，而且还有很多的传说，他可以上天入地，还可以飞檐走壁。这些在佛教相关的文献中都有记载。这是汉代对佛和佛教的理解，因为那时候对佛教还没有真正的理解。这是第一个时期。

第二个时期是两汉之后的魏晋南北朝时期。这个时期印度的大量佛教经典都传入中国。这个时期也是翻译经典的时期。翻译是件很难的事。一开始翻译，有很多名词中国没有，找不到适当的名词。于是，很多翻译都是按照中国的老子、庄子那种道家思想来翻译的，用道家的概念、道家的术语、道家的思想，来翻译解释佛教的经典。后来到魏晋时期，中国产生了玄学，所以又用玄学的思想来翻译解释佛教。所谓玄学，其根本的思想就是强调无，以无为本。无和有相对，无更重要，以无为本。这个以无为本与刚才我们讲的缘起性空有类似之处，但是又不一样，因为当时要使中国人理解，只能这样翻译。所以这时是用庄子的思想、玄学的思想去翻译佛教经典。直到东晋时，才开始真正对印度的佛教有比较准确的理解和把握。这个时候出了一个非常有名的翻译大家，叫鸠摩罗什。鸠摩罗什翻译的经典比较接近印度经典的原意。自他之后，人们对佛教的理解就越来越深刻，越来越接近原意。鸠摩罗什之后，还出了很多大翻译家，比如唐朝的玄奘，即《西游记》中唐三藏的原型，他翻译了大量经典。玄奘之后还有一个西域的僧人来到中国，叫做不空。他翻译的主要是密教的经典、密宗的经典。因为密教、密宗传到中国比较晚，所以后来由他来翻译。

这样，到唐朝时，印度的佛教经典差不多都被翻译到了中国。这个时候真正形成了中国佛教的经典。因为这个翻译过程不是一种简单的复制，里边也有翻译者的创造。翻译时即使是直译，仍然有思想创造，另外，它必然要和中国的思想结合起来。所以，这个过程也是佛教思想和中国儒道等思想融合的过程，同时也是佛教中国化的过程，也是中国佛教形成的过程。

第三个时期就是隋唐以后。隋唐之后我们称为宗派竞起与宗派融合、儒释道会通的时期。从隋唐开始，中国佛教出了很多宗派，最主要的宗派有八个，即中国历史上传统佛教中的八宗：三论宗、天台宗、唯识宗、华严宗、律宗(以讲戒律为主的一个宗派)、禅宗、净土宗、密宗。



在这八宗当中，应该说最有中国佛教特色的主要是三个宗派。第一个是天台宗。我认为它的主要理论至少有这样两点：第一点叫做一念三千。就是我们平时所说的，大千世界都在一念当中。一念之差就可能下地狱，一念之正就可能上天成佛。所有的变化都在这一念。这里只能简单地说，因为它有一套理论。第二点叫做“三谛圆融”。“三谛”是什么呢？就是前面我们已经说过的。整个世界，有它空的方面，这叫做“空谛”；另外又有它现象的方面，这叫做“假谛”；可是空和假都不能落在两边，所以要取中道，取这个中道就叫做“中谛”。所谓“三谛圆融”，就是认识世界、把握世界，要把空、假、中三个方面结合起来看，结合起来去认识，这样才是全面的，才是圆融的。这是天台宗的一种主要说法。第二个是华严宗。我认为华严宗讲的主要是事物的本体和现象，它讲事物和事物之间有一种不可分割的联系，特别是讲本体和现象，二者不可分割。它有一个比喻，比如，认为这种关系就像是水和水上起的波浪一样，波浪是水起的，离开水就没有波浪；同样，任何水再平静，也会有波浪，所以就像水和波浪一样。华严宗的实际创始人叫做法藏。武则天非常看中他。法藏曾经给武则天讲这个道理，正好武则天的前面有一个镇纸金狮子，他就指着这个金狮子说，陛下请看，比如这个金狮子它是金做的，这就是一；但是金做的这个狮子有眼睛、鼻子、耳朵、舌头、嘴、脑袋，另外全身都有无数的毛，这个就叫做多。一和多是完全联系在一起的。多离不开一，没有一就没有多；反过来，一也离不开多。所以，这叫作一即一切，一切即一。世界上的一切事物纷纭复杂，多种多样，但它归根到底还是有一个本质，这个本质是一；而这些各种各样的现象叫做多。本质和现象是不能分割开的。这就叫做一和多的关系。他重点是讲，这个世界有一个理的世界、有一个事的世界。理就是它的本质，事就是各种各样的事物。理和事是完全相融的，而不是分开的。华严宗很欣赏这种境界，这就是一种重重无尽的境界。整个世界就是如此。第三个是禅宗。除了天台宗和华严宗之外，最具中国特色的宗派是禅宗。禅宗是中国佛教才有的，印度有禅、坐禅的说法，但是没有禅宗的说法。禅宗的思想是中国自己的发明。禅宗思想当中有很多是值得我们称道、值得我们研究的。这里只讲和后边讲的人间佛教有直接联系的两点。

第一，禅宗根本的主张叫做“自心是佛”。就是自己的心是佛。这是它的一个根本思想。因为在禅宗看来，佛教、佛，其实就是自己的本性，就是自己的本心。禅宗实际上的创始人六祖慧能就讲，愚人智人，愚人就是愚蠢的人，智人就是有智慧的人，佛性本无差别。为什么他们会有差别呢？只是因为迷悟不同，所以才有愚有智，才有愚智的不同。因为你有迷有悟，有无明，那么就愚，把无明去掉以后，就变为智。这就是觉悟。根据这样的思想，他进一步说了两句很经典的话：“悟则众生是佛，不悟则佛是众生。”这句话很有道理，释迦牟尼在没有成道之前就是一般的人，就是众生；他后来有了觉悟，才成了佛。一般的人，本性、本心里就有佛性，只是没有觉悟，所以才是众生，一旦觉悟就可以达到佛的境界。这是他讲的一个很重要的思想。他也不大赞成那种念佛求西方的思想。他说东方人念佛求西方，那么西方人念佛向谁求？所以这是不对的，因为佛就在你的心里，佛不是天上的神仙，也不仅仅在西方世界，归根到底，他就在我们自己的心中。由此，他进一步说不必出家也可以成佛。佛教作为一种宗教，作为一种文化，出家人是重要的承担者，还是需要的，但是对于大多数人来说，不需要出家一样可以学佛，甚至一样可以成佛。

第二，佛法在世间。佛法不在别的地方，就在我们的社会中，就在我们的生活中。所以惠能有四句话：“佛法在世间，不离世间觉，离世求菩提，恰如求兔角。”这种思想就为后来近现代的中国人间佛教提供了一个理论基础，对中国后来的人间佛教影响很大。这种影响不仅限于中国，而且影响到日本、韩国等东亚各国。

## 三、 中国近现代的人间佛教

人间佛教在当今的中国佛教中形成了一个巨大的潮流。人间佛教最早应该是由近代的太虚法师提出的。当然他也是基于中国的传统佛教思想提出的，就是刚才我们讲的六祖慧能的思想。其实人间佛教的思想一直存在。太虚在讲人间佛教的同时还讲人生佛教，认为二者是同一物，只是从不同的角度来说的。太虚之后，人间佛教由印顺法师加以继承发挥。印顺之后，在中国台湾又出现了一些现当代佛教团体，如星云法师的佛光山、证严法师的慈济功德会、圣严法师的法鼓山等，在继承和发扬这种人间佛教的思想。中国内地最突出、最典型的代表人物就是赵朴初。赵朴初居士是一贯提倡人间佛教的。

人间佛教的思想归结起来，有以下几点。

第一，人间佛教提倡人道，重视人生，反对鬼神之教。这是人间佛教的一个一贯思想。太虚法师说过，佛教有五乘之法。所谓五乘，就是它有五个层次。第一个层次是人乘，就是先要做人。第二个层次是天乘，人之上有天乘。佛教说有天乘、有天神，但是他说人乘也好天乘也好，都还是世间的佛法，它没有超凡没有入圣，都是在世间。所以不管人也好天也好，都还是世间之法。接下来两乘，一个是声闻乘，一个是缘觉乘。声闻乘就是罗汉，就是罗汉层次。声闻乘之后还有一个缘觉乘。声闻乘和缘觉乘是小乘佛教提倡的。就大乘佛教来看，小乘佛教说的成佛只能达到声闻缘觉的层次，最多得一个罗汉果，成一个罗汉。尽管如此，他已经是属于圣的阶段，已经超出人天进入圣的阶段。他不会再退到生死轮回当中去了。但是他还缺一个层次，就是他不行菩萨道，只会自利，只求自己解脱，最多解脱到得一个罗汉果，不能真正成佛，这是大乘佛教说的。第五乘是菩萨乘，或者也可以叫做佛乘。

太虚说，佛教当中虽然有五乘之法，但最重要的还是人乘。你即使成佛也是靠人，要从做人开始，所以最重要的是人乘。他说必就人乘以正人道，要就着人乘来正人道，这才是大乘佛教的根基。学佛先要从做人起，要学成一个完善的好人，然后才能谈得上学佛。如果做人都不能做好，那就不要谈什么超凡入圣和成佛了。所以，他强调人乘是基础，人道是基础。到后来，印顺继承了这种思想，不过印顺说得更明白，他说我们是人，我们需要的是人的佛教，不是其他的佛教。根据这样一种思想，他们反对所谓鬼教、神教、天教等。太虚明确地说，过去的那些佛法流传下来的内容有一些弊病。其中最大的弊病就是，有一种是死的佛教，还有一种是鬼的佛教。它认为，一个人只要死的时候死得好，而且死了以后也还好，这就可以了，这就是佛法的真意。太虚说这完全错了，这不过是佛教在流传演变过程中造成的一种误解。他说若要死得好只有生得好，若要做好鬼只有做好人，与其重死鬼不如重人生。学佛的人，应该把天鬼等置于一边，不要去谈论它，而要从人生做起，求人生人格的完成。要洗除一切近于天教、鬼教等这些迷信。这是人间佛教很重要的一个思想。后来印顺也继承了这种思想。他也提出，不仅要反对重死鬼，同时也要反对重天神。这样佛教的着眼点、学佛的着眼点，既不在天上也不在地下，它就在人间。另外，他们也将佛教的道德、修行的理论，与中国儒家的思想作了很多比较。比如佛教讲的“十善”，与儒家的精神完全是一致的，与儒家的仁、义、礼、智、信是一致的。佛教讲的十个方面，分类来看，就可以和儒家的仁、义、礼、智、信完全联系起来，它们都是一致的。

在建设人间佛教的时候，无论是太虚还是印顺，都大量吸收了儒家的思想。为什么要吸收儒家的思想呢？因为佛教过去讲的很多都是出世的理论，而儒家讲的是入世的理论。佛教不管怎样讲入世，其思想、学说、办法还是不如儒家。所以，人间佛教大量吸收儒家的东西来充实它的这种入世的思想，强调佛教是要在现实当中修自己的道德。只有道德向上，完成人格，才有可能达到佛的境界。在我国台湾地区的佛教教团中，如星云、证严、圣严，对这种思想都有吸收。比如星云就提出，佛教应该就是以人为本的人间佛教。证严也讲，其实佛陀设教在人间，就是要教育众生，要回归真如本性，做一个真正的人。所以说人格若成，佛格就成了。人能做到完满至上的程度，那么其佛格就完成了。这都是一种基于人道的思想。

第二，以出世的精神做入世的事业。中国的人间佛教，是与人们的社会生活和日常生活密切结合在一起的。从太虚开始，他就强调这一点。他说，对于佛教，人们应该是在现实生活中去了解它、实践它，不能脱离现实生活。而且，他说学佛的人，不必去模仿僧人：一定要出家、一定要废家弃业、一定要离开群体，专门到一个地方去修禅。要信佛教、学佛，要遵从三皈五戒，但未必要出家。他还说，其实学佛也可以不离常俗婚娶、不离仕宦、不离农商工作等事业，不脱离工作。在这种工作、事业中，只要行佛教的菩萨道，比如说四摄之道（布施，不能仅理解为是物质方面的布施。更重要的是说，要帮助他得到解脱，是精神的布施，这是最重要的布施；爱语，就是要理解他，要知道，人同此心、心同此理，与他一起交谈、对话；利行，就是你的做法要对他有切切实实的帮助；同事，这个词最早可能出自佛教，同事就是彼此之间要设身处地，你做的事要看成我做的事，我做的事就是你做的事，这是同事)，就能同心同德。这样通过四摄，才能够起作用。“摄”就是拉你一把、帮你一把，让你能够得到解脱，让你能够摆脱苦难。这是菩萨道。只要能这样做的话，官是好官，农为好农，商为好商，工为好工，这就是行菩萨道。这就叫做以出世的精神做入世的事业。

后来中国台湾地区的人间佛教也很强调这些。星云就讲得更进一步。他说，我们佛光人要先入世后出世。不要一开始就着眼于出世、成佛。要先入世，好好地做事、好好地做人，先入世才有可能出世。入世重于出世，生活重于生死。日常的生活，比追求生死更重要，利他重于自利，普济重于独修。普济就是普度众生。星云大师说，有这种入世的精神和入世的事业，才有可能达到出世的境界。星云这样讲是很有特色的。一般讲出世入世并重，但是像星云这样讲的并不多。他不仅有理论，而且身体力行。所以他说，佛光山的人间佛教是做出来的，不是说出来的，他有很多实践。佛光山还创办了各种各样的事业，鼓励信众信徒也必须要认真从事自己的事业，开创事业。他说，人间佛教主张今生就可以拥有无限的财富。佛教不是教人不要钱财，而是要我们获得的是净财。所谓净财就是干净的钱、正义的钱，不是靠歪门邪道、昧着良心挣来的钱。只要是净钱，越多越好。这样，才能真正体会到佛法里的法喜。法喜就是求法的喜悦在什么地方。这样我们才能够真正建设福乐财富的人间，他的这个说法也很有特点。他说人们平常的生活、求佛的生活，应该是要引导大家过合理的经济生活、正义的政治生活、服务的社会生活、慈悲的道德生活、尊重的伦理生活、净化的感情生活。他认为人间的佛教就应该是这样的。

第三，具体到入世的事业，究竟人间佛教是怎样做入世事业的。佛光山事业的四大宗旨就是：以教育培养人才；以文化弘扬佛法；以慈善福利社会；以共修净化人心。他给自己的定位主要是做文化教育工作。与星云大师相似的还有慈济功德会的证严法师，人望非常高，因为她主要是做慈善和医疗方面的工作，她自己开的医院很有影响。另外还有法鼓山。法鼓山侧重教育方面，注重高层次的教育，也有大普化教育等；另外还有环保方面，不仅仅是环境的保护，还包括心灵的保护。

事业方面各有各的特色，这就是人间佛教，就是中国的人间佛教。它现在与社会密切结合，已经形成了一个体系。与社会紧密相连的这些事业都是有益于社会的，都是有益于所有人的，不光是对信佛的人。从整体上来说，它应该是对整个社会都有很大帮助的。

第四，建设人间净土。人间佛教的最终理想、最终目的是建设人间净土。这种建设人间净土的思想，应该说萌芽比太虚还要早。因为中国近代以来的很多先进的人物，都已经意识到佛教的作用，开始用佛教的思想来改良社会。比如，康有为的《大同书》中他特别吸收了佛教的思想。他是要通过佛教的这种思想去除社会上各种各样的不平等，再达到大同，实现大同的理想。再比如谭嗣同，在他看来，儒家的六经与佛教的佛经是完全相合的，没有什么不同。他特别赞成佛教的一种精神，叫做大无畏的精神。大无畏就是佛的一个名称。他说要用这种精神来冲决封建的网罗。冲决网罗，其中用的一种精神、一种思想，就是佛教的思想。还有梁启超，他专门写文章来论述佛教对社会改良有什么样的作用。近代史上也很有名的革命派章太炎，也很重视佛教。他说要靠佛教来启发国民的信心，要重建国民道德。太虚就吸收了这样一些思想，重视社会的改良。在这种思想的基础上，太虚提出建设人间净土。他说，今天我们这个人间虽然还不是那么良好庄严，但是凭我们个人的一片清净之心去修集许多净善的因缘（做各种各样的善事，叫做净善因缘），逐步进行，久而久之，这个恶浊的人间一定会变为庄严的净土；不必在这个人间之外另求一个什么净土，不必去求——当然他也不是反对去求，只是认为现实的人间也可以建成净土。这样一种思想被后来我国台湾的佛教全部吸收。无论星云也好，证严也好，圣严也好，他们都主张要建设人间净土。

最后还要提一个最重要的人物就是赵朴初。在中国内地，他同样是提倡人间佛教的。中国内地虽然没有像台湾那样成规模的僧团，但是内地的出家人或学术界都非常重视人间佛教，如赵朴初。赵朴初生前是中国佛教协会的会长，还是全国政协副主席，他曾经在一次讲演时说，中国佛教是在中国土地上孕育成长的，中国佛教将要满怀信心地迈向未来。这个未来就是迈向人间佛教的理想境界，迈向一个全人类和平幸福、共同繁荣昌盛的华藏庄严世界。这个华藏庄严世界是佛教用语。华藏庄严世界，是一个非常安乐庄严、至高无上的理想世界、理想境界。太虚法师在他临终的时候（1947 年去世）把他写的“人生佛教”送给了赵朴初，并且勉励赵朴初要努力去弘扬人生佛教和人间佛教。赵朴初果然继承了太虚的遗志。赵朴初在所写的《佛学问答》一书中，就特别强调要发扬人间佛教的优越性。他在 1983 年佛教协会的理事会所作的报告中特别提出“我们要把人间佛教作为中国佛教协会的指导方针”，并且说我们提倡的人间佛教，就是要奉行“五戒十善”，通过做“五戒十善”来净化自己。另外，要广播“四摄六度”，“四摄”就是布施摄、爱语摄、利行摄、同事摄。“六度”就是大乘佛教提倡的布施、持戒、忍辱、精进、禅定、智慧六个方面。以此利益人群，要自觉地以实现人间净土为己任，为社会主义现代化建设这一庄严国土利乐有情的崇高事业，贡献自己的光和热！

# 健康新概念

许天红

中国的老年人口已经超过了总人口的 11%，截至 2010 年年底，人数超过 1.67 亿。这个数字比巴基斯坦、日本这些国家的人都要多。由此可知，保证数量如此庞大的老年人的心、身健康将极其重要。

## 一、 健康的重要性及影响因素

### （一）健康有多么重要

一些老年朋友说："健康到底有多重要？如果不健康就什么都做不成。我的想法就是健康第一，工作第二；没有健康就没有一切。"还有的老年朋友说："身体健康呢，心情就愉快，各方面就都好了；你身体不健康，什么事都高兴不起来。"大家说得都很对，人的生命只有一次，健康是保证生命正常运转的基本要素。

没有心理和身体的健康，就没有一切。换句话说，健康是 1；挣了多少钱、有多少辆车、有多少套房子、有多少财富，全是 1 后边的零。一旦失去健康，无论后面有多少个零，就只剩下零了。也就是说，如果一个人耗尽了精力和体力而失去了生命，个体顿时就会烟消云散。因此答案很简单：健康非常重要。

### （二）影响健康的因素有什么

#### 1. 自然因素

自然因素包括传染病、旱灾、洪水、海啸、地震及污染，这些因素都对人们健康有重要影响。例如，空气污染，不但城市的飞鸟数量减少了，人的健康状况也恶化了；SARS（严重急性呼吸综合征）传播那段时间，大家都为身体健康提心吊胆，在隔离措施下自由走动也受到了一些影响。

2. 躯体因素

躯体因素包括高血压、糖尿病等各种疾病，这都会对人们的健康产生不利影响。例如，人患上肺炎，发烧 39 度在床上躺着，就会感觉什么乐趣都没有。

3. 社会心理因素

科学家们发现，社会心理因素占致命因素的 40%～50% 。社会心理因素包括家人、邻居、朋友间人际关系的恶化，经济状况，心情长期的沮丧、焦虑、恐惧等。

例如，某位老人在大院里丢了一个花盆，就开始在院子里喊，气愤地从早上 9 点开始嚷到中午 11 点，最后，也没找着花盆。老人气得犯了心脏病，被紧急送入医院抢救。事后，老人一算，医院抢救费能买 1000 个花盆。老人越想越生气了。又如，老夫老妻为了中午吃饺子还是吃面条这样的小事争执不休，吵得一家子都不高兴，儿子、孙子们也跟着上火着急。事后，老夫老妻的血压都超标了。因此说，人际关系不好就会出现健康问题。随着社会的进步，我们控制细菌病毒的能力越来越强，但由于社会心理因素造成的健康失衡的情况越来越严重，如高血压、糖尿病、肿瘤等很多疾病，都是由社会心理因素所造成的。这些病被称为“心身疾病”。



精神障碍对于人类的危害也是极大的。在全世界范围内，患各种各样的精神障碍的人约占人口总数的 20%。其中，抑郁症患者的比例高达 8%。

我国于 2010 年 4 月公布的 2001～2005 年第三次精神障碍流调报告显示：在涉及 1.3 亿名成年人，以浙江、山东、青海、甘肃 4 省的 96 个城市、267 个村庄作为初级抽样点的精神疾病流行病学调查中发现，成年人群精神障碍患病率为 17.5%，其中心境障碍为 6.1%，焦虑障碍为 5.9%，物质滥用障碍为 5.9%。在酒精依赖的患者中，男性是女性的 48 倍。在所有符合精神障碍的患者中，有 24% 的病人因病导致中重度的残疾。在所有患者中，有高达 88% 的病人从未接受过专业治疗。据此推断，全国有 1.73 亿成年人患有某种精神障碍，其中 1.58 亿成年人未接受过任何类型的专业治疗（见 2010 年 4 月 28 日《健康报》第二版）。而老年人群面临的患躯体病、服药、身体状况下降、配偶去世等负面事件多于中青年人群，心理障碍的发病率更高。容易被大家忽视的是：心理障碍已成为仅次于心脏病、肿瘤的人类健康的第三杀手。十年后，它将成为人类健康的第一杀手。

# 二、 健康新概念

## （一）什么是健康

一些老年朋友说“健康就是身体好”，还有些老年朋友说：“健康有两点，心理健康和躯体健康。”其实，健康新概念包括三个方面：身体健康、心理健康、社会适应良好。

## （二）身体健康和心理健康

### 1. 身体健康的标准

人到了中老年阶段，一般不会一点病都没有。因此，将人的身体健康定义为一点病都没有也是不准确的。身体健康是相对的，其健康标准也是相对的。

身体健康的标准是“五快”，即快食、快眠、快便、快语、快行。

（1）快食，即吃得快，是指在细嚼慢咽的情况下，吃得顺当，而不是囫囵吞枣、饥不择食。吃得快说明消化系统功能良好。如果到了吃饭的时间，根本就不想吃，一天三顿饭吃得一点味都没有，甚至饭也吃不下去。这说明消化系统功能不好，身体不健康了。

（2）快眠，即睡得快，指躺下没一会工夫就睡着了；睡着后很少醒；即便醒后，也能快速入眠；少做噩梦；不早醒。睡得快说明神经系统功能良好。躺在床上，辗转反侧，总睡不着，或者早早就醒，躺在床上发愁，那就说明神经系统功能不好，身体健康出问题了。

（3）快便，即便得快，是指每天能按时排便、顺利排便，便后自觉痛快。便得快说明消化、心血管系统功能良好。不能按时排便，排便困难，用力排便后加重高血压病、心脏病症状。这说明消化、心血管系统功能不好，也说明身体不健康。

（4）快语，即说得快，是指说话敏捷、简洁、表达主题明确，没有出现时时的停顿，或者没完没了，缺少主题的叨唠、赘述；对他人的语言理解得快、理解得正确、反应恰当等。说得快说明神经和言语表达系统功能良好。假如说话时半天都反应不过来，说话时想不起来要说什么，和他人无法交流，这就说明神经系统出了问题。

(5) 快行，即行得快，是指走路敏捷，心情愉快，身体没出现疼痛等问题。走得距离与自身年龄相符。行得快说明神经和运动系统等功能良好。有的老人走路歪歪扭扭、腰疼腿疼，走不了几步就心跳加速、气短。这说明运动系统、心血管系统、神经系统都可能有问题。

### 2. 心理健康的标准

要了解什么是心理健康，首先要了解什么是心理学。

1) 心理学

千百年来，人们都在改造自然，推动社会进步。但是，我们人类为什么会想事？为什么会说话？为什么会唱歌？为什么会跳舞？对于这些问题，从我们的先人开始就在琢磨。慢慢地，我们了解到：这些都是人们大脑工作的结果。大脑的活动好似看不见、摸不着，但它时时刻刻都在进行着各种有规律的精神活动。

研究心理现象和规律的科学就叫心理学。反过来说，科学的心理学可以帮助人们了解心理现象及其规律。

2) 心理现象



第一，心理现象是大脑中进行的精神活动，好似看不见、摸不着，但它时时刻刻都在进行着。科学的心理学可从人们的心理现象中了解心理活动及其规律。

第二，心理现象是有层次、多水平、多测度的反映系统。

第三，心理现象是有意识的自觉反映形式，又包括无意识的自发反映形式。举例来讲，大家坐在课堂里，都在有意识地学习心理学知识，这就是有意识的自觉反映形式。忽然外边闯进一个人，每个人都会无意识地注意他，这种现象就是无意识的自发反映形式。

第四，心理现象有生理水平和行为水平之分。生理水平，如大家在看书是由大脑视觉中枢和视觉器官共同完成的功能；行为水平，如冲锋陷阵是由各种动作完成的。

第五，心理现象有个体水平和群体社会水平之分。个体水平，如每个人的学习方法各具特点，有人看书时爱读出声来，有人却爱静悄悄地看；群体社会水平，如大家都在一个班集体上课。

3) 心理现象的结构

心理现象的结构如下图所示。

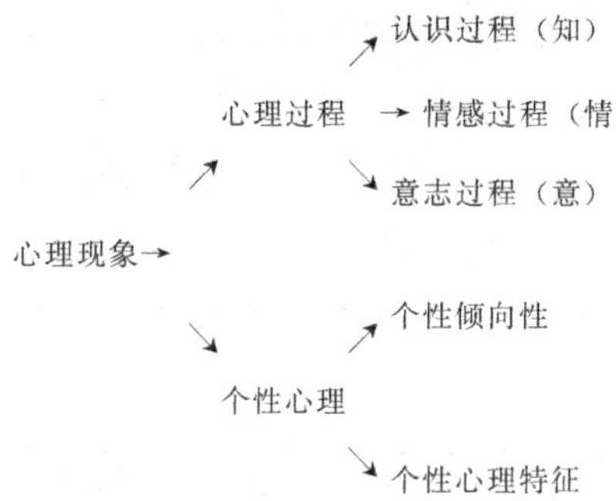


心理现象的结构示意图

4）心理过程的内容

第一，认识过程（简称知），是人脑对客观事物的现象、特性、意义及本质的反映过程。它包括以下方面：①感觉，是人脑对事物个别属性的反映，虽为低级心理现象，但它是一切高级复杂心理活动的基础，包括视觉、听觉、嗅觉、味觉、触觉、内脏感觉等。②知觉，是人脑对事物整体全貌的反映。③记忆，是人把感知到的经验储存于头脑，又能对其产生再认和回忆，这便是记忆。④表象，在人脑记忆中的事物形象叫表象。以上为感性认识过程，是人脑对事物表面特征、外部联系的反映。⑤思维，人脑对事物的间接、概括的反映，是对事物之间内在联系及规律的反映。它能超越客观现实，深入把握感官达不到的领域，使人的认识无限广阔、深刻。⑥想象，为特殊思维，想象自己从未经历过的事物。人类通过思维和想象把握现在、预见未来、发明创造。⑦注意，意识对一定对象的指向和集中（对外、对内），对心理活动起着维持、监督和调节作用。

第二，情感过程（简称情），是人类最具特色的心理现象，是客观事物是否符合或满足人的需求而产生的主观体验，包括心境、情绪等内容。

第三，意志过程（简称意）。人类在变革、改造客观世界和现实的活动中，自觉提出目的，支配自己的行为，克服困难和挫折，坚持实现预定目标。这种心理现象称为意志过程。这是人与动物的本质区别。

知、情、意三种心理过程并不是相互孤立的，而是相互融合、协调统一的心理活动。认识过程对情感过程起决定作用，情感过程又推动认识过程产生变化。理智的认识过程构成意志过程的基础，意志过程又对认识过程起到动力和过滤作用。

5）个性心理

个性是个体在社会化过程中所形成的意识倾向性和稳定的心理特征的总和，

是一个人属于自己的、完整的精神面貌，包括个性倾向性和个性心理特征。

第一，个性倾向性，又称个性的动力性，是推动个性发展的原因，决定一个人的态度的选择性和积极性的表现，包括需要、动机、理想、信念、价值观、世界观等。

第二，个性心理特征，表现个性差异的具体内容，包括能力、气质、性格等。

（1）能力，是顺利、有效地完成某种活动所必需的心理特征，是个人具有的解剖生理特点，是从遗传和孕期中得到的，也是在后天环境和教育的影响下形成的。能力包括两个方面：①一般能力，从事各种活动都必须具备的能力，包括观察力、记忆力、思维力、想象力等；②特殊能力，在某种专业活动中表现出的能力，包括管理能力、数学能力、言语能力、机械能力等。一般能力和特殊能力在活动中相互结合、相互渗透、相互促进。

（2）气质，由生物因素决定，具有相当稳定的天然行为特点：能量水平和时间特征。气质包括心理活动强度、速度、节奏、稳定性、指向性等；有胆汁质、多血质、黏液质、抑郁质等类型。



（3）性格，由后天环境逐渐形成，主要指人的社会行为特征，包括利己和利他行为、善良、吝啬、粗暴、果断、坚定、勇敢、怯懦、害羞等。性格是个体天生的气质特点和后天环境结合的产物。例如，同样是勇敢，但速度快者、活动强度大者，鲁莽、冒失；速度慢者、活动强度弱者，坚定、沉着。

心理状态是人的心理活动在某一段时间内所呈现的相对稳定的状态。心理状态、心理过程、个性心理既相互联系又相互区别。心理过程体现心理活动的动态性，心理状态体现心理活动的稳定性，个性心理突出心理的恒定性、持久性。

6）心理健康

一些老年朋友说："心理健康标准是有很宽容的心，能够容纳各种压力。"还有老年朋友说："首先这人不自私，他想的不是自己，心境比较开阔一点，不是凡事围着我转。"另有老年朋友说："心理健康就是别小肚鸡肠，别有妒忌心，就是要有我为人人的那种想法。"

总结以上观点，有以下两种标准：

第一，"三良好"，即良好的个性、良好的处世能力、良好的人际关系。

第二，"五良好"，即良好的社会交往、良好的适应能力、良好的自我控制和调节能力、良好的对外界压力的耐受能力、良好的心理创伤康复能力。

心理健康标准是相对的，受时代、民族、文化、地域等各种因素的影响。

## （三）社会适应良好

### 1. 良好的社会交往

作为老年朋友，有良好的社会交往至关重要，要避免以下情况。

（1）退休以后哪里都不去了，整天在家待着，或者一个人独自健身，一个人遛弯、低头猛走；或者只是一个人独行其是，不与邻居、同事和亲友交谈。那么，这个人就没有很好的心理健康。

（2）怨天尤人，整天想着不高兴的人际关系，或者认为大家对自己不公平。例如，整天想着“哪位街坊邻居跟自己拌嘴了，20 年前哪个同事跟自己闹过别扭，30 年前跟谁发生过矛盾”。而且，总认为大家对自己不公平。

（3）一边逛公园，一边发牢骚：“啊！凭什么呢？我们俩一起参加工作的。每个月，他比我多拿 10 块钱啊？”往往越琢磨越生气。这种心理是不健康的，久而久之就会导致疾病。

（4）面对老伴一人，清晨一看见他（她）就不顺眼；要么整天哪也不去，就对着老伴生气。例如，看着老伴做饭，也不顺眼，嫌她盐放多了；看电视时，老伴儿看这频道，自己偏要看那频道。结果一人买一台电视，两个屋同时看，谁也不和谁说话，整天闷闷不乐。

（5）对别人漠不关心，不管别人做什么都和自己没关系，这种情况也不好。

（6）我行我素，稍不高兴就发脾气，使大家敬而远之。比如，去医院排队交钱也发脾气，心想“干嘛不让我排第一”；乘公共汽车，稍微给人挤一下，就吵得震天动地；人家不让在公园里钓鱼，“不，我非钓不可”！

这些都是心理不健康的表现。要保持心理健康，老年人应做到如下几点：①即使受到体力等身体条件限制，仍保持对外良好的人际关系；②家庭中有良好的亲情交融；③关心他人，对自我理智控制，尊重他人，也尊重自己；④不断开拓新的社会交往范围、活动内容，增加生命活力；⑤知道良好的人际关系是保持心理健康的重要方面。

### 2. 良好的适应能力

社会发展与自然环境变化是无法回避的永恒规律。老年人要有能力和良好的心态去适应变化，要避免以下情况。

（1）从理念及情感上，活在过去而不是活在现在，对现在的什么事情都看不惯。例如，老朋友相见或总对下一代说的惯用语是：“50 年前那会儿多好呀！”“你看下一代，比我们差多了，真是一代不如一代！”不能看到社会巨大的进步和发展。

(2) 害怕各种变化。例如，面对疾病、年龄的增长极其焦虑不安。

(3) 碰到新技术就头疼。不会或不敢发短信，不会使用计算机、听 CD、使用录音笔等，不是因为日常生活中遇到的新技术很难，而是恐惧或反感新技术，弄得生活处处不方便。

(4) 抵触或拒绝学习新知识、新思想。

(5) 拒绝了解国家、国际的发展变化，弄得自己思想保守。

(6) 不适应环境改变。乔迁新居本来是件高兴的事，可有的老年人一搬到新家却得了抑郁症。因为老朋友都在原来那地住着，自己一人过来了，发愁坏了，不适应了。

(7) 思维上局限守旧，情绪上一筹莫展。

在适应能力方面，老人应该做到如下几点：①不忘记过去，活在现在，展望未来，用行动与时共进；②正确对待变化；③勇于并力所能及地学习新技术、新方法，方便生活；④增强自信，知道自身有适应新生活的能力；⑤参加各种老年学校、看书读报，以积极心态学习新知识、新思想；⑥乐于接受社会及他人的帮助；⑦迅速有效地调整心态以解决实际问题；⑧人类的心理适应，最主要是对人际关系的适应。



### 3. 良好的自我控制和调节能力

“人有悲欢离合，月有阴晴圆缺。”老人受到各种有利或不利因素影响，必然会产生情绪变化，还可能打乱正常心理及生理活动的动态平衡，要避免以下情况。

(1) 遇到事情总看到事物不利的方面，过度悲观，难以自处。有些老年人遇到事情，总看不到有利的方面；看待自己的亲人，总看他的缺点和不足；反省自己，总认为自己什么能力都没有。如此负面地看待问题，必定引起过度的悲观。

(2) 遇到困难不主动想办法解决，过度依赖他人。有些老年人年轻的时候很自立；上岁数以后，什么都依靠年轻人，什么事都不愿自己动手，有点事就给孩子打电话。结果孩子又得上班，还得照顾老人，整天疲于奔命、焦头烂额。

(3) 通过对家人发脾气、吵架、发牢骚发泄内心的不痛快。自己受气了，回家跟老伴发脾气，对着儿子发脾气。儿子不敢对老人怎么样，就踢猫一脚。猫也不能白受这气，回头咬老爷子一口。结果全家都不高兴。

（4）容易感情用事，情绪波动过大。人的情绪一定会波动。如果说，一个人遇见高兴的事反而不高兴了，这说明心理出现障碍。应该是遇见高兴的事，就会高兴；遇见不高兴的事，就会不高兴。但是，要注意情绪的波动不能太大。一不高兴，就暴跳如雷，有时还摔东西。这样做既影响亲人，也影响自己。

老年人应该这样做：①采用积极的方式疏导不良情绪（包括适度发泄、听音乐、运动）；②在处事时，既要看到事物不利的方面，更要看到事物有利的方面；③遇到困难寻求外界帮助的同时，要主动想办法解决；④处事不惊、心理平衡，保持相对平和心态；⑤学习控制思维、情绪和行为的方法以适应外界快速变化。

### 4. 良好的对外界压力的耐受能力

对压力耐受力的大小，不仅受先天遗传素质的制约，而且受后天发展进程中人格特征、世界观的影响，还受到生活实践中锻炼出的意志、信念、经验等的作用。

老人要避免以下情况：①遇到困难时，就暴跳如雷、悲痛欲绝、悲观失望；②办法有了，就是坐着不动，空口说白话。



老年人应该这样做：①遇到困难时，冷静下来，积极想办法；②有了好办法，还要努力行动，做自己力所能及的事情；③培育良好的抗压心理素质，以驾驭复杂环境变化和独自处理复杂问题。

### 5. 良好的心理创伤康复能力

快速修复人生道路上遭受的或大或小的挫折以及心理创伤。老人要避免以下情况：①总回忆过去不愉快的经历而导致不高兴；②总认为自己比其他人岁月蹉跎，从而愤愤不平；③长时间难以从挫折中走出来。

老年人应该这样做：①要明白每一个人都会遭受困难，也都经历着幸福，要尽快地修复挫折及心理创伤，重塑心理健康；②不忘过去，但能正确对待；③遇到不愉快的事情，不会引发较大情绪波动，在今后生活中不产生明显消极影响；④遭遇挫折后，使心灵尽快平静，尽快应用适当方法解决困难；⑤快速修复心理创伤。

因此，老年人要做到掌握自身的心理特点，进行良好的心理调整，给自己一个健康的好年华。

# 疾病不可怕　带病可延年

陆广莘

在人的一生中，哪个阶段最长呢？老龄阶段。生、长、壮、老、已。有人说怀胎十月，严格说，就是266天。生下来就是长，长到生长发育停止是25岁。25～60岁，有35年是壮的时间。60岁以后，一直到生命终了，这个阶段叫老年阶段。

从生理上来说，《黄帝内经》讲，女性的生殖器官在14岁开始生长发育，到七七断经，就是49岁左右；男性是八八，就是64岁左右，其生殖能力开始降低。那么人的寿命应该多长？老年阶段又是多长时间呢？老年阶段很可能是人生一辈子里时间最长的阶段。因为按照比较动物学来看，就是一般的动物生长发育停止了，它的寿命还可以有生长发育时间的5～7倍。从这个比例来看，人类应该活到125～175岁，平均来说6倍的话就是150岁。但是，现在大多数人的平均寿命也就七八十岁，只活到一半左右。《尚书》说人的寿命可以到120岁，人们习惯说百岁。

老龄阶段，实际上是人生中时间最长的阶段。然而我们远远没有完成这个历史使命。过去说“人生七十古来稀”。当然，70岁的人是小弟弟；80岁的人多得很；90岁的不稀奇；100岁的人笑眯眯。现代社会中有很多百岁老人，像北京的周有光，就100多岁了。2009年下半年，在《北京晚报》上我还看到他的好几篇小文章，最近电视上还报道他在学习计算机。因此，要提高我们老龄阶段的生活质量和发挥其功能，就需要我们解放思想。

随着年龄的增长，老年人每年参加体检，就会发现身体患有各种疾病。老龄阶段肯定是多病的，正如自行车，用了那么多年，肯定会“哗哗”作响。但是请注意，带病可延年。1959年，我曾在张家界给中华医学会作报告《带病可延年》。这是个积极的观点。《西厢记》里有句话叫“多愁多病身”，我们在晚年阶段，因为身上的病，整天笼罩在疾病的恐惧之中，然后要作各种各样的检查，吃各式各样的药，因此说晚年是“多愁多病身”。

进入老年期就意味人体所有的功能，都在逐步下降。生命过程是个正态曲线，是往上走的。人从出生到60岁，这60年时间分两个阶段，即长和壮；老这个阶段，很可能也是60年，起码40年，这要比长的时间和壮的时间更长。如果，你采取的措施都在加快生理功能的下降速度，那也是不明智的。但是我们现在往往容易犯这个错误。比如说，现在老年人都普遍血压高、血糖高、血脂高、尿酸高、胆固醇高等，并且把这些提高的指标都认为是敌人，然后吃降压药，吃降血糖药、降血脂药，药吃了以后有点效果，但是一停就又上去了。再者，药是有副作用的，会加速老年人生理功能的下降。世界卫生组织说，在人类健康长寿的影响因素中，现代医疗占8%的比例。因此我们对现代医疗，不要寄予过高的希望。

我们现在进行医疗改革，最近这几年也一直在讨论医疗改革的大问题和难题。为什么要进行医疗改革？原因有两个：一是看病难；二是看病贵。

医者治也。治理之学，是一门实践，是人类帮助自己能够活得健康长寿的一门学问，这不是专业医生独家的知识，应该成为我们每个人都需要知道的知识，但是近几百年来，医学模式的主题叫“病从何来”。

1761年，Morgagni写了本书，叫做《疾病的位置和原因》，就是讲病在哪里、病的原因是什么。例如，对于乳腺癌、胆结石、子宫肌瘤、卵巢囊肿等疾病，就要找准位置，然后切除。病因是细菌、病毒，就需要抗菌，从青霉素发明以来，不到100年的时间，细菌、病毒对这类药就产生耐药性了。不只是对这种药，对一大批药都产生耐药性了。也就是说，这一大批药就要被淘汰。1895年发明了血压表，就认为脑出血，充血性心力衰竭的原因是高血压，然后又发明了许多降血压的药。几十年以后又发现，脑出血减少了，但脑梗死增加了；充血性心力衰竭减少了，但心肌梗死增加了。

现代医疗还带来了许多问题，叫做当代全球性的医疗危机。在外表现为看病贵、看病难，但根本的问题是，医疗实践的效果不好。1993年，美国一年的医疗费用是9300亿美元，占全国GDP的14%。现在是2.6万亿美元，相当于我们前几年全年的GDP。新的医疗改革就是算一下老百姓拿多少钱，国家拿多少钱，单位拿多少钱，可是没解决根本问题——这医学到底是干什么的？如果医学就是努力找病除恶务尽，那么国家赔不起，家庭也赔不起。

我是第八届、第九届全国政协委员，连续10年我们都在讨论三农问题，三农问题最大的问题就是因病致贫，因病返贫，一有病就又穷了，为什么？就是因为我们现代的医学，只在人身上找毛病，“找到毛病我给你压，我给你做消防队长，致病因素我给你杀，病理变化我给你压，病变的位置我给你拉”。哪个医院哪个老大夫名声大，就说明是他找毛病能力比人强。但是这也带来了三个问题：①人类远远没有达到应该活的寿命，正像陈竺部长说的，人类的健康长寿，不可能靠打针吃药解决。②当代的医疗危机。医疗危机不只我们国家有，西方发达国家也解决不了。在 1993 年，我去美国讲课，讲的就是 healing force，即人的自我痊愈能力。做手术后伤口是自己长好的。一个创伤的自我愈合能力反映了你是年轻还是年老：年老，伤口就愈合得慢；年轻，伤口很快就愈合了。但人的自我愈合的能力、痊愈的能力、自我抗病的能力，在医学试验里边没有。有病，我治；没病我预防，预防就用疫苗。疫苗最深刻的意思，不是在于这个敌人，而是把细菌减毒了以后，再小剂量地作用于人，然后诱导人的身体产生抵抗能力。因此我们应该认识到我们人有强大的生命力。在老龄阶段，生命力虽然在走下坡路，但仍然存在。关键我们现在看不到，也不愿去发现它，更不用说在医疗上去依靠它，去发展它，然后在学问上去学习它。

前两三年有人说，中医不科学，然后叫大家告别中医，把中医从医疗体系中清除出去。当年提出问题的是梁启超。梁启超说“中医尽能愈病”。首先他承认，中医能治好病，但是，“总无人能以中医的愈病之理喻人”。意思就是到现在为止没有人能够把中医能治好病的道理告诉大家。然后回答问题的是陈独秀。1915 年，陈独秀在《新青年》上给青年写了一封信：这是由于中国的医学叫中医，不知科学。第一，不解人体的构造。第二，没有从事药性的分析，就是没有分析药物，没有分析药物的化学物质基础是什么。第三，菌毒传染更无闻焉。细菌和病毒的传染，中医没听说过，这符合事实吗？符合历史事实。解剖学是 1543 年出现的，然后疾病的位置等是 1761 年出现的，可中医是 2500 年、3000 多年以前早就有的。中医不可能等到解剖学、药物化学、细菌病毒都弄清楚了才出现。然后是北京大学校长胡适。他说西医能说清楚人得的是什么病、病在什么地方、什么性质、什么原因，虽然治不好，或者说即使治不好，西医也是科学的。接下来说，中医能治好人的病，就是说不清楚人得的是什么病，所以中医不科学。

但是今天，我们平心静气来说，他们三个人都认为中医能治好病，这是事实。但是存在一个问题，就是中医治好病的道理是什么大家都不清楚。

这蕴藏了两个问题：第一，西医能说清楚病因、病理、病位，为什么治不好？例如，溃疡病是由幽门螺旋杆菌引起的，杀完了细菌，但病还不好，而且一停药细菌又有了，为什么细菌在正常人肠胃里存在不了呢？那是因为生存的环境不一样。人的身体，如鼻腔、皮肤、黏膜里的细菌数是人的细胞数的10倍。细菌全是身体的敌人吗？不是。它的存在，恰恰是人的身体抵抗能力、抗菌能力提高的一个必要保证。英国人发现，一天洗一次手的孩子的健康状态，比一天要洗5次手的孩子要好。中国人有一句话叫“不干不净吃了没病”。农村的孩子很脏，但是抵抗力比较强。人的健康是依靠自己身体的抗病能力来支撑的。但现在人们都把自己弄得很虚弱，孩子一发烧，就马上住院输液，结果，孩子变得越来越虚弱，经不起一点风吹草动。第二，病理。血压高，就降血压；血糖高，就降血糖，那要“降”到什么时候呢？实际上引起血压高、血糖高的原因还在。只有病灶清除，病才能真正好起来。现在，由于环境激素的影响，有1/3的女孩子患有乳腺增生、子宫肌瘤、卵巢囊肿等疾病，然后有些医院打广告动员做手术。有人30～40岁就把子宫摘除了。将身体的器官随随便便摘除是不对的。人类的健康长寿，绝不仅仅是依靠吃药打针能解决的，人类的健康长寿要依靠人自己身体里长期进化的生命力、抗病能力、修复能力、调节能力。

有人说人老先老腿，我说人老先老嘴。世界上的科学家都在研究，为什么人没有活到他应该活的最高寿命？我认为，第一，动物都是四条腿着地的，头部在前方，脊柱在上方，心脏往大脑输送血液，是沿水平方向。人因为是直立行走，大脑就在最高峰。心脏挤出来的血液，沿主动脉往下走，由于地心引力，都集中到腿上了。因此大脑能不能得到血液供应，就看人的腿。你走路蹒跚了是因为大脑处在一个慢性缺血的状态。什么锻炼最重要？就是散步。广西一些高龄老人一出家门就开始爬山。因此，我们也要活动，吃完晚饭要锻炼一下，不要马上就坐在沙发上。人坐在沙发上屁股容易往下陷，大腿悬空，下去的血液回不来，就容易引起衰老。

“人老先老嘴”，因为牙齿掉了。宋朝的陆游主张老人喝粥。我说那是错误的。老人也要吃干的，喝粥虽然嘴省事，不用嚼了，但需要消化的食物的体积扩大了；而吃干的，经过咀嚼以后，就剩下很少一点，就容易消化，胃的负担就减轻了。因此说加强咀嚼功能是减轻胃的负担的一个重要办法。而且咀嚼还美容，因为咀嚼的时候，脸部肌肉在动，人面部的皱纹就减少了，皮肤就好了。咀嚼还可以固齿，更重要的是能健脑。因为咀嚼过程能帮助大脑供血。我们现在烹调了好多的汤水，直接往下咽就行，嘴就不动了，因此也会导致大脑缺血缺氧。大脑得不到血液供应，还会缺氧、缺糖，从而导致大脑功能退化。

人的生命由三部分构成。第一部分就是我们的身体，形体。形者，生之舍也，是生命的容器。第二部分是气。气者，生之充也。也就是说身体里充满了气，哪个地方没有，哪个地方就坏死了，哪个地方就凉了。中医认为气行则血行，气滞则血淤。就是身体里的血液的循环流动，是靠气来推动的。中医并不是包办代替，是通过你身体里的功能去实现的。气者生之充也，哪个地方有气，哪个地方就有力量，第三部分是神，精神的神，神者，生之制也。制，就是调节者。这三个要素构成了人的生命。其中，最根本的是形体，也就是皮囊。我们说皮囊就是人的体表的整体的边界，自我的边界，是皮肤和黏膜，就是与自身的生存环境相互作用的边界，这个边界具有屏障功能，东西不能随便进来，也不能随便出去，称为主体性开放系统。中医在这里发现了经络穴位，发展了推拿、按摩、针灸等治疗方法。其实，我们自己也可以。早晨醒来，如果不上班，手、臂、肩膀、胸、腹、腿，全部自己按摩一遍，这是非常重要的。早晨按摩一遍，晚上再按摩一遍，这对我们的身体非常有好处，可以使皮肤始终保持鲜嫩。我今年 80 多岁了，可我手上和脸上的老年斑不多，只用几分钟的时间按摩，就能保护好自己的边界，保护好边界的功能。

气可鼓而不可泄，要鼓劲，不要泄气。气行则血行。按摩就能使体表的血液循环改善。气行则血行，同时也可以减少感冒。但气郁就不好了，气郁就说明不通，这跟情绪有关。如果老年期始终笼罩在疾病的恐惧之中，那么就容易气郁。对老年人我不赞成用锻炼这个词。健康两个字，身强则健，心怡乃康。要锻炼就是小时候锻炼，年轻时候锻炼。



20 世纪 50 年代初我们提出一个概念，“为祖国健康工作 50 年”。因此老龄人，如果有工作能力，有研究能力，有学习能力，最好继续工作，继续学习，当然不要让自己太累了。

进行过分的锻炼，人就容易气虚，气虚也包括免疫功能降低。天气一变化就容易感冒。老年人多发的几类疾病，如癌症、肿瘤、心血管疾病、脑血管疾病都和气虚有关系，也跟气郁有关系。气者，生之充也，这很重要。什么叫气郁，什么叫气虚呢？例如，一位白领人士，才 30 多岁，但总觉得疲劳，并且口干、不解乏，这是一种慢性疲劳综合征，原因有两个：一个是气虚，一个就是气郁，不通畅。气郁还表现为另一种情况，就是 21 世纪三大杀手之一——抑郁症。不只是老年人心里就抑郁；女同志更年期会抑郁，怀孕、生孩子、产后会抑郁；甚至有的小孩也会抑郁。中医有个词叫“气功”。气功很简单，就是呼吸调息。调息什么时候做呢？坐着躺着都可以做；清早醒来可以做，临睡觉也可以做。做法很简单，用鼻子吸气，但速度要慢，像闻香味似的；然后吐，吐的时候像吐蚕丝似的，很长很细，如果吸的时候是 8 秒，呼的时候就是 16 秒，因为呼的时候，这些器官就收缩了。呼到最后，做个提肛动作，呼到底后就自觉地会有提肛这个动作，因为最后是横膈往上走。吸气的时候，横膈往下走。这种呼吸中医称为调息。这和一般的深呼吸运动不一样，是很柔和的，最后，小肚子会向里缩，肛门会向里提，做四五次就够了。如果睡不着，一做就睡着了。清早醒来也先别着急起来，可以先在床上做五次，只要两分钟时间。写东西疲劳了，也可以这样做一做。调息很重要，横膈上下大幅度地摆动，但是很柔和，这样腹腔里的血液就会动起来，参加到全身循环中；还可以把肠系膜的血液输送到全身各处，尤其是大脑。因此简单地做几次，大脑就灵活了，归根结底这是为大脑服务的。

我们宇宙约有 150 亿年了，地球还不到 50 亿年。地球的早期是没有生命的，35 亿年以前出现了单细胞生物，就是现在的细菌、病毒等。因此细菌、病毒到地球上来的时间比人要早得多，是杀不完的，而且大部分的细菌和病毒，对人类还是有好处的。经过 25 亿年的进化，到 10 亿年以前出现了多细胞生物。两亿年以前动物就比植物发展得迅速，这关键在于脑的进化。在 1 亿年以前，出现了生物大爆炸，然后慢慢出现了最高等生命，即人类。神者，生之制也。生命的制约、调节者就是神。中医怎么看你的疾病呢？疾病就是，邪之所凑，其气必虚，一切邪犯者，皆是神失守位故也。就是说，神和气是生命体最重要的两个东西。人到了 100 岁，五脏皆虚，神气皆去，结果形骸独居。形者，生之舍也，是生命的容器，我们一定要保护好。我们可以经常进行按摩、推拿，甚至刮痧等。病在上治之下，病在左治之右，体表刺激，也可以影响内脏的功能，这是中国人发明的，为什么不利用呢？尼克松到中国来去协和医院接受针刺麻醉治疗，并震动了西方，中国的针灸医生在国外就站住脚了。现在国内的中医有 30 万人，在国外的中医有 50 万人，主要是以针刺来点，针刺、推拿、按摩、刮痧……这些我们在家里都可以自己做，既省钱，又避免了药物危害。

1962 年，蕾切尔·卡逊（Rachel Carson）一位女科学家，写了一本书叫《寂静的春天》，春天应该是草木繁荣、鸟语花香、生机勃勃的季节，但却寂静了，花也不开了，鸟也不叫了。当然这是隐喻，目的是揭露农药化肥的害处。我们现在进行的食物检测、食品检查，就是检查农药的残留量。针对这个问题化学界提出了“绿色化学”、“环境友好化学”两个概念。许多人喜欢染发，染发剂就是化学物质，对身体是不利的。化妆品也不好，里边含铅，铅会损害皮肤，甚至会造成铅中毒。如果你心情好，自然皮肤嫩，容光焕发，因此，女同志没必要花那么多钱在化妆品上。

到老年期，身强的可能比较小，那就要练神。太极拳是一种柔和的运动，很适合老年人。达尔文提出适者生存，但我认为稳定者才能生存。什么叫稳定？稳定是“敌军围困万千重，我自岿然不动”；是“不管风吹浪打，胜似闲庭信步”。在环境变动中，还能够保持稳定，这才是健康。稳定者才能生存，稳定才是进一步发展的基础。

除了练神，老人还要心怡，就是说我们在今后的几十年要心情愉快。财富对幸福的贡献度只有10%，对于我们老年人群，幸福感主要来源于健康，健康对幸福的贡献度在50%以上。我们不能做到身强，但我们可以让身体机能下降得慢一点，虽然不要强，但要长。我的母亲教育我做人要做长流水，细水才能长流，我觉得对我一辈子很有教育意义。人应该不以物喜，不以己悲，不要在物质享受上攀比。心怡是个情绪问题。人得回忆过去，也得想快乐的事。助人为乐也是一种乐。人要互相帮助，助人才能快乐，能够想到去推己及人，己所不欲，勿施于人；更重要的是能够关心别人、关心你的社区、关心你的家庭。最近大家在讨论，老年人养老怎么办，是不是应住到养老院去？人在养老院里和亲情就隔离了。因此我主张养老就要在家里。当然，孩子们还要孝顺。对于老人来说，孩子成长、有事业，他就有尊严，有脸面。父母和子女之间要互相尊重，父母对子女发号施令，子女们就可能不满意。老年人也要注意随时转换角色。



我们要提倡保持积极的心理状态。中国经过30多年的改革开放，人民群众衣食住行不用愁了。我们心情好不好关键在于自己，在于对子女的尊重关心。我们不要脱离亲情，扩大而言之，也不要脱离乡情。为什么很多人最后都要归根呢？就是因为乡情的存在。在国外的要回来，中国台湾的要回内地。春节都要回家，这都是亲情的作用。亲情、乡情，扩而言之还有人情。我们要形成一个健康的和谐的社会。

积极的心理状态包含以下几个层次：第一，生理层次，衣食住行问题。第二，安全。抗日战争的时候，我们提心吊胆，担心“什么时候鬼子来了，什么时候轰炸了，又要逃难了”。现在不用担忧这些。看看阿富汗、伊拉克，你会觉得我们是很幸运的。第三，归属感。人要有一个归属，比如家庭、职业、单位。第四，尊严。人的尊严很重要。要尊重每一个人，尊重他们的劳动，尊重他们的人格。只有尊重别人，你才能够受到尊重。尊严和自尊是最高的层次。第五，自我实现。人都有一种自我实现的要求。画家作画，音乐家作曲。有几十年丰富人生阅历的人就可以写一点儿体会，写一点儿经历，保存一段历史。也就是说自己要有点追求。一定要记住八个字：“我尽我心，量力而行。”我现在还有自我实现的要求。我们可以生活规律一些，每顿吃得少一些，吃八分饱，并且要细嚼慢咽，一个星期起码吃一次萝卜汤。病毒为什么能长驱直入到肺还导致肺炎呢？怎么预防呢？只要把上呼吸道的防卫做好就可以预防了。泡脚能保护好我们的鼻腔、嗓子、气管，老年人要每天晚上泡泡脚。泡脚是谁发明的呢？曾国藩。泡脚可以解乏，可以降血压，可以提高身体的防卫功能。用什么方法泡脚最好？用布包一包炒菜的花椒加入，将水煮沸，然后取出花椒，用花椒水泡脚。我认为尽量不要用药物，水温不够再加水，泡得微微出点汗。泡脚还可以治疗感冒。有人说自己脚凉，翻身还会抽筋，原则上说就是缺钙，但是补钙却不一定见效。我认为，这是因为更年期之后，骨骼的钙到了血液里，但是血液中的钙进不了骨骼，所以吃补钙药效果不大。因此，老年人应该干点活以延缓身体机能退化的速度。睡不好觉，腿抽筋，说明骨质疏松，那就把牛奶挪到晚上喝，最好是在晚上泡脚的时候，喝一杯温牛奶。还可以买点散装的珍珠粉，取 1 克左右的珍珠粉和在牛奶里，泡脚的时候喝，既可以保健又可以美容。20 世纪 70 年代，诺贝尔奖获得者发现，珍珠粉和我们的唾液里面有两种相同的成分。一种叫做表皮生长因子，可以帮助生肌、长肉。口腔溃疡就可以用珍珠粉来治疗。另一种就是神经生长因子，可以帮助神经再生。

我说的养生之道就是指我们尽可能不依赖药物。例如，萝卜汤可以预防普通的感冒，一个白萝卜的 1/3，切成薄片，然后加葱、姜、橘子皮、香菜，熬一锅汤，全家吃一次。京津地区就有“萝卜赛梨”的说法。如果家里的孩子胖，有脂肪肝而且血脂高，一个星期可以吃一次薏米。冬天将薏米跟红枣一起煮，夏天就将薏米跟绿豆一起煮。据相关资料，人们从薏米里边提炼出了抗癌物质。有些病能用食疗尽量不要用药，因为化学药不好。能在体表，如用刮痧、推拿按摩、针灸等方式治疗的病，也别吃药。人类的健康长寿，不是靠吃药打针能够维持的。在今天的社会，我们一定要减少化学污染，家里装修要用环保材料，少用包装纸、包装塑料袋，买菜可以拎着竹篮。我们过去穿的衣服都是化纤、的确良的，那时穿这些很时髦，现在最终都选择穿棉的。

老人要想长寿就必须相信人的自我保护能力。我说老年保健、老年养生的对象应该是生命，目标是生态保健，因此医学不一定总在病上做文章，疾病在一定程度上是健康发展的一个必要的过程。比如小孩出生以后，三个月发一次烧，唐朝的孙思邈把这叫做变蒸。什么意思呢？孩子发一次烧，学一次乖，这是他的免疫功能的发育。不要孩子一发烧，就去打针，力争马上退烧，发烧不是敌人。临床表现不都是敌人，而是身体里的抗病能力没有达到目标水平的时候，其正反馈的放大。人的任务是依靠它、发展它，而不是打击它。因此，淋了雨惹上风寒，回来喝点姜汤就很好。孔夫子说“勿姜勿食”，没有姜吃，就不吃饭。我们祖先流传下来的葱、姜、蒜都是很好的东西。老年人平时嚼点姜，既暖胃又利胆，可以把姜切成薄片，放在醋里边，醋里边多放点糖，吃饭的时候嚼几片。身体的很多病征都可以用食物去改善。广州人就把姜、橘子皮进行深加工，做成药物。韩国利用柚子皮治疗心血管疾病、脑血管疾病。橘子皮和佛手也能治疗心血管疾病、脑血管病。药食同源，我们要尽可能在食物里寻找一些能保护自己健康的、帮助抗病的东西。我们老年人的心情也非常重要。我的养生之道就是：第一，爹妈给的；第二，我吃得少；第三，没心没肺。因此曾子墨说：“我们最后大家一起跟陆老学，一起来试着没心没肺。”事情来了，就要自己解放自己，别陷到事情里去。

# 营养能“治病”

蒋　峰

面对疾病造成的生活品质的下降，面对死亡的恐惧，人们习惯去追求一种“灵丹妙药”。单纯相信药物，已成为健康的“误区”。联合国世界卫生组织认为，疾病康复需要三种方法，即医药治疗、营养治疗和护理治疗。

## 一、营养能“治病”

细胞是生命的基本单位。

美国曾两次获得诺贝尔奖的保林博士发现，人体正常细胞缺乏一定的营养素时，人就容易患上各种疾病。例如，蛋白质不足易导致免疫力下降，人就容易感冒、感染疾病；缺乏不饱和脂肪酸易患心脑血管疾病；缺乏维生素 A 时，就会患上夜盲症；缺钙会得骨质疏松症。而当获得各种均衡的营养素时，病变细胞便可逐步恢复正常，身体就能重新获得健康。

营养素的“治病”作用已在实践中得到证明，比如在医院，对于失血创伤和烧伤等引起的休克、脑水肿，损伤引起的颅压升高、肝硬化，以及肾病引起的水肿或腹水、低蛋白血症，医生都会给予患者白蛋白进行治疗，白蛋白本身就是蛋白营养制剂。又如，遇到以下情况时，我们都会采用对应的治疗方案：小儿患佝偻病时，就要补充维生素 D；贫血时，补铁治疗；怀孕时，为防止胎儿畸形，就要积极补充叶酸片；治疗夜盲症时，需要补充维生素 A。这些治疗所使用的“药物”实际上都是营养素。只不过它们被人为地列入药品的范畴，成为带有“国药准字”和标有“OTC”（非处方药）的药品。

营养为什么能“治病”？没有营养素行不行？“三分药，七分养”到底在说什么？

## 二、一只柠檬撑起的“日不落帝国”

1744年，英国海军司令乔治·安森完成了为时4年的环球航行。这次航行让他损失了1004名优秀的海军官兵。其中，在与西班牙海战中死亡4人，而死于一种怪病的却多达1000人，占士兵总数的2/3。虽然海员得怪病的事情时常发生，但这件事在当时还是轰动了全世界。英国国王为此大怒，下令不惜一切代价查找原因，因为这个病已成为海军最大的敌人。

当时，英国军医詹姆斯·林德（James Lind）在仔细查找原因的同时，建议水手们在远航时要多吃一些柠檬。结果，令人惊奇的事情发生了，怪病完全消失。从此，英军远航必须携带柠檬，怪病再也没有发生过。柠檬“治疗”怪病的神奇作用，大大增强了英国海军的战斗力。18世纪以后，英国人逐步统治了世界1/4的人口，占有了世界20%的领土，分布在世界24个时区。一只柠檬成就了真正意义上的“日不落帝国”。

之后查明，这种怪病叫坏血病。与此同时，科学家也从柠檬中分离出一种关键物质，这种物质当时被命名为抗坏血酸，又叫维生素C。正是由于缺乏营养素——维生素C，海员们才患上了“坏血病”，而通过补充维生素C就能够预防和治愈“坏血病”。至此，人类才解开了柠檬“治病”的谜底。



维生素C是人类有历史记载以来，首先被明确发现的营养素之一，且被证实能够有效预防和治疗疾病。此后的200年间，在一次又一次惨痛的教训中人类逐渐总结和发现了人体不可或缺的42种营养素，这些营养素被称为必需性营养素。所谓必需性营养素就是人体无法自行合成，一定要从食物中去摄取的营养素。我国卫生部明确指出，42种必需性营养素，短期缺乏任意一种都会导致疾病，长期缺乏会导致死亡。实践证明，营养素缺乏导致的疾病只能依靠营养素来治疗，其他方式是不可行的。

## 三、“聪明孩子得60分”的启示



由于工作关系，我们经常接触一些家长，其中有些家长抱怨说：“我们家的孩子聪明伶俐、积极好学，聪明是邻居公认的。可是一考试就只得60分。”许多家长都面临这样的问题，大家为了孩子，托关系、花钱，想尽一切办法找名师、择名校，还要请家教“开小灶”。结果，孩子的学习成绩非但没有上升，反而因为过于劳累，损害了孩子的体质，最终导致孩子学习成绩越来越差，一个公认的聪明孩子却成了一个“笨孩子”。更有甚者，有的家长和老师动辄使用武力“管教”孩子，结果给孩子的身心造成巨大伤害。据《荆楚新闻网》报道，武汉市的一名12岁男生因成绩不好，在受到家长的打骂后使用红领巾上吊自杀，这种事情让人非常心痛。

有专家指出，孩子注意力集中就能够学得进去、记得牢，人就显得聪明。其实，儿童青少年时期是孩子大脑发育和智力开发的最重要时期，这个时期最需要补充营养，营养对大脑的作用，就好比是给手电筒充电，随着电量的增加，手电筒会变得越来越亮；相反，随着电量的耗尽，手电筒也会变暗。如果大脑得不到充足的营养，就会出现注意力不集中、记忆力差、反应迟钝、上课打瞌睡、脾气暴躁、多动、头晕等症状。这些情况会直接影响孩子的学习精力。如果不及时采取正确的方法加以干预，孩子必然会失去学习热情，进而产生自卑心理，以至于出现厌学、逃学、沉迷网络、自残，甚至徘徊在犯罪边缘等情况。

那么，到底是谁在主宰孩子的大脑发育？研究发现，通过补充以优质蛋白质、卵磷脂为主的营养物质，大脑内的树突和轴突连接得更紧密，形成了大脑内的“信息高速公路”。这就使人的学习能力和应试能力得到根本性的提高。其实，蛋白质、卵磷脂都是大脑所需的营养物质，它们共同促进大脑发育，为大脑提供充足的原料。



但是，我们很多家长朋友却忽视了孩子大脑发育对优质营养的需求。在一些城市，家长们让孩子在外边吃早餐，午餐在学校吃，至于孩子吃到什么、吸收的营养够不够，他们一概不知道。有些家长虽然给孩子增加了营养，但是营养如何补充，补充得够不够，却掌握不好。实际上，早餐除了喝牛奶、吃鸡蛋等高蛋白食物外，给孩子额外补充10克左右高含量的优质蛋白质和3～5克的高含量卵磷脂补充剂也是非常必要的。这样不仅给孩子补充了优质的营养，有助于孩子智力的提高，使学习成绩更好，而且还让孩子身体棒，不生病、少生病。

“一只柠檬撑起的‘日不落帝国’”告诉我们，人体短期内缺乏任意一种必需性营养素都会导致疾病，长期缺乏会导致死亡。而通过补充营养素，这些疾病就能够治愈。“聪明孩子得60分”则告诉我们，我们经常遇到的一些问题，如记忆力不集中、记忆衰退等，虽然不是病，但却是我们身体功能衰退或失常的一种表现，是一种亚健康状态，如果不加以干预，必然会导致疾病。通过有效补充营养素，就能够起到“治未病”的作用。

# 四、治病就是“细胞重建”

为什么营养素能“治病”和“治未病”。通过对人体结构的了解，我们发现人体是由细胞构成的。疾病或亚健康就是局部细胞的受损或者死亡，要想消除疾病，就要修复受损的细胞和更新替代死亡的细胞。

人们进一步研究发现，构成人体细胞的主要成分是营养素。换言之，营养素就是细胞的构建材料。如果一栋房子失火，我们首先要请消防队来灭火，但火一旦被扑灭，要想入住，我们还要重新修复房屋。其实，细胞损伤就像房屋失火一样，治疗疾病就像灭火。我们先要消灭火源，也就是通过医药或者是其他医疗手段（如手术）消除病因。但是，当病因一旦被消除，如果还单纯使用药物治疗，其结果就像火势明明已被扑灭，消防人员还在灭火一样。这时，受损细胞不能得以修复，疾病也得不到治疗，于是小病成了大病，久病不愈，最后拖成慢性病。因此，疾病的治愈除了使用药物手段外，还要同时使用营养治疗手段，以修复或更新受损细胞，这就是老话所说的“三分药，七分养”。

2008 年，我们的一位专家在一所大学代课，一位副校长来找这位专家。原来，这位副校长患胃病 30 年了，用过很多药，但都没有治好，他希望尝试营养干预治疗法。虽然只使用营养素补充剂（与母乳氨基酸谱接近的优质蛋白质、活性的乳酸菌、香菇和灰树花提取的复合真菌多糖），效果却很好。最后，通过不断补充营养素，他多年的老胃病治好了。

为什么这样做效果会好？因为在我们的胃壁表面，胃黏膜细胞形成了一层薄薄的保护膜，以阻止胃酸和病菌对胃的侵蚀，这是人体的一道最重要的保护屏障。胃病的一个主要问题就是局部胃黏膜细胞损伤，形成了溃疡面，破坏了保护屏障。不给予治疗，胃酸和病菌就会由溃疡面侵蚀胃壁，导致疼痛、反酸、烧心等症状。有些人单纯利用药物治疗，但药物往往只是起到杀菌、抑制胃酸分泌或保护溃疡面等作用，抑制住病因，给细胞修复提供机会，并不能帮助形成新的胃黏膜结构。实际上，胃黏膜细胞每 2～3 天就更新一次，如果营养素充足，胃黏膜细胞便能够得以修复或更新，但是营养补充却被大多数人忽视，因此，胃部表面的溃疡面依旧存在而成为细菌和胃酸继续侵蚀胃壁的通道，成为“隐患”。一旦停药，“隐患”便会诱发胃病，普通胃病因此最终成为久治不愈的“老胃病”。过去 30 年，这位校长一直在用药“扑火”，疾病之火一时被扑灭，但受损的胃黏膜细胞却得不到充足营养以“重建”，自然无法康复。因此就会出现用药后“好”，停药后又会继续发作的情况。随后，这位副校长通过补充营养素，让胃黏膜细胞“吃好、吃饱”，从而治好了他多年久治不愈的老胃病。这种利用营养治疗，促进疾病康复的案例我们经常遇见。

简而言之，营养素能“治病”，其中一个重要的原因是营养素是人体重要的“建筑材料”，而疾病康复就是“细胞重建”，“细胞重建”就需要这些营养材料。

## 五、营养让免疫更有活力

“三分药、七分养”告诉我们药物与营养之间的关系，强调在用药物治疗疾病的同时要配合营养素治疗，才可以达到治愈疾病的目的。但是，有一些疾病就没有合适的药物能够治疗，需要依靠自身免疫系统来解决，像一些病毒性肝炎、癌症、恶性传染性疾病（非典、甲流）等。如何利用自身免疫系统呢?

### （一）要有强大的免疫系统，必然需要营养素的支持

众所周知，免疫系统是由免疫器官（淋巴结、脾脏、骨髓等）和免疫细胞（白细胞、T 细胞、B 细胞）组成的。在组成人体的 100 兆细胞当中，每 100 个就有 1 个是白细胞（人体内最主要的免疫细胞）。白细胞每 7～14 天就要正常更新一次。而且，白细胞在执行抗病任务的同时，会很快凋亡并更新。另外，衰老主要是由于机体免疫系统的功能下降所致，与衰老相关的疾病和营养不良将进一步降低免疫系统的功能。因此，不断给人体补充必要的基础性营养素和调节性营养素来增强人体免疫力，就能够加速细胞修复速度，加速疾病消除。



### （二）提高免疫力，需要“一个增援，两个调节”

“一个增援”，即合理增加蛋白质等基础性营养素。一方面，免疫细胞如同部队的“士兵”，在战斗中会有大量的免疫细胞伤亡；另一方面，数以亿计的免疫巨噬细胞的平均寿命是 3～5 天，它们都需要“军粮”。对于这些细胞来讲，特殊的蛋白质是它们最基本的构建材料，配以系统的维生素、矿物质等基础性营养素能够加快免疫细胞的构建过程，以便不断地完成新免疫细胞的补充和更新。

调节一，益生菌、食用真菌多糖的胃肠调节。只有好肠胃，身体才能健康。如果要保证“军粮”能够发放给“士兵”，即吃进去的食物完全被人体吸收利用，我们就要保证良好的肠胃功能。利用益生菌可以调解肠胃道的菌群平衡，

从而达到改善肠胃道消化、吸收的作用；利用香菇、灰树花等食用真菌中的多糖成分则更有助于增强肠胃的吸收功能。

调节二，真菌多糖的免疫调节（激活免疫）。免疫细胞除了有充足的“军粮”之外，还需要有信号将其“激活”。就如同给汽车加满油之后还需要用钥匙点火才能启动一样，钥匙的作用就像是汽车的“激活剂”。对于人体免疫细胞而言，天然植物营养素——真菌多糖就好比是人体免疫细胞的“激活剂”，能够激活免疫力。

为了进一步验证免疫与营养的关系，我们找了两组试验人群：第一组给予营养干预，第二组未给予营养干预。通过定期跟踪，用高倍显微镜观察，我们清楚地看到第一组人群的免疫细胞比第二组要活跃得多。

在与抗癌乐园的合作研究过程中，我们给一些癌症患者进行营养干预，普遍发现营养干预能够有效地提升白细胞的生成指数。在放化疗期间补充蛋白质等基础性营养素及真菌多糖营养剂的患者的食欲和精神状态远比未采用营养干预的患者好得多，而且放化疗后身体恢复也要比其他患者快得多。

因此，营养能够提升免疫。随着免疫力的增强，疾病自然能够消除。



## 六、 不可或缺的营养素补充剂

营养能治病，因此我们要了解营养的来源。可以从我们的一日三餐中得到的营养素叫膳食营养。营养素也可以从各种食物原料中分离、提纯出来，比如，我们从大豆、牛奶中提取高蛋白，从鱼肝脏中提取鱼肝油，从植物中提取胡萝卜素等。有些制药厂还能利用生物方式生产营养素，比如通过生物等方法制造维生素 C、维生素 E、叶酸等。这些都是营养素补充剂。

在获取营养时，人们首先想到的就是从食物中摄取膳食营养。但在我们生活中存在两大误区，直接影响着我们对营养的利用。

首先是吃多了。据 2008 年北京市托幼园所儿童定期健康体检监测，以及 2007 年和 2008 年度北京市监测点学校的体质监测统计，北京市 3～6 岁儿童当中肥胖率为 5.64%，其中城区儿童为 5.55%，郊区儿童为 5.84%；小学阶段的肥胖率为 18.81%，城区小学生为 20.17%，郊区小学生为 17.89%。导致北京地区儿童糖尿病和心脑血管疾病的患病率比其他地区要高的一个主要原因就是油脂摄取量高。比如，一些洋快餐和西式糕点，都是北京地区儿童喜欢吃的食物。因为嗜好性的食物导致营养摄入过多，这只是一个原因。此外，听说某一种食物对人体健康有益，于是就天天吃，也会对人体健康不利。我们有一位专家在湖北讲课时，曾经遇到一位愁眉不展的老同志。他对我们的专家说："电视上有专家说多吃红薯好，我就天天吃，为什么没有出现专家讲的那么好的情况，反倒现在胃坏了，天天反酸，烧心……"事实上，我们吃任何东西都应该有个度，不可一味地多吃，要尽可能与其他食物均衡搭配食用，否则身体肯定会出问题。

其次是吃少了。我们有一组数据：200 克的新鲜黄瓜含 18 毫克维生素 C，炒熟后含 12 毫克维生素 C，如果加热 4 小时，所含维生素 C 不到 7 毫克。因此，人们烹调饮食会导致营养素的流失。虽然我们吃的食物的量很大，但实际获取的营养却很少。还有一种情况是人们刻意控制饮食而导致的膳食营养摄入不足。据《京华时报》报道，一名 15 岁的湖南岳阳少女曾经为了参加"超女"大赛，通过节食进行减肥，结果食量越来越少，到最后干脆不吃东西，并患上厌食症，饥饿过度导致身体各脏器衰竭而不治身亡。其实，如果这名女孩在控制饮食的同时补充营养素是完全可以避免丢掉性命的。此外，老年人的肠胃吸收功能本来就差，但有些老年人为了预防心脑血管疾病而吃"七八分饱"，就导致在量的摄取上明显不足。



不仅如此，在生活中，我们对食物还有三个方面把握不好。

第一，无法准确计量食物。因为生活节奏过快，我们每天准备食物时，不可能准确称量每一种食物的重量。所以，就无法按照许多营养书上所讲的，去计量一天要吃的蔬菜、水果的量，也就无从谈起营养素含量的准确性。

第二，无法把握食物的质量。食物中所含营养素的多少，受以下因素的制约，如食物的品种、种植或养殖的手段、采收季节、储运方式、加工方法等。这些条件不同或发生变化，食物中所含的营养素就会有所区别。菠菜在 20℃ 存放 24 小时后，维生素 C 损失可达 84%。同样一头重量 150 千克的猪，如果自然成长到成熟需要 8 个月时间，但采用现代的人工养殖则只要 3～4 个月。3～4 个月长大的猪的肉中含有的营养素一定就比 8 个月长大的猪的肉中所含的营养素少，因为时间过短，猪肉中的营养素不可能完全储备到位。之所以长熟得快，是因为采用了一些"催熟"的技术。而这些环节，我们往往无从了解，所以自然谈不上合理摄取食物中的营养。



第三，无从评价利用效率。我们每个人的消化吸收能力是不同的，即使是同样的量的食物不同的人，摄取的膳食营养的量是不一样的。每种食物被我们利用的效率更无法测量。

因为有了以上两个“误区”和三个“把握不好”，绝大多数人日常很难通过膳食获取足够的营养。所以，我们应该清醒地认识到，一个现实、健康、科学的饮食标准——《中国居民膳食宝塔》，已经成为很多人无法实现的标准。我们绝不能仅从食物中获取人体所必需的营养素。如何弥补膳食营养存在的不足，唯一的答案是日常必须加强膳食营养补充剂的补充，因为膳食营养补充剂已经过科学的配比，其中所含的营养素种类齐全、比例适当、数量充足，更利于人体吸收利用。

曾经有一位80多岁的老人一天打瞌睡6～7次，我们的专家建议他白天食用优质的蛋白质进行营养素补充，晚上食用复合真菌多糖营养制剂。经过一周时间，他的气色和精神明显改善，白天只睡一觉，晚上睡眠质量明显提高，做梦次数减少，基本上能够实现“自然醒”。由此可见，营养补充剂对身体状况有着积极的影响。

概括来讲，膳食补充和营养素补充两者相辅相成、互为依托，都是人体健康不可或缺的重要手段，且一个都不能少。

**【营养聚焦】**



营养“治病”就是为细胞提供营养素，修复损伤的细胞和更新替代死亡的细胞。多年的研究和实践证明，利用营养补充剂改善亚健康状况的效果很好，配合药物治疗疾病效果更好。例如，骨性关节炎（老年性关节炎），给以营养补充剂配合药物，治疗有效率达70%以上，但单纯用药物治疗的有效率仅仅是30%。高血脂症用营养补充剂配合药物治疗，有效率达60%以上，单纯药物治疗的有效率也是30%。糖尿病症，单纯用药物控制血糖达标率仅10%左右，而配合营养补充剂治疗有效率达到80%以上。

在这里还需要强调一件事情，营养“治病”的原则是“三分药、七分养”。所以我们说生病的时候，需要请医生帮助诊断。在医生诊断的同时，我们则要通过补充营养和改变生活方式来帮助身体恢复，这样才能拥有真正的健康。

# 环境与健康

赵章元

## 一、 一场惊心动魄的生态危机

### （一）环境的快速污染

全球性重大环境问题，是伴随着人类社会的发展而产生的。在 300 年来的工业活动中，漫不经心的人类活动排放出大量废弃物。如果人类不考虑环境条件的制约作用，超出了环境允许的极限，就必然会导致环境污染与破坏，造成资源的枯竭，并对人类健康造成损害。地球生态将可能很快面临崩溃境地。当前，大气环境、水环境和土壤环境的污染在严重威胁着人类的健康和寿命。

联合国环境规划署报告和中国环境保护部研究成果均表明，中国北京、上海和深圳等地区的上空已经被一种棕色污染物形成的云团所笼罩。这种污染不仅使得大气能见度下降，还造成居民健康受损等一系列问题，它和二氧化碳一样会产生温室效应。过去半个世纪中，中国城乡的日光强度平均每 10 年下降 3%～4%，广州的日光强度已经下降了 20%以上。这三个城市均被纳入到全球 13 个棕色云团热点城市行列。我国被认为是世界上最大的黑炭排放国之一。黑炭主要来自农作物秸秆和煤炭等的不完全燃烧。棕色云团可能已经成为继温室气体之后对人类的又一巨大威胁。如果 PM2.5 的浓度上升 20 微克/米$^3$，中国和印度每年就会有约 34 万人死亡。

研究还显示，在西太平洋海域上空无云区存在一条宽约 50 公里的空气化学界限，被称为化学赤道。那里的一氧化碳水平比北方地区高出 4 倍多。

绿色和平组织的数据还显示，垃圾在污染着整个太平洋海域。在这一海域内，每平方公里海面就有 330 万件大大小小的垃圾存在，在不停地向海水释放着污染物。

迄今为止，在人类已经研制出的七八万种化学品中，有致癌、致畸、致突变作用的约500余种。由于化学品的广泛使用，全球的大气、水体、土壤乃至生物普遍受到了不同程度的污染和毒害，就连两极的企鹅也未能幸免。其中大量的持久性有机污染物（POPs）很可能将成为终结人类的罪魁祸首。

我国自改革开放以来的30多年中，集中遇到了发达国家上百年工业化过程中出现的环境问题，形势显得更加严峻。在世界卫生组织曾公布的世界上污染最严重的20个城市中，中国就占16个。我国超过60%的城市空气质量达不到二级标准。首要污染物仍为可吸入颗粒物。目前大多数城市人口长期生活在可吸入颗粒物超标的环境中。我国二氧化硫排放量至今仍在快速上升，酸雨控制区内酸雨污染还在进一步加重，酸雨影响面积占全国国土面积的30%～40%，已发展成为世界三大酸雨区之一。

我国已有90%以上的城市河段、湖泊受到严重污染，辽河、海河为重度污染，大部分江河湖海都出现了富营养化，水华和赤潮发生频次在持续增加。江河湖海污染已经非常严重，并呈逐年加重趋势。

我国大多数城市的近郊土壤环境已受到了不同程度的污染，全国污染的土地面积早已超过1.5亿亩，污水灌溉引起的污染耕地约有3250万亩，固体废弃物堆存占地和毁田约有200万亩，合计占耕地总面积的1/10以上，且每年还在以大约15%的速度递增着。主要的污染物有石油类、化肥农药类有机物、放射性元素及重金属类等。一些受污染较为严重的地段，土壤中发现的有害物质多达百种。中国的环境形势已经非常严峻。



### （二）地球变暖与荒漠化

近140年来，全球温度上升了0.4～0.8℃，1983年后频繁出现13个最暖年份，总体为上升趋势。有人认为，气温持续上升可能会导致大面积的干旱和洪灾、海平面上升等现象发生。不少国家都在努力遏制这种气候变化。

目前，全世界共有6.34亿人生活在海拔10米以下的地区，遍及全球180多个国家，他们都将成为海平面上升的受害者。在中国，内地人口大量向发展较快的沿海地区迁移，致使中国将成为全球变暖的最大受害者。其中珠江三角洲沿岸的不少地区可能将被淹没。现在，意大利威尼斯市海平面上升，地基下沉，每年淹水次数多达60次，有的年份超过200次，已陷入人口衰退状态，正面临人口大幅减少而逐渐“死亡”的困境，预计20年后将变成一座没有居民的“鬼域”。为引起世人对该市困境的重视，当地居民为威尼斯举行了“葬礼”，将一口象征城市之死的大棺材停放在市政厅前。

联合国政府间气候变化专门委员会（IPCC）报告称，要避免气温升高2℃带来的影响，已是“非常不可能”的事情了。

荒漠化是另一个举世瞩目、情况严重的环境灾难。全世界受荒漠化影响的国家有100多个，全球1/3的土地属于不可耕的沙漠地。曾一度青葱的地区，环境逐渐退化，最终变成不毛之地。尽管各国人民都在同荒漠化进行着抗争，但土地荒漠化仍在以每年5万～7万平方公里（相当于爱尔兰的面积）的速度扩大。20世纪末，全球约1/3的耕地荒漠化，包括盐渍化、草场退化、水土流失、土壤沙化、植被荒漠化、沙丘前移入侵等自然环境退化。沙漠的扩大正在威胁着大片农田、牧场和村庄，直接威胁着人类的生存和发展。1994年6月17日，联合国在内罗毕召开了联合国防治荒漠化问题会议，制定出《联合国防治荒漠化公约》，确定每年6月17日为“世界防治荒漠化和干旱日”。包括中国在内的100多个国家在《联合国防治荒漠化公约》上签了字。

我国现有荒漠化土地267万多平方公里，占国土总面积的28%，而且每年仍在增加1万多平方公里，威胁着我国18个省的471个县，近4亿人口。每年因荒漠化危害造成的直接经济损失为540多亿元。西北、华北、东北的13个省区受荒漠化危害最为严重，几乎年年都有干旱、沙尘暴等灾害发生。



## （三）地球正处在生物大灭绝之中

地球上的生物种类正以史无前例的速度消减着。1970年以来，脊椎动物总量减少30%，热带物种衰减速度最快，大约已减少55%。世界自然保护联盟（IUCN）于1996年出版的《红皮书》指出：由于人类的活动，目前地球物种消亡的平均速度已上升到自然状态下的100倍以上。地球上的物种已有半数灭绝，估计到20世纪后半叶，将会增长到2/3。世界野生生物基金会发出警告：本世纪鸟类每年灭绝一种，热带雨林每天至少灭绝一个物种。灭绝速度达到恐龙时代物种大灭绝以来的最高值。

按照古生物学的提示，在地质史上出现的五次物种大灭绝中，最大的一次是二叠纪，灭绝了77%～96%，导致地球上出现了千万年的寂静；最近的一次是白垩纪恐龙的灭绝，可能与陨星坠落有关；而唯有此次物种的迅速灭绝是与人类自身活动有关的。近百年来，地球物种灭绝的速度比工业革命前至少加快了数十倍，每天潜在性灭绝的物种已经达到数百种。我们必须看到，物种之所以灭绝，是由于支持生命的大气、水和土壤环境的成分发生了显著变化，生物不再适应自然环境的变化和发展。这将会影响到动植物的生死存亡，影响到人类的命运，最终威胁到人类自己的生存。如今，在这场环境危机面前，人类发病率高速上升、生育能力高速下降，这与我们工业化百年来环境恶化的速度有着相当高的相关性。例如，《美国国家科学院学报》加利福尼亚大学生物学家研究报告称，地球正处于第六次物种大灭绝的中期。人类也可能会在一代人的时间里灭绝。人类究竟能否防止地球上再次出现“寂静”？人类也在同生物界的物种一样接受着这场重大的生死考验。主宰人类命运的最终还是人类自己，是人类自己的行动！

## 二、 地球的毒瘤已进入晚期

### （一）地球毒瘤在恶化

自工业革命以来，人类活动持续消耗掉大量自然资源，排放出大量废弃物。废弃物（废水、废气、废渣）长期累积在地表，逐渐形成了一颗颗“地球毒瘤”。例如，垃圾填埋场、储油库罐和各类工农业污染源，在长时间不停地将一些有毒污染物排向地球的各个角落，直接损害着地球上的生物群落。而且随着时间的推移，有的“毒物”在不断发生扩散。到了晚期，就会演变成不治之症，地球只好接受大自然的报复，致使大量生物物种因不能适应而灭绝。



很显然，大气污染源对地球的影响最大。例如，美国有 12 个煤火发电站被指出是排放二氧化碳最多的工厂，其中 6 个位于佐治亚州、得克萨斯州和印第安纳州，仅美国发电站的二氧化碳排放量就占据了全世界电力部门排放量的 25%。也有人指出，中国排放的所有空气污染物总和有可能占到全球空气污染物排放总量的 1/3。这些污染物主要包括二氧化硫、空气悬浮物、臭氧和氮氧化物等。

在当今这场严峻的环境危机中，除了大气污染，还有谁是环境危机中的污染大户呢？综合分析水、气和土壤的污染，相对而言，污染大户应该是垃圾填埋场和加油站点，被人们称为“地球的两颗毒瘤”。之所以称其为“大户”和“毒瘤”，主要是由于它们分布的数量、排放总量和对人的危害程度都是“遥遥领先”的。它们星罗棋布地分布在人群居住区之中，包围和淹没了城市，并时刻不停地、默不做声地向地下渗漏着，向大气中散发着，向周围环境排放着“毒物”，严重危害“地球村村民”的健康；由于它们分布在地球的各个角落，所以对全人类构成了严重威胁，造成了严重的生态危机，而且难以控制。

## （二）垃圾填埋场毒瘤

目前人类堆放的垃圾总量十分庞大，而且随着人口增长和时间流逝永不停顿地积累着。按 60 年、300 千克/（人·年）来计，如果全部堆放在赤道上，可堆成宽 1 公里、高 5～10 米的巨大垃圾墙圈。这就等于在整个地壳的岩石圈和水圈外又加上了一个垃圾圈，围困着全球的陆地和海洋，污染着全球环境。这种状况持续下去，就会形成一场愈演愈烈的垃圾灾难。人类面临着被垃圾埋葬的危险。

在海洋中，从加利福尼亚州，经夏威夷，延伸至日本的 900 多公里的水域，有两个巨大的垃圾集中地，被丢弃的大量垃圾逐渐形成了一座“垃圾大陆”，可称之为世界“第八大洲”，这也是全球最大的海洋垃圾场。据美国 Algalita 海洋研究中心估计，这约有 1 亿吨塑胶垃圾，至今海面上的垃圾和塑料已经累计深达 30 多米。近 10 余年来，这一垃圾板块的面积已增加了两倍。

在陆地上，世界上最大的城市垃圾填埋场要属纽约市的 Fresh Kills 垃圾堆放场（14 000吨/天）。纽约市的垃圾从 1948 年就在河谷开始堆放，仅 60 多年的时间，垃圾就已达到海拔 505 英尺（153. 924 米），其高度已经超出了自由女神像的一半。

意大利的一座距离那不勒斯市市区仅 200 米的垃圾处理场，由于垃圾场选址困难，本来已经关闭了，12 年后又重新启用，垃圾爆满，当地人患肺癌的概率已经高出外围地区居民两三倍。为此，群众游行示威一周，表示抗议。清洁工人们在两周时间内停止收运垃圾，把垃圾丢到大街上，造成 25 万吨无处堆放的垃圾散发出的油腻味道越来越重，令人窒息。为此，意大利政府被迫出动军人来清除垃圾。

我国是世界上垃圾包袱最重的国家，垃圾危机必然会更加严重。早在 2004 年，重庆市南岸区长生镇村民就因为难以忍受垃圾场散发的难闻气味而阻断交通，造成全城迅速被 4000 吨垃圾围困，到处弥漫着臭味。周围群众先后 13 次围堵垃圾场的道路，阻止垃圾清运车运送垃圾。

生活在垃圾填埋场周围的民众，由于环境长年被污染，发病机会必然会增多。例如，位于北京市永定河畔丰台区老庄子乡的北天堂垃圾填埋场，周围约 12 平方公里范围内的地下水被污染，已经不能饮用。北京市阿苏卫垃圾填埋场附近的三个村庄，患有呼吸系统类疾病、脑血栓、糖尿病、冠心病、高血压的人数和死亡人数比以前明显增多，中年以下靠输液稀释血液的人很多；约有 1/5

的适龄妇女患有不育症；村民家中自备吸氧装置的户数早已过半。北京市六里屯垃圾填埋场附近，患肿瘤类病和呼吸系统类疾病的人数也已明显增多。同样，全国各地垃圾填埋场附近也同样发生过类似情况。

世界上迟早会出现一场愈演愈烈的“垃圾浪潮”。同垃圾填埋一样，垃圾焚烧所引起的社会波动也很突出，其中的重要原因是许多垃圾管理者都卷入了以焚烧商为核心的利益链条，把本来难以控制的二噁英污染美化成一种能净化环境的绿色能源，迷惑了不少民众，其中蕴藏着不少的社会不安宁因素。

与此同时，发达国家的电子垃圾也在“火上浇油”。一些发达国家的电子垃圾正在以惊人的速度增长，有些国家竟无视电子垃圾的危害，公然违反国际公约，通过各种非法手段和渠道向发展中国家输出，为其赚取利润，借以缓解其本国的压力，而且这种现象愈演愈烈。这些有害废弃物极易造成二次污染，现已经有很多发展中国家深受其害。据悉，全世界约 70%的电子垃圾已经流入我国。我国政府部门已采取了禁止措施。

### （三）加油站点毒瘤



当前，石油污染是世界各国都面临的一个难题。加油站的地下储油罐泄漏后会直接污染地下水。20 世纪 90 年代初，美国对其国内 21 万个加油站进行调查，发现其中 42%有渗漏现象。据统计，2001 年在美国，已被确认有渗漏问题的地下油罐接近 42 万个，有 15 万个渗漏污染点待清理，地下漏油已成为美国最大污染源。在纽约州，昆斯区的几个抽水井由于遭到一些石油公司的污染不得不停止取水。为了防止水污染，当地已立法决定永远禁止在苏格湖群开发石油。壳牌石油公司 1993 年调查发现，设在英国的 1100 个加油站有 1/3 对土壤和地下水造成污染。类似的渗漏现象在捷克、匈牙利、苏联及南美洲的一些国家也多有发生。

2005 年，美国全面停止使用石油添加剂甲基叔丁基醚（MTBE）后，许多生产厂家，降价将大量 MTBE 倾销到中国，加重了我国地下水源的 MTBE 污染。对目前我国的人体健康具有极大的风险性，他们应负有不可推卸的责任。

我国地下储油罐、输油管已经密布在城镇之间，20 世纪 80 年代建设的地下油罐和输油管线大多有泄漏现象发生。随着其服役年龄的增加，将会愈加严重。有些加油站施工时偷工减料，也留下了不少隐患。

近年来，我国是世界石油消费增长最快的国家，现在，全国已有加油站点 10 余万个。仅北京市有安全生产监督管理局发放许可证的加油站就有 1000 多个，上海有地下油罐近6000个。大多数加油站建在城镇交通要道等人群相对集中地区。国内外实践表明，地下储油罐、输油管一般在应用15～20年后就会因钢板锈蚀、腐蚀而开始渗漏，所造成的附近地下水的污染可能要持续很多年，很难清除干净。

据有关项目调研估算，全国发生地下渗漏的加油站点已超过了半数。我国已经存在着“十万加油站渗漏之祸”，如不加紧采取有力措施，可能很快将会出现较大的污染纠纷。

## 三、 环境危机对人类健康的影响

### （一）人类的发病趋势

人类发病率在迅速提高。癌症发病率在全球都在增长，当今全球综合性最强的调查日内瓦《世界癌症报告》指出，到2020年全球癌症发病率将上升50%，以工业化国家癌症发生率或死亡率最高。据权威部门调查统计，我国是世界上新发癌症患者最多的国家。近30年来癌症发病率在持续上升，每年新发肿瘤病人约250万。女性乳腺癌发病率仅五年来增加了3倍多。近30年来，城市脑瘤发病率男性增加100%，女性增加50%。恶性肿瘤已成为我国城市居民主要的死亡原因（134.5/10万）。尤其是肺癌，在癌症类病中已名列榜首。2005年，我国肺癌的发病率男性为49.0/10万，女性为22.9/10万。北京等城市肺癌的发病率和死亡率均居各种恶性肿瘤之首。

有不少地区的发病者在迅速年轻化，甚至婴儿化。据北京市卫生部门统计，2006年血管病发病率和死亡率的平均年龄仅为35.8岁。我国已成为新生儿出生缺陷的高发国。每年出生缺陷者至少有80万～120万，累积家庭数近3000万个，占全国家庭总数的近1/10。进一步追踪发现，胎停育症、男性睾丸癌，以及女性乳腺癌、子宫癌的发病率均在迅速上升。至今，我国已发展到近半数都市女性患有乳腺疾患，近半数孕妇患有胎停育症，近半数都市民众患有失眠症。

中国的科研人员针对广州的肠癌、妇女宫颈癌、卵巢癌的发病率呈现出快速增长的趋势预测，如果不采取措施，再过50年很多人将不能生育。美国的一位化学教授甚至预言，到2040年，美国将有一半的男人没有生育能力。这对生育水平低下的国家来说，出生率不足问题的严重性，比一些地区一些时段的人口爆炸问题的后果还要严重得多。据联合国预测，到 2100 年，欧洲和日本的人口将减少一半。目前俄罗斯劳动人口中男性的死亡率已上升到 1965 年的两倍。我们全人类的生育和繁衍问题令人震惊。

在导致人类死亡的疾病中，冠心病、肿瘤和脑卒中排前三名。我国即将面临心脑血管病发病的第二次高潮，全国有高血压和高血脂类慢性病人各达 1.6 亿人。近 10 年来，北京的脑梗死、脑出血等急性脑血管病，在 35 岁年龄组中的男女发病率分别增长了 136% 和 220%。卫生部心血管病防治研究中心曾警示，目前我国正处于心血管病爆发的“窗口期”，如不采取及时有效的干预行动，我国心血管病将在未来 10 年内大流行。据解放军 305 医院对 2600 余人进行的血管病变早期检测显示，中年男性血管功能异常人数竟高达近七成。

## （二）环境污染病因分析

### 1. 环境病因机理分析

环境污染物进入到食物链后，就开始了对人体健康的困扰，增加了发病概率，即到了防不胜防的阶段。



根据环境医学和环境生物学理论，环境中的有毒有机物及 Hg、Cd、Pb、Cr、Cu、Ni 等重金属类增多会导致各类怪病发病率的增加，有毒污染物能经过呼吸道、消化系统、皮肤等途径被吸收。有毒污染物进入体内后，将发生氧化、还原、水解、络合反应等生物转化过程，形成新的代谢物，使原有化学结构有所改变，多数有毒污染物经上述过程后其极性、水溶性增加。有些与体内黏液中的有机分子结合成络合物附着在体壁上，阻碍氧气和二氧化碳的交换，抑制细胞的生长发育，破坏细胞内含物，降低酶类活性，从而引起急慢性中毒，致使细胞畸变或癌变，以致死亡。

因此，这些难降解有毒污染物是人体发生畸变、癌变类怪病的直接元凶。其癌变过程如图所示。

各类污染物都在不同程度地影响人体健康。

石油类污染物能诱发类神经分裂症、癔症、急性中毒性脑病，可引起泌尿系统慢性中毒、肾炎、中毒性肺炎、支气管刺激性炎症、肺癌、心血管损伤、再生障碍性贫血、白血病等。石油燃烧时生成的苯并芘类和汽油添加剂“甲基叔丁基醚”均可诱发癌变。柴油中的硫类污染物能诱发动物乳腺肿瘤。

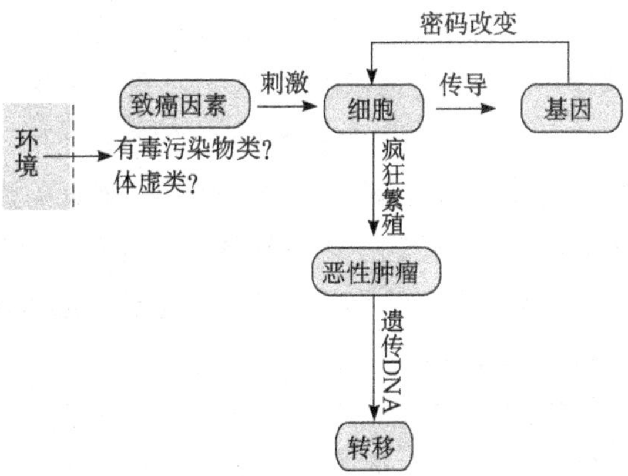


难降解有毒污染物致癌过程示意图

汽车尾气能引发冠心病、肺伤、肺气肿等，并能破坏精子质量和活动能力，增加畸形率，并影响胎儿、婴儿的生长发育。大量汽车尾气被太阳紫外线强烈照射后产生的光化学反应，可刺激眼睛、鼻腔、喉咙，引起眼病和喉头炎。

化肥农药类 POPs 能毒害神经，阻碍胚胎发育，与 2 型糖尿病的产生有强烈的相关性。

重金属类能损害男性性功能和生殖功能，使肝、肺、心脏等发生病变，破坏骨骼结构等。

强电磁设施能引起造血器官、淋巴组织、肝细胞、骨髓、染色体遗传等病变，以及白血病、精子变性、胎儿畸形等。

2. 环境病因统计分析

上述发病机理尽管夹杂着某些遗传因素和饮食卫生习惯等复杂原因，但研究认为，其根本原因与环境有关，80%的癌症是由环境污染引起的，80%～90%的肿瘤与环境因素有关。

目前，我国大多数城市人口长期呼吸着可吸入颗粒物超标的空气，喝着受到来自“毒瘤”污染的饮用水，吃着受到“毒瘤”污染的粮食、蔬菜和水果。环境中的有毒污染物增加，必然会增加发病概率。

统计表明，城市大气中苯并芘的浓度每增加 0.1 微克/100 米$^3$，则肺癌的死亡率将增加 5%。在城市的工业区，苯并芘的污染水平较高，如北京的某些重工业区，大气中苯并芘的浓度最高时可达 11.45 微克/百米$^3$，市区达 4.70 微克/百米$^3$，而在林木茂密没有工业污染的清洁区，苯并芘的浓度仅为 0.24 微克/百米$^3$。

据英国科学家对9565个垃圾场附近（2公里内）出生的820万个婴儿调查后发现，患先天缺陷、脊柱裂的婴儿明显增多，在每年出生的1万多个患先天缺陷的婴儿中，有3420个体重过轻或偏轻、脊柱裂的婴儿与垃圾填埋场有关。

国外研究还发现，生活在加油站或者汽车修理厂附近的孩子患急性白血病的风险要高出平均水平4倍，而这些孩子得急性非淋巴细胞白血病的概率比住在同一地区但不在加油站附近的孩子高7倍。在我国有些地区，民众的癌症发病率甚至比平均水平高出十几倍。

日本对过去10年中由于患癌症而死亡的人进行调查发现，在离垃圾焚烧场约1.2公里以内地区死亡的人中，因癌症致死的比例高达42.1%；而1.2公里以外地区死亡的人中，死于癌症的比例为20.4%。距垃圾焚烧场1.2公里以内地区的癌症发病率是1.2公里以外地区的1倍以上。

我国空气中主要污染物二氧化硫污染程度，超过了世卫组织标准10倍以上，而每年因空气污染致死者约占总死亡人数的15%。呼吸系统疾病以每年30%左右的速度增加。其中部分尘埃能通过肺部直接到达血液，并会对胎盘等器官产生影响。心脏病、肺癌和哮喘发病率也在不断提高，而且多集中在大城市。



我国还出现了"人畜共患病"现象，如河南林州每年因食管癌死亡人数为150人/10万人左右，同时发现该地区的鸡也有很高的食管癌死亡率（175只/10万只）；江苏省启东县肝癌发病率较高，而当地鸭子的肝癌发病率也高。一些中国人移居美国时，第一代人所患癌的类型（如肝癌、鼻咽癌、食管癌、胃癌等）与他的故乡人一致，而第二代所患癌谱则介于中国人和美国人之间，第三代就完全雷同于当地美国人（乳腺癌、前列腺癌）了。这说明，环境和风俗习惯起了重要作用。

有毒污染物主要来自被污染的水、气、土等环境。这里积聚着人们排放的大量剧毒、有毒物质和各类病原菌、病毒等污染物。那些难降解有毒物，不能被土壤微生物分解，而易于在土壤中累积，甚至转化为毒性更大的化合物。很容易通过地下水直接进入食物链系统，当食物链上被污染的动植物食品或地下水直接进入人体后，就可能使人体罹患病症。尤其是那些难降解有毒物，能在人体内不断积累，使发病的机会逐渐增多，也就必然会使发病率逐渐增加。



### （三）21世纪人类寿命

2005年、2006年两次在人民大会堂举办的"诺贝尔奖获得者北京论坛"提出了"技术生理演化 "和环境污染的影响问题。人类生存不再单纯依赖生物自然选择，而是和现在的环境、技术等因素紧密相连。这是对达尔文进化论的一种挑战。目前世界很多机构给出的 21 世纪人类寿命的预测都很悲观。但诸多客观存在的事实，是残酷的，也是无法回避的。

其一，地球上的生物多样性正以史无前例的速度消减。如此加速的物种灭绝是最不可逆转的。在地质史上出现的五次物种大灭绝中，最大的一次导致地球上出现了千万年的寂静。

其二，人类发病率在迅速提高。全球癌症发病率正在急剧上升，有不少地区的发病者在迅速年轻化和婴儿化。

其三，人类生育能力在迅速下降。目前出现的精子危机已经席卷全球。

只要认真分析一下当今人类发病率迅速上升和生育能力迅速下降的发展趋势就不难得出，人类出现灭绝的可能性并非不存在。世界历史上曾发生过三次惊人的大瘟疫。第一次大瘟疫就使欧洲不少地区人口减少了 3/4；20 世纪，全球因感染天花而失去生命的人就超过 3 亿，这个数字比该世纪战争死亡人数总和的 3 倍还多。近年来，先后接连出现的 SARS、动物流感、手足口病等疫病怪情，就是自然界给人类发出的一种信号。在当前环境污染空前严峻的形势下，疫情是否随时可能发生？但可以肯定的是，威胁着人类健康和生存的因素随时都存在着。在地球第六次物种大灭绝中期，21 世纪中叶，男性有可能基本丧失生育能力。

## 四、 如何应对环境危机

既然我们已经步入一个新的环境时代，严峻的生态危机已经客观地摆在人类面前，在推动人类健康的过程中，已将双刃剑的另一方亮出来了，是福是祸，都需人类自己掌握。无论从政府的宏观管理上，还是广大民众的日常防范措施上，均应充分发挥人类的聪明才智，力求科学对待。

### （一）尽快改变经济发展模式

传统经济的发展模式“资源 → 产品 → 废弃物排放”，是一种物质单向流动的经济发展模式。照此运行下去，其结果必然是资源日益减少，废弃物日益增多。随时间积累，污染就会越严重，也必然会出现越严重的生态危机。

近 20 年，人类活动使地球自然资源消耗的速度比资源再生速度快 25%，地球上出现了当代世界上发生的最大的生态灾难。不难预测，到 21 世纪中叶，地球的生态环境将面临崩溃的状况。

当务之急，我们需要从根本上尽快改变这种传统落后的经济发展模式，走上人类在多年实践中总结出来的科学的、循环经济发展之路，如图所示。即“没有废弃物存在，只有放错位置的资源”的英明论断。它代表着生态文明的发展思路。人类要应对目前这场席卷全球的环境危机，只有迅速掀起一场代表生态文明的绿色革命。

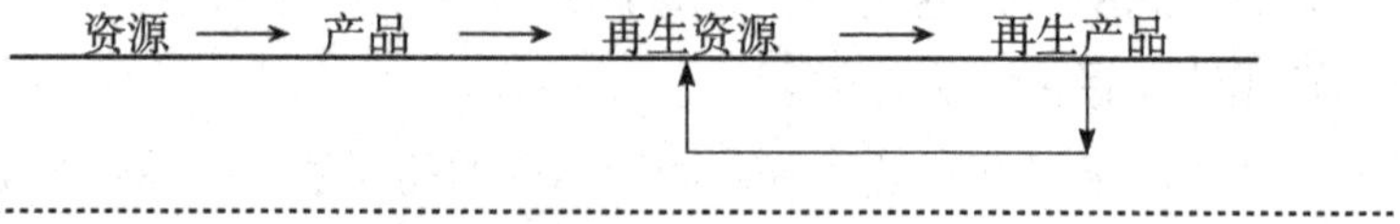


科学的循环经济发展之路示意图

将废弃物资源综合利用是垃圾处理的必然趋势。先把垃圾分类回收，再将不同类别的垃圾利用起来，现在，不少环保志愿者和民间组织已经在开展此类活动。多年来，民间已有不少企业和环保热心者摸索出不少较为可行的方法。

### （二）强化管理体制



我国各类疾病的发病率之高，触目惊心。高癌村成群出现，有些石化工业地区，癌症发病率高出周围地区十几倍……在灾难面前，当地民众大都表现出一种极大的无奈：忍受和沉默，令人痛心之至。这是我们谁都不愿意看到的事实：经济发展了，病患增多了。原因何在？随着高发病人群的增多，病毒变异随时随地可能发生，民众健康状况就可能出现严峻的势态。

最令人担忧的是，有关管理部门，至今依然还执迷不悟或麻木不仁，或者只停留在口头上，并无实际行动。往往由于难度较大而出现搁置、推脱或回避的情况，或办事无回音，或办事效率过低。有时还出现多个部门“都管都不管”的“盲区”现象，对于人命关天的大事缺乏责任感和紧迫感，“无作为”现象较为普遍，环境意识亟待提高。一件件重大环境污染事件的发生和发展，责任究竟该由谁负？若责任不明确，问题将会长期得不到解决。大量实践表明，我国多年来成群出现的高发病区及诸多环境纠纷，其根源大多是官员不作为。建议今后应当追究高发病区责任人的责任。我们一切工作的出发点，都应该以保护广大群众的健康为本。

《食品法》和我国严格的食品行业准入制度已经颁布实施多年，但执行落实十分缓慢。我国食品安全问题早已经到了十分严峻的程度。一些职能部门常常采取亡羊补牢和事后灭火的做法，广大群众需要监督管理部门的不作为行为，呼吁其尽早对食品行业进行提前监督和日常检查，以及建立长效的监管机制。落实各项有关制度，刻不容缓。

## （三）民众对环境污染的防范措施

为了应对当今的严峻形势，每个人都需要重新衡量自己的生活环境及生活习惯。改变环境观念，提高环境意识，迅速采取环境防范措施。

（1）住宅的选址。未来的城市，住宅区必须要经过严格挑选。选址首先要考虑避开重要污染源。尤其要尽可能避开重大污染源的下风下水地带，留有足够的防护距离。需要考虑的主要污染源除上述大型垃圾处理场地和石油加油站点外，还有石化、化工、农药医药、电镀选冶、化纤造纸、火电、焦化印染等类企业的排污口、重金属矿渣堆等。还要尽量避开汽车尾气密集带和超高压输电线路，以及电视发射塔和各类电磁波发射设备等。

（2）家庭安全用水是人体健康最重要的环节。直接与人体接触的水均应选用优质水。目前城镇中许多单位或居住区，仍在直接或间接饮用地下水，或者部分使用地下水，这都是不够安全的。尤其是在那些较大污染源附近的地下水，更不宜直接饮用。即使是市政管道中的自来水，由于时常地、不可避免地会出现管道破裂或腐蚀渗漏等异常情况，以及高层楼储水池的不规范管理，常常形成二次污染。此外自来水在经过氯气杀菌时，水中的余氯还能与水中有机物（腐黑素）发生化学反应，生成强致癌物三卤甲烷等。

（3）家庭空气净化。在日常生活中，除尽力保持对人群集体场合、居室的空气畅通和定时消毒外，还应习惯性地定期到天然氧吧散步，以清洗呼吸系统。家中适当备用一些空气净化设备，尤其是居住在较大污染源、烟囱或废气排放口下风向的住户。当遇到外界污染严重时段，可以机动性地利用部分空气净化设备过滤掉空气中的污染物，并对室内物品消毒杀菌，消除异味，还能适当改善室内空气质量。应善于利用绿色植物来净化室内外的空气，起到辅助性的空气净化作用。

## （四）人类环境发展新阶段——新环境观念

在环境演变过程中，人们已经看到人类对环境持续性影响而发生的危机状态。地球环境已经进入到一个明显不同的历史新阶段。在中国几千年文明史中，人与自然的矛盾从未像今天这样严重，中国经济社会的持续发展和人口的膨胀，开始愈来愈面临资源瓶颈和环境容量的严重制约。人类的环境观念也将随之改变。人类需要不断认识世界。

今天环境中的水、气、土已经与过去的自然生态环境完全不同了。大量剧毒、有毒物质，以及各类病原菌、病毒等污染物已经充填到我们周围的水、气、土等环境中。生物演化的条件已经发生了重大变化，生物进化的速度、遗传的基因特性也会随之改变。生物难以适应这种快速变化的环境；那些难降解有毒物，很容易通过这些环境介质直接进入食物链系统，就会使大量人群罹患各类病症。若长期掉以轻心，疫情随时可能发生。在我国当前十分严峻的生态危机条件下更是如此。

人类必须看到，环境在不断改变，要延缓寿命，捍卫自己的生存权利，就要保护好生态环境。

尽管人类能利用智慧设法应对这一危机，并且采取各种污染防范措施，但最重要的是要及时转变环境观念和提高环境意识。应该说，这场环境危机的出现，只通过单纯的技术手段是不能解决好的。即使你能从技术角度实现某种循环经济的产业链，不再出现废弃物，然而，对于那些静态的自然资源来说，也总会消耗殆尽。即使改变人类所需资源的结构，还会出现资源使用难度的问题，仍会使人类陷入困境。

因此，人类在使用自然资源的同时，还需要寻找自然资源的形成渠道，设法维持一种动态的自然资源总量的守恒，建立起一种动态自然资源新理念，方能实现真正的可持续发展。我们应当把环境保护与可持续发展放在文明转型和价值重铸的大背景中来加以思考，从世界观和价值观的高度寻找环境保护的新支点。当前尤其需要用新的思维、新的观念去认识环境和适应环境，与之和谐相处。

# 当代中国老人的使命

温向明

老年阶段是“生命不息、奉献不止、传家兴业、颐养天年”的时期。奉献、创造与颐养高度一体化的独特性决定了老年使命的特殊性：老年养老，不是赋闲在家、无所事事，不是饱食终日、等待死神，也不是得过且过、敷衍了事、无可追求，而是要以全新的理念和方式，进行生命的重建、家业的传承和社会责任的担当。

改革开放30多年，经济建设取得的巨大成就，使老人的物质生活需要得到了基本满足，但同时老人对精神文化教育的需求也在迅速增长，学会科学养老的愿望十分强烈。如何科学养老，如何提升老年人的生命品质，已经成为重要的时代课题。当代中国老人的使命，是老人幸福养老的起点，是解决老龄社会诸多问题的关键。那么，当代中国老人应建立什么样的人生使命呢？

我把对这个问题的认识简单归纳为四句话：志学养老，和谐传家，奉献社会，光照千秋。

## 一、 志学养老

“志”是志向、意志。“志，德义之府也。”（《国语·晋语》）“夫志，气之帅也。”（《孟子》）这两句话都说明志的重要性，前者强调志是精神的寓居之所，是生发精神的根基；后者强调志是气的统帅，志立气行，志立神注。

养志重在养神。常言道，药补不如食补，食补不如心补，心补不如神补。强志补神。中医认为，“精气神”是构成生命的三大元素，是最根本的力量。怎样补神呢？补神靠补心、补气。明代陈继儒在《养生肤语》中指出：“精能生气，气能生神，则精气又生神之本也，保精以储气，储气以养神，此长生之要耳。”怎样补心、养心？“养心唯在志学，学不止，志不辍。”

“学”是学习，通过阅读、听讲、研究、实践等获得知识或技能的过程。

“志学”就是长期不懈地坚持学习，以学明志，以学立志，以学养志，以学成志，以志促学。“志学养老”就是通过志学进行身心修养，不断认识生命规律，提升生命品质。朱熹认为“百学须先立志”，诸葛亮则讲“非学无以广才，非志无以成学”。

人贵有志，养老贵在养志。孔子说：“三军可夺帅也，匹夫不可夺志也。”志夺气衰。不仅老人，年轻人也一样。人失去了志向，就如失去了方向的航船，失去了归宿，因此就会产生无尽的忧患、无名的恐惧，就很难有幸福。

老人“志学”学什么？按照国际上“健康养老、积极养老”的共识，老年人一要身心健康，二要参与发展。那么老人“志学”就是要掌握子孝家和、家业兴盛、隔代教育、预防疾病、养生保健等建设和谐家庭的奥秘和本领，掌握继续融入社会、参与社会、奉献社会的知识和技能。

老人通过“志学”，增强了自身的志气和本领，就会生活充实、心情快乐、精神饱满，身心和谐、家庭和睦、人际和顺，幸福指数就会大大提高。

## 二、 和谐传家



“和谐”既是中国传统文化的核心理念和根本精神，也是生命健康长寿的必要条件，是家业兴盛长久和国家兴旺发达的基本前提。“和谐”的本义是音乐的合拍与禾苗的成长，“和”即是“谐”，“谐”即是“和”，引申为各种事物有条不紊、井然有序和相互协调。“致中和，天地位焉，万物育焉！”（《中庸》）这里所说的和谐是指人与天下万物和睦相处：①与天地自然和谐；②与祖先和谐（感恩敬爱祖先）；③与家人和谐；④与社会和谐；⑤自我身心和谐。和谐是家庭、家族的命脉，是家业兴盛、家族长盛不衰的法宝。和谐传家是老人必须承担的家庭责任，是老人必须要完成的（绵延家族生命）神圣使命，是老人追求生命永恒的重要环节，是民族生命力的根基所在，是每个老人对自己、对家族（对列祖列宗、子孙后代）、对中华民族的神圣责任。老人幸福与否，关键是能否将自己感恩、敬爱祖先、与天地自然和谐、与家人和谐、与社会和谐、自我身心和谐的经验及各种优良品质传给下一代。

我国自古以来就有重视“家教”、和谐传家的优良传统，古人教育子女的重点是修身明德，“齐家、治国、平天下”。在这方面，诸葛亮可为万世楷模。

诸葛亮（181～234年）是西蜀的丞相，他一生为国为民，克己奉公，以神机妙算而闻名。他为子孙的打算，既久远又有特点。他在给哥哥诸葛瑾的信中曾特意说到他的儿子诸葛瞻："瞻今已八岁，聪慧可爱，嫌其早成，恐不为正器耳。"

诸葛亮担心的是儿子的聪明过早外露，容易自满自足，反而成不了大器。因此他给诸葛瞻起的名字叫做"思远"。他在给外甥的信中也说："志当存高远。"这都表明他希望后代有远大的理想和志向。

怎样才能有远大的志向呢？诸葛亮在 54 岁时专门写了《诫子书》，提出了两个条件：一个是静，一个是俭。他说："夫君子之行，静以修身，俭以养德，非淡泊无以明志，非宁静无以致远，夫学须静也，才须学也，非学无以广才，非志无以成学，淫漫则不能励精，险躁则不能治性，年与时驰，意与日去，遂成枯落，多不接世，悲守穷庐，将复何及！"意思是，君子的操守，应该恬静以修善自身，俭朴以涵养品德。不淡泊就不能明晰志向，不宁静就不能高瞻远瞩。学习必须静心，才识需要学习，不学习就不能拓广才识，不立志就不能学习成功。沉迷滞迟就不能励精求进，褊狭躁进就不能冶炼性情。年年岁岁，时日飞驰，意志也随光阴一日日逝去，于是渐渐枯零凋落，大多不能经时济世，可悲地困守着贫寒的居舍，那时后悔就来不及了。

他还进一步指出，要坚持自己的远大志向，要"忍屈伸，去细碎，广咨问，除嫌吝"。这就是说，不要考虑一时的得失，不要贪图生活上的享受，要广交师友，不计较个人的恩怨。这样做了，"虽有淹留"（也许一时不成功），"何损于美趣，何患于不济"。学习之中有乐趣，也一定会有用的。怕的是"志不强毅，意不慷慨，徒碌碌滞于俗，默默束于情"，那就会"永窜伏于凡庸，不免于下流矣"！



诸葛亮虽然日理万机，却不忘教育子女并对他们寄予厚望，他的子女和后世子孙因都牢记他这种淡泊名利、忠心报国的教诲，所以都为国家社稷做出了重大贡献，这正是"宁静"、"致远"的意义和价值所在。

修心、修身、修行是做人做事成功的根本。北宋著名宰相寇准自幼丧父，家境清贫，全靠母亲织布度日，寇母常常于深夜一边纺纱一边教寇准读书，督导寇准苦学成材。后来寇准进京应试，得中进士。喜讯传达家乡，寇准母亲正身患重病，临终时她将亲手画的一幅画交给家人刘妈说："寇准日后必定做官，如果他有错处，你就把这幅画给他！"后来，寇准做了宰相，为庆贺自己的生日，他请来了两台戏班，准备宴请群僚。刘妈认为时机已到，便把寇母的画交给他。寇准展开一看，是一幅《寒窗课子图》，画上面写着一首诗："孤灯课读苦含辛，望尔修身为万民；勤俭家风慈母训，他年富贵莫忘贫。"这赫然是母亲的遗训。寇准再三拜读，不觉泪如泉涌，于是立即撤去寿筵。此后，他洁身爱民，秉公无私，成为宋朝有名的贤相。

老人要做到和谐传家，还可以学习一下曾国藩的家规、家训，肯定能从中得到启发。

曾国藩出生在湖南省原湘乡荷叶塘一个地主家庭中。他祖父曾玉屏在 35 岁以前是一个浪荡公子，自 35 岁以后，曾玉屏忽然痛改前非，发愤立业，前后判若两人。鉴于自己过去的错误，为了防止子弟不肖，促进家业发展，他制定了许多家规，形成了一套比较完备的治家、兴家方法，并且身体力行，使曾家呈现出一派兴旺的景象，邻里亲戚之间的关系也处得十分融洽。这套家规对曾国藩的影响很深，到他执事时，他将祖父的家规、家教精心整理，综合归纳为八个字：书、蔬、鱼、猪、早、扫、考、宝，即读好书、种好菜、养好鱼、喂好猪、早起床、勤打扫、做祭祀、善待人。八个字包括四个方面的内容，即读书、耕作、孝友、睦邻。蔬、鱼、猪、早、扫，属于“耕”的范围，是农家应有之义，核心是勤俭。曾国藩非常看重“书”和“耕”，在教育子弟家人时，他常以“耕读”或“半耕半读”来概括。曾国藩熟读历史，对历史上家国的兴衰洞若观火。他认为一个家庭的兴衰，不在于是否有人做了大官，而在于子弟的贤与不肖。而子弟的贤肖六分禀于天性，四分在于家教。他认为，天下官宦人家，其子孙骄奢淫逸的，一代就享用完了，能够延续两代的少；商人的家庭，勤俭的能够延续三四代；耕读的家庭谨慎小心，能够延续五六代；孝的家庭能够绵延八代、十代。为了促使曾氏子孙贤良，保持家族兴旺，曾国藩不仅总结了祖父的治家方法，而且将其发扬光大。他一生把“书、蔬、鱼、猪、早、扫、考、宝”奉为圭臬，自己努力实践，恪守不渝，并且苦心教育曾家子弟恪遵家教，谨守家风，造就了曾家人才辈出的局面。

曾国藩的家书家训在民间广为流行，相当于一部家庭教科书。后人戏称八字家规为治家的“八宝饭”。曾国藩的家庭教育，以八本堂的八句话为经，以“八宝饭”的八个字为纬，经纬连贯，脉络相通，形成一套治家的理论体系。千百年来，中国谈家庭教育者，未能出其范畴。

具体到每个老人，如何建立家规家训，树立良好家风，应因家而异，但目的只有一个，那就是积善积福传家，乐于奉献社会。

## 三、 奉献社会

奉献社会是积极养老的重要方式，是承担社会责任、共建美好家园的重要途径，是老人养成博大胸怀、播撒慈悲爱心的有益追求，不仅可以优化社会风气、教育下一代，而且可以锻炼身体、开阔胸襟，累积幸福。

孔子说："君子有三戒，少之时，血气未定，戒之在色；及其壮也，血气方刚，戒之在斗；及其老也，血气既衰，戒之在得。"孔子强调的是，人应该按照不同时期的体质特点来养生，即年龄不同，生理、心理特点不一样，养生方法就应该有所区别。在青少年时期，身体发育尚不成熟，要注意不要早婚，不要纵欲；等到壮年，身体状况最为强健，精力充沛，脾气也大，要尽量避免与人争斗；到了老年，体质逐渐虚弱，就要看淡名利，不要再苦心追求什么了。在这方面，孔子确实言行一致，他特别欣赏那种清心寡欲的精神状态，最反对患得患失、怨天尤人的心态，提倡心胸坦荡，刚毅坚强。

"戒之在得"的内在含义就是要"舍"，"舍"就是奉献，就是在一点一滴的爱心奉献中培育博大胸怀，扩充内心世界，减少各种冲突，这是实现自身和谐的修持妙法。老人奉献爱心的美好行为可以感染、感化、感动下一代，激活他们的美好性灵，营造社会的和谐风气，从这一点说，老人不是弱势群体，而是家业兴盛的基石；老人不是夕阳，而是家业传承的火炬手；老人不是无为的闲人，而是建设和谐家庭、和谐社会的生力军。

播撒爱心，奉献社会，形式多样，内容丰富，如有的老太太走上街头，义务清捡垃圾；有的老人拿出自己的养老金救贫助困；有的老年志愿者义务维护公共交通秩序等。对此，我国《老年人权益保障法》提供了八个方面的内容：①对青少年和儿童进行社会主义、爱国主义、集体主义教育和艰苦奋斗等优良传统教育；②传授文化和科技知识；③提供咨询服务；④依法参与科技开发和应用；⑤依法从事经营和生产活动；⑥兴办社会公益事业；⑦参与维护社会治安、协助调解民间纠纷；⑧参与其他社会活动。老年人在我国从事的社会主义物质文明和精神文明建设活动中，提倡奉献精神，但"老年人参加劳动的合法收入受法律保护"。

## 四、 光照千秋

人不仅有物质生命，还有精神生命。物质生命有生有灭，但精神生命万古长存。每个老人都应当追求生命的永恒，精神生命的核心就是要充分发挥慈孝心、感恩心、责任心。"有的人活着，他已经死了；有的人死了，他还活着。"这是现代诗人臧克家的名句，它十分贴切地昭示了光照千秋的深刻内涵。

著名未来学家王小平说：世界上有三种伟大，第一种是功业的伟大，第二种是思想的伟大。然而无论是功业的伟大还是思想的伟大，都比不上第三种伟大，那就是心灵的伟大，心灵的伟大就是精神生命的伟大……伟大的心灵是幸福之本，心灵的伟大光照子孙后代。在这方面，古圣先贤是我们学习的榜样：人文始祖轩辕黄帝不仅文治武功堪称万世楷模，而且十分关心百姓疾苦，《黄帝内经》详细记载了他为民探索医药，耐心询问于岐伯的具体内容，其殷殷爱民之心彪炳千秋；大教育家孔子的修身、齐家、治国、平天下的追求对后人影响深远；宋代著名政治家范仲淹的“先天下之忧而忧，后天下之乐而乐”的精神和他敬重祖先、创建义庄的壮举更为世人所推崇。

在现代社会中，同样不乏以自己的所作所为光照后人的典范。白芳礼是天津市一位平凡的老人，在1987年他74岁时，做出了一个令全家震惊的决定：将多年蹬三轮车积攒下的5000元钱捐给老家的学校。从此以后，在生命的最后18年里，他省吃俭用，顶风冒雨奔波在街头，把蹬三轮车积攒的近35万元捐给了天津的多所大中小学，共资助了近300名贫困学生。2005年9月23日早晨，老人去世，享年93岁。他默默地走了，但他用无私奉献的伟大心灵，为社会留下了光照千秋的永恒的精神生命。



提出当代中国老人的使命——“志学养老，和谐传家，奉献社会，光照千秋”，不是对老年人的苛求，更不是对老年人的索取，而是在改革开放和共建共享和谐社会的历史背景下，重振老年生命力的重要方式，是对老年人的另一种关爱与期待。我认为，广大老年人能够认同这一使命并付诸行动，具有重大的意义。

## （一）有益于老人健康长寿，增强老人的生命活力

现代社会，人们的生活水平已达到小康，但是身心疾病依然困惑着老人，影响着老人的幸福。确立和倡导当代中国老人的使命，使老人以正确的使命观指导自己的生活，对减少老人身心疾病具有重大的现实意义。有研究表明，目前，老年痴呆的发病率呈逐年上升趋势，在1.6亿60岁以上的老人中，大约10%有轻度认识障碍，当中有15%可能发展为老年痴呆。老年痴呆是从失忆开始的。老年痴呆年龄提前，血管病是主因（当前还没有特效药能够治疗这种疾病）。文章同时指出，不断学习可预防老年痴呆，因为人的思维锻炼对减缓老年痴呆很重要，通过学习刺激大脑，就能有效地防止伴随早老性痴呆症而来的各种疾病的发展（2008年9月22日《天津日报》）。学习和志学是两个不同的概念，但不断学习的要求是一致的，老人志学有其独特的内容，而且，

所学内容和方式符合老人的年龄特点和心理需求，因此，对预防老年痴呆意义更大。

树立正确的使命观，对提升老人的生命品质、增强老人生命活力、改善老人晚年生活质量是十分重要的。一般说来，人有三条命——性命、身命、身外之命。性命，是指精神生命；身命，是指肉体生命；身外之命，是财富声誉、社会地位。养生、养老就是要养这三条命，就是要优化这三条命，就是要把这三条命养得姹紫嫣红。

“志学养老、和谐传家、奉献社会、光照千秋”的根本宗旨就是在提升生命品质中打造老人的幸福生活，因为，长有志心不老，尚和谐身不老，愿奉献人不老，光照千秋，精神长存，便长生不老。奉献是生命的价值所在，能奉献，就是幸福，生命之树就能常青。

理想志向和传家决定生命活力，对此，塞缪尔·厄尔曼在他那引人震撼、广为流传的《青春》中写道：“无论是 60 岁还是 16 岁，每个人在精神上都蕴含着奇迹般的魅力，孩子般追求进取的无穷欲望和投身生存竞争的欢乐。你我心灵中都有一个类似无线电台的中枢，源源不断地接收着来自全人类和造物主的美好、希望、欢乐、勇气、力量的信息，使你永葆青春。无论什么时候，只要你空中的天线倾倒，你的灵魂被玩世不恭的积雪和悲观主义的冰凌所覆盖，那时即使你 20 岁也会衰老。但是，如果你的天线始终挺立，捕捉着乐观主义的电波，那么你就有希望在 80 岁谢世时仍然年轻。”这里所描述的是一种积极的富有活力的幸福的生命状态。重建当代中国老人的使命，就是要让这种生命状态陪伴老人终生。

2007 年 6 月，有一篇关于“地摊奶奶”的报道惊爆互联网，相关网页有 142 万个。报道中说，在河南省焦作市塔南路军分区门口，有个 91 岁的“地摊奶奶”，每天都风雨无阻地在这摆地摊卖日用品，儿女们多次做母亲的思想工作，想让她在有生之年享享清福，但被断然拒绝。“地摊奶奶”之所以坚词拒绝，就是因为她知道什么是幸福老人应有的活力，知道生命的价值。

生命的价值在于奉献，在于创造，在于对真善美慧不懈的追求。

“志学养老，和谐传家，奉献社会，光照千秋”就是要我们每一个老人善待生命，善用生命，以无私的奉献提升生命品质，以昂扬的精神缔造人生丰收的金秋，让我们的精神生命永恒，与日月同辉。这才是高质量的晚年生活。

## （二）有益于促进和睦家庭的建设

承担使命，力行不懈，身心健康，利人利己。一个老人，如果在晚年做到了“三好”（精神好、心情好、身体好）、“三爱”（爱家庭、爱社会、爱环境）并实现“五福”（长寿、康宁、富贵、好德、善终，出自《书经·洪范》）的人生目标，那他对和睦家庭的建设就是莫大的奉献，对自己是莫大的幸福，对子孙后代是莫大的福祉。

“五福”即全方位的幸福，是人生的理想和追求。古人认为，在五福中，好德（温良恭俭让）是因。福相是果。一个人能够长期行善积德，就会累积福果，就会使其他“四福”不断增长。但怎样才能做到好德呢？那就要“志学”，明了“好德”，力行“好德”，担当使命。因此，现在的老人，如果能够践行当代中国老人使命，就能使自己幸福，使家庭和睦，使家业很好地传承。

在这方面的典型事例是，《三峡日报》报道的云阳县泥溪乡75岁的退休老人杨承兴的事迹。杨承兴一生勤俭节约，但却从自己微薄的退休工资和子女给予的赡养费中拿出钱为山区的孩子设立“奖学金”。从2002年起，他连续6年捐资助学，捐助人数已达108人，捐助金额达2.5万元。很多受助的学生成了社会的有用之材。他的家庭也非常和睦幸福，两个儿子、两个女儿都在父母的谆谆教诲中事业有成。老人的爱心善举感动了子女，在万州区五桥从事房地产开发的大儿子杨座铭也积极响应，加入到了父亲的爱心行动中。



## （三）有益于促进和谐社会建设

当代中国老人的使命观以关爱老人的精神、关心老人的情感、关注老人的价值为出发点，以国家、社会、家庭、个人的需要为立足点，提出了老人幸福养老的方向。家庭是社会的细胞，老人是家庭的灵魂。解决老人身心问题、提升老人生命品质、建设和睦幸福家庭，极大地促进了和谐社会的建设。

现在，我国有1.68亿老人，其中有3000多万退休人员。据有关资料显示，全国有80%的老人存在不同程度的“五患心理”（无志感、无事感、无能感、无聊感、无奈感）。因“五患心理”不能自拔而受到伤害的事件时有发生。



国际医疗卫生组织曾提出过一个很响亮的口号：“人体健康的一半是心理健康。”心理健康来自于人的“信念”。“志学养老，和谐传家，奉献社会，光照千秋”的实质就是涵养生命信念，就是让老人有一个始终如一、和悦身心、切实可行的生活目标，就是为新时代的老人重建精神家园，就是按照正确的使命观树信念、求新知、长本领、做事情、得幸福，消除“无志感、无事感、无能感、无聊感、无奈感”。

给老人创造学习的机会，就是让老人享受一种特殊的社会福利，是对老人的最大关爱。老人有了正确的使命感，就有了正确的追求，就会拥有坚强的意志和坚忍的毅力。他们就能正确处理物质享受和精神享受的关系，能品味到人生的快乐和喜悦。

总之，重建当代中国老人的使命，有益于老人群体由被动养老变主动养老，由无所事事变有所追求，由消极抑郁变积极乐观，由“闲人”变“忙人”，可以使老人群体充满生命的活力，为和谐社会的建设增添有生力量。如果 1.68 亿老人中，有 30%行动起来，做志学养老的模范，做和谐传家的模范，做奉献社会的模范，其力量将是巨大的，其影响将是深远的，其价值是不可估量的。

# “千字新诗”二首

刘祥杰

编者注：西藏驻北京办事处处长刘祥杰，高度评价“银教工程”并以自己的工作经验和切身体会，在幸福养老大课堂用两篇“千字新诗”表达了自己的心声。

**老年心态与健康**

悠悠宇宙，星移斗转；历史长河，人生瞬间。
岁月如流，往事如烟；尚无准备，已近老年。
忆往抚今，易生百感；青丝白发，几度悲欢。
展望未来，风光无限；立足时下，随岁而安①。
六十花甲，黄金时段；未竟事业，继续登攀。
七十古稀，系指从前；今昔比照，天命②之年。
八十诞辰，新的开端；健身行脑，鹤发童颜③。
九十不老，更知修炼；持之以恒，百岁何难。
健康之塔，诸多铺垫；调整心态，至上攸关。
为家为国，一生奉献；为臣为父，责任使然。
功劳苦劳，历史铭记；家和国泰，沧海桑田④。
英雄解甲，宿将还山⑤；心随境转，乐在休闲。
心理年轻，快乐之源；消极怀旧，万事悲观。
童心⑥可贵，龟欲⑦可鉴；淡泊明志，宁静致远。
忧心伤脾，怒气伤肝；超然物外，天高地宽。

---

① 随岁而安：据不同年龄段，安排好自己的生活。

② 天命：“五十而知天命”。

③ 鹤发童颜：白发而面色红润，指老年人气色好。

④ 沧海桑田：形容变化巨大。

⑤ 宿将还山：语出“英雄解甲皆归佛，宿将还山不论兵”。

⑥ 童心：好学好问，无忧无虑。

⑦ 龟欲：淡泊处世，不为名利所动。

长吁短叹，人命危浅[①]；眉舒目展，寿比南山。
大千世界，富贵贫寒；富有沮丧，贫有欢颜。
比上不足，比下有余；知足常乐，能忍自安。
物质条件，日渐改善；节衣缩食，时过境迁。
一味积攒，金山何益；追逐健康，舍得花钱。
粗粮绿色，野菜天然；营养搭配，调剂菜篮。
生活新潮，逐步习惯；与时俱进，随方就圆[②]。
无欲无望，思维迟钝；追名逐利，举步维艰。
竞技活动，双刃之剑[③]；大喜大悲，两个极端。
凝思静坐，压力减缓；手舞足蹈，活力增添。
勤于思想，预防痴呆；坚持锻炼，疴恙无缘。
以动养身，以静养心；动静结合，身心两全。
斗室寒窗，意境深远；诗词雅趣，书画延年。
著书立说，自我实现；烹饪美食，益脑养颜。
琴棋歌舞，曲棍长拳；花前月下，气象万千。
钓鱼遛鸟，闲情逸致；远足踏青，色彩斑斓。
四海古迹，五洲景点；乐不思蜀[④]，回归自然。
快乐钥匙，自己掌管；锁定愉悦，胜似神仙。
以爱济世，利人利己；以德养生，赛服金丹。
心底阳光，无比灿烂；照耀他人，自亦温暖。
结发夫妻，数载姻缘；相濡以沫[⑤]，同苦共甘。
老来是伴，切勿思迁；雷池一步，陷入难堪。
鳏寡孤独，无谓自怜；开放自己，走出怪圈。
融入小区，浏览网站；广交朋友，瀚漠清泉。
忘年之交，春风拂面；鲜活气息，滋润心田。
黄昏之恋，不无风险；量体裁衣，权衡再三。





① 人命危浅：语出晋朝李密的《陈情表》，形容寿命不长。
② 随方就圆：入乡随俗，随着情况的改变而改变。
③ 双刃之剑：利弊并存，这里指既可健身，又易伤体。
④ 乐不思蜀：语出蜀汉后主刘禅“此间乐，不思蜀”，指乐而忘返。
⑤ 相濡以沫：动物受伤，互舔伤口。这里指夫妇互相照顾、搀扶。

既结伉俪[1]，包容相伴；耄耋[2]之旅，再起风帆。
天伦之乐，人生晚宴；长者专利，品味香甜。
动辄幽默，全家欢赞；语出威严，噤若寒蝉[3]。
沉醉清福，桑蚕作茧；拾遗补缺，续奏和弦。
三情[4]辅佐，寂寞消散；四忘[5]可行，减轻负担。
银发浪潮，喜忧参半；养老机制，尚待健全。
子女无暇，无须埋怨；空巢家庭，势在必然。
邻里和谐，弥补缺憾；解开瓜葛，忘却前嫌。
亲朋益友，经常寻访；享受回忆，庆祝团圆。
相信科学，远离怪诞；茫茫人海，藏匿凶顽。
居家防盗，客来善辨；先窥猫眼[6]，后启门闩。⑪
出门防骗，小利不贪；善举误施，亦被纠缠。
天落馅饼，必然有诈；免费宣传，以售其奸[7]。
医托[8]表演，口蜜腹剑；心明眼亮，远离贼船。
人吃五谷，疾病难免；机能退化，预防超前。
药物治疗，功效未半；意志不垮，康复攸关。
精神之树，乐观浇灌；岁月增姿，梅花暮年[9]。
社会尊老，老者敬贤；博爱之心，温暖人间。
银龄行动[10]，已成亮点；老骥伏枥，别有洞天。
文韬武略，多年积淀；择域施展，不逊弱冠[11]。
发挥余热，传经送典；劳逸结合，颐养天年。
百年回首，无悔无憾；乘鹤西去，风采依然。



---

① 伉俪：夫妻。
② 耄耋：音 mào dié，泛指老年。
③ 噤若寒蝉：晚秋的蝉不再叫，比喻不敢做声。
④ 三情：亲情、友情、爱情。
⑤ 四忘：忘记钱财、年龄、恩怨和死亡；忘年、忘形、忘怀、忘机。
⑥ 猫眼：门镜。
⑦ 以售其奸：用于推行他的伎俩。
⑧ 医托：与巫医合伙兜售假药骗人钱财的人。
⑨ 梅花暮年：铁骨迎春，更加好看。
⑩ 银龄行动：由退休老专家组织的医疗巡诊、科普考察、文化传播以及“银教工程”等活动。
⑪ 弱冠：语出“二十弱冠，三十而立，四十不惑，五十知天命……”

## 公民责任与希望

苍茫宇宙，变化永恒；世间万物，演绎枯荣。
人生苦短，花无常红；老龄社会，步履匆匆。
银色浪潮①，惊涛拍岸；中华大地，首当其冲②。
未富先老，供需失衡；晚年无奈，与日俱增。
居家养老，固本求变；社会扶助，百业待兴。
孝亲敬老，千古传诵；德行之本，教由此生。
曾几何时，英姿驰骋；拓荒征战，建业立功。
养儿育女，含辛茹苦；复兴中华，光照汗青③。
自然法则，无可抗争；身行年迈，窘态环生。
骑驴找驴，如梦如醒；张冠李戴，幻视幻听。
言不由己，行悖常情；见怪不怪，万望包容。
长者此时，吾辈来日；感同身受，大爱无声。
千经万典，孝义先行；古有贻训，今育贤明。
博陵乳姑④，江夏黄童⑤；孝感天地⑥，为之动容。
墙头羞父，蜡扦显灵；雷击金宝，因果报应⑦。
纵观时下，屡有奸佞；只想“啃老”，不思孝诚。
醉心犬马，冷漠亲情⑧；遗弃父母，无视伶俜⑨。
老人无助，孤苦伶仃；身心交病，饮泣吞声。
不孝子孙，兽骨人形；以怨报德，天地不容。



① 银色浪潮：白发浪潮。

② 首当其冲：这里指我国是步入老龄社会最快的国家，并且老龄人口最多，危机在即。

③ 汗青：史册。

④ 博陵乳姑：唐代博陵（今属河北）的唐夫人，以自己的乳汁喂养牙齿脱落的婆婆。

⑤ 江夏黄童：东汉江夏安陆的黄香，在家为父扇枕温衾，执政赈灾爱民，且博通经典，文采飞扬，京师广泛流传“天下无双，江夏黄童”。

⑥ 孝感天地：舜帝孝亲敬老故事。④⑤⑥均引自《二十四孝》。

⑦ 《墙头记》、《化蜡扦》、《雷击金宝》为古代抨击不肖子孙，倡导敬老的戏曲、曲艺等读、唱本。

⑧ 冷漠亲情：有的人爱宠物胜过父母。

⑨ 伶俜：孤独的样子。

藏母之窖[1]，弃父之笼[2]；历史对话，警钟长鸣。
文明社会，法澈情浓；彰善瘅恶，激浊扬清。
羊羔跪乳，乌鸦反哺；禽兽如此，人欲何从[3]！
怀胎十月，舐犊一生[4]；父母恩泽，浩如繁星。
痴心给予，索取为零；杯茶似酒，片语如虹[5]。
养儿防老，约定俗成；责无旁贷，尽赡送终。
仁人志士，反躬自省；养育之恩，回报几成？
耄耋之年，危若累卵[6]；精心侍奉，视履薄冰[7]。
子女无暇，依托家政；饮食起居，如影随形。 ⑪
尽孝及时，分秒必争；旦有贻误，痛悔终生。
老年孤独，忧心忡忡；渴望交流，释放心情。
唠叨是福，闻若百灵[8]；规行劝谏，怡色柔声[9]。
因势利导，酌性随情；善意谎言，出自真诚。
鼓励翁媪，能动则动；充实自我，发掘潜能。
顺者为孝，身体力行；经常陪伴，价值连城[10]。
在家不孝，何谈公益？以小见大，可知品行。
不肖子孙，人逢侧目；尊老儿女，处世亨通。
人老吾老[11]，怜惜苍生；助人为乐，乐在其中。



---

① 藏母之窖：传说古时人超过60岁均要活埋，一孝子不忍，把老母藏于地窖，每夜送饭，此举终于感动天帝取消此法令。

② 弃父之笼：传说一逆子把老父背到深山遗弃，空手返回时，老父提醒“别忘了背篓，你的儿子将来背你还要用的”。言外之意是，你的孩子将来也会效法你的行为。此语深深触动其子，遂将老父背回赡养，直至送终。

③ 乌鸦都懂得反过来哺喂年老的父母，羊羔都懂得跪着吃奶，禽兽都知道报答父母，何况是作为万物之灵的人呢！

④ 舐犊一生：形容父母关心、爱护、牵挂子女从始至终，此为中国老人的特性。

⑤ 为老人沏杯茶，他会感觉如同品酒一样香浓；陪老人说句话，他会感觉如见彩虹一样心中豁朗。形容老人特别容易满足。

⑥ 危若累卵：危险得像垒起的蛋一样，形容高龄老人随时都有伤病死亡的危险。

⑦ 视履薄冰：照顾老人要像在薄冰上行走一样小心翼翼。

⑧ 百灵：百灵鸟。

⑨ 怡色柔声：语出《弟子规》“亲有过，谏使更。恰吾色，柔吾声”。意思是父母有过错，劝他们更改要面带笑容，语调柔和。

⑩ 指老人的遗产往往会馈赠给经常陪伴他们的人，如子孙及保姆。

⑪ 人老吾老：语出孟子的“老吾老，以及人之老；幼吾幼，以及人之幼”。意思是关爱别人的父母如同关爱自己的父母。

苏轼易舍[①]，太祖敬翁[②]；康熙宴叟[③]，历代传承。
禹城富永[④]，郑州平恒[⑤]；今日楷模，层出不穷。
独子养老，不堪负重；供需倒置，只手难擎。
社区服务，全面启动；关怀设施，已见雏形。
老年餐桌，免费交通；床头预警，定位行踪。
求助系统，护理工程；社会尊老，蔚然成风。
未竟事宜，千头万绪；爱心所至，水到渠成。
构院建所，日托周送；配套设施，各善其能。
扶危济困，老少边穷；社保保底，慈善协同。
政策倾斜，各界捐赠；鼓励志愿，全民响应。
弘扬美德，树立新风；与时俱进，应对从容。
弱势群体，人微言轻；高看一眼，事必谦恭。
关心老人，千情万景；喜怒哀乐，衣食住行。
深入实际，体察民情；轻于拍板，重在倾听。
循循善诱，提纲挈领；免提电话，忙时可用。
常怀四心[⑥]，嘘寒问暖；所到四勤[⑦]，有求必应。
体恤鳏寡，空巢不空；黄昏之恋，开放绿灯。
一分关爱，一缕春风；馨香祷祝，夕阳更红。
家有一老，犹如一宝；前车之鉴，先见之明。
民族之魂，学识之海；古为今用，点亮前程。
经纶韬略，科技发明；精华集萃，受益无穷。
以史为鉴，利施新政；以老为镜，惠济终生。



① 苏轼易舍：苏东坡曾买下一栋房屋，作为退隐的住所。一天，他听到一个老妪的哭声，便前往问明原因，原来是老人不孝的儿子卖掉了她祖居的房子。再一深问，原来就是自己买的那栋。他立即取出买房的契约，当着老人的面烧毁，把房交还老人居住，并表示不再要买房的钱。

② 太祖敬翁：明太祖朱元璋对老年人特别体恤，“诏天下养老之政”，意思是凡年满 80 岁且贫无产业者，只要为人正派，乡里称善，每月给米 5 斗、肉 5 斤。

③ 康熙宴叟：康熙皇帝 69 岁生日时，邀请全国 2417 名 70 岁以上老人赴京会宴，称“千叟宴”。

④ 禹城富永：王富勇，山东禹城市某村党支部书记。义务赡养村里 7 名孤寡老人，还自己出钱为他们修建了功能齐全的老年公寓。被山东省评为“十大孝星”。

⑤ 郑州平恒：李平恒，郑州某公司经理，把年迈多病的母亲照顾得无微不至，并规定，凡发现本公司不孝顺父母的员工一律开除。

⑥ 四心：爱心、诚心、细心、耐心。

⑦ 四勤：眼勤、嘴勤、腿勤、手勤。

老龄事业，年轻工作；从心开始，可塑图腾。
承前启后，无往不胜；构筑和谐，光大文明。
银龄教育，希望工程；老少同乐，社稷兴隆①。
朝阳晚霞，交相辉映；九州大地，欣欣向荣。





① 引用美国社会学家莫尼汉的观点：“一个民族的文明质量可以从这个民族照顾老人的态度和方法中得到反映，而一个民族的未来则可以从这个民族照顾儿童的态度和方法中预测。”

# 附录 “银教工程”简介

“东方银龄远程教育普及工程”（简称“银教工程”），是由全国老龄工作委员会办公室、民政部、教育部、团中央、全国妇联、国家广播电影电视总局、中国关心下一代工作委员会组成的全国敬老爱老助老主题教育活动组委会，于2009年隆重启动的一项面向全国涉老机构、普及老年远程教育的教育共享工程，是满足广大老人教育需求、提高老人幸福品质的有效途径，是实现老龄化社会老人健康养老、积极养老、幸福养老的重大举措，是“全国敬老爱老助老主题教育活动”的重大行动。该工程的目的是让老人幸福养老，让家庭和睦兴旺，让社会和谐昌盛。该工程的近期目标是为全国范围内的所有老年大学、老年学校、老年公寓、老干部活动中心、老年活动中心、星光老年之家、社区活动室等涉老机构，普及老年远程教育、共享首都教育资源提供优质服务，为亿万中老年人提供丰富的、有价值的精神食粮。课程设置包括九大系列3000课时幸福养老课程。教学团队由150余名知名专家教授组成。具体承办单位为中国老龄事业发展基金会和北京东方妇女老年大学共同组建的东方银龄远程教育中心。

## 一、 “东方银龄远程教育普及工程” 的决定

### 全国敬老爱老助老主题教育活动组织委员会
### 关于实施“东方银龄远程教育普及工程”的决定

由全国老龄办、民政部、教育部、国家广电总局、团中央、全国妇联、中国关心下一代工作委员会共同举办的**“全国敬老爱老助老主题教育活动”**，自从2003年9月启动以来，开展了一系列卓有成效的活动，得到了党和政府的高度重视与社会各界的积极响应，在海内外引起了热烈反响。

胡锦涛总书记2008年在看望老年人时深情地讲到：“尊重老年人，关爱老年人，照顾老年人，是中华民族的优良传统，也是一个国家文明进步的标志。我们要大力弘扬中华民族尊老敬老的传统美德，给予老年人更多生活上的帮助和精神上的安慰，让所有的老年人都能安享幸福的晚年。”总书记的讲话，对于敬老爱老助老主题教育活动，既是肯定和鼓舞，又为进一步搞好活动指明了方向。

为落实总书记的讲话精神，在全国敬老爱老助老主题教育活动组委会领导下，在中国老年大学协会和中国老年学学会的指导与支持下，中国老龄事业发展基金会和北京东方妇女老年大学于2008年共同创办了**“东方银龄远程教育中心”**，组建了老年教育专家团队，完成了九大系列3000课时幸福养老课程的设计与开发，近600课时的课程已经300所老年大学、老年公寓、老干部活动中心等机构的试用，取得了良好效果。

在此基础上，全国敬老爱老助老主题教育活动组委会决定：从2009年开始，利用三年左右的时间，实施**“东方银龄远程教育普及工程”**（简称**“银教工程”**）。

**“银教工程”**是面向全国范围内的老年大学、老年学校、老年公寓、老干部活动中心等涉老机构开展的老年教育普及工程。核心内容是普及“幸福养老系列课程”。目的是帮助广大老年朋友通过最方便、最有效的手段，共享名人专家的研究成果，实现老人的健康养老、积极养老、幸福养老，促进和谐社会建设。

为使这项造福老人、造福家庭、造福社会的老年教育普及工程真正成为民心工程、精品工程、百年工程，需要全社会共同努力。希望组委会各成员单位以及所有涉老机构和热心人士积极参与，鼎力支持！



全国敬老爱老助老主题教育活动组委会

2009年3月5日

## 二、“银教工程”组织机构

**主　　办：** 全国敬老爱老助老主题教育活动组委会

**承　　办：** 中国老龄事业发展基金会

北京东方妇女老年大学

**总 顾 问：** 顾秀莲（第十届全国人大常委会副委员长、中国关心下一代工作委员会主任、北京东方妇女老年大学校长、中国老年大学协会名誉会长）

高级顾问：陈传书（全国老龄工作委员会办公室常务副主任）
张启华（中共中央党史研究室原副主任、博士生导师）
顾明远（中国教育学会会长、博士生导师）
袁新立（中国老年大学协会常务副会长）
赵宝华（中国老年学学会常务副会长）
刘平生（中国老年大学协会专职副会长）
邬沧萍（中国老年学学会专家组组长、中国人民大学博士生导师）
熊必俊（中国社会科学院老年科学研究会会长）
王家惠（中国老年保健医学研究会副会长）
刘大为（中国美术家协会主席）
欧阳中石（首都师范大学博士生导师）
于　丹（北京师范大学博士生导师）
丁国成（中华诗词学会副会长）
罗哲文（中国文物学会会长）
于　洋（中国电影艺术表演学会会长）
谢国东（中国成人教育协会常务副会长兼秘书长）
董明传（中国成人教育协会高级顾问）
耿学超（北京高等教育学会会长、北京民办教育协会会长）
高复明（安徽省第十届人大常委会副主任、省儿童少年基金会理事长、省关心下一代工作委员会主任）
金锡顺（世博伟业投资控股有限公司董事长）

组　　长：李宝库（全国敬老爱老助老主题教育活动组委会主任、中国老龄事业发展基金会理事长）

副 组 长：闫青春（全国老龄工作委员会办公室副主任）
张志鑫（中国老龄事业发展基金会常务副会长）
范文明（中国老龄事业发展基金会文化教育委员会主任）
王　萍（中国下一代教育基金会副理事长兼秘书长、北京东方妇女老年大学副校长）
回春茹（北京东方妇女老年大学副校长、教授）
贾秀总（北京东方妇女老年大学副校长、编审）

办公室主任：温向明（东方银龄远程教育普及工程总干事）

## 三、 东方银龄远程教育系列课程

“银教工程”决定推广普及的“东方银龄远程教育系列课程”（“幸福养老系列课程”）是以幸福养老为主线，以三大修养（养身、养心、养神）为支点，以五大教育（健康教育、艺术教育、国学教育、生活教育、时政教育）为框架，按照九大系列（“幸福导航”、“养生宝典”、“疾病防治”、“兴趣天地”、“生活百科”、“老年维权”、“和谐家庭”、“奉献社会”、“时事纵横”）设计的课程体系。现已开发完成1500多课时的课程，预计到2011年完成3000课时，到2020年累计达到10 000课时。

**课程设置简表**

| 类别 | 提要 | 课程或讲座题目 | 专家 |
|---|---|---|---|
| 幸福导航 | 幸福奥秘<br>生命动力<br>幸福航标<br>幸福本领<br>幸福习惯<br>…… | 《新世纪的老年教育与老年养老》、《中华孝道与和谐社会》、《概说国学》、《道家的智慧》、《人间佛教》、《〈大学〉与儒学的核心价值》《构建和谐心灵》、《幸福美满的人生》、《当代中国老人的使命》、《古今中外养老观》、《幸福养老十大法宝》、《建立全面和谐、充满活力的养老观》、《从六十岁出发》、《中国优秀传统文化是中国特色社会主义理论体系的重要思想来源》等 | 顾秀莲、李宝库、于 丹、熊必俊、楼宇烈、李中华、魏常海、张学智、蔡礼旭、郑小江、刘余莉、温向明等 |
| 养生宝典 | 中医养生<br>气功养生<br>太极养生<br>经络养生<br>现代医学养生<br>儒家养生<br>道家养生<br>心灵鸡汤<br>…… | 《疾病不可怕，带病可延年》、《认识你的身体》、《认识你的生命》、《黄帝内经》、《中国古代养生概述》、《中国现代养生》、《儒家养生》、《道家养生》、《中医养生》、《气功养生》、《好身体，十法宝》、《好心情，五奥秘》、《好精神，三盏灯》等 | 刘 毅、陆广莘、张明亮、杨 力等 |
| 疾病防治 | 常见病<br>多发病<br>重危病<br>…… | 《营养能“治病”》、《心脑血管病的防治》、《健康新概念》、《呼吸系统疾病的防治》、《消化系统疾病的防治》、《神经内科疾病的防治》、《泌尿系统疾病防治》、《糖尿病防治》、《癌病防治》等 | 路奎元、李 金、李长平、陈海波、关 恺、许天红、蒋 峰等 |

续表

| 类别 | 提要 | 课程或讲座题目 | 专家 |
| --- | --- | --- | --- |
| 兴趣天地 | 书法<br>绘画<br>音乐<br>舞蹈<br>武术<br>琴棋<br>戏曲<br>诗词<br>史话<br>…… | 《建立兴趣与幸福养老》、《书画艺术与修身养性》、《诗词与养生》、《红学》、《行书入门》、《行书艺术》、《楷书入门》、《楷书艺术》、《草书入门》、《草书艺术》、《隶书入门》、《隶书艺术》、《山水画入门》、《山水画艺术》、《花鸟画入门》、《花鸟画艺术》等 | 李项鸿、潘　非、张同印、刘少镛、卜希旸、许喜占、何火任、李勤印、蔡义江、邢振龄、鲁洪生等 |
| 生活百科 | 家庭礼规<br>社交礼仪<br>购物<br>花草鱼虫<br>烹调<br>理财<br>…… | 《礼仪是生活的第一门课程》、《老年心得》、《礼仪常规》、《如何购买到让你称心如意的商品》、《如何让烹调成为艺术》、《化妆技法一二三》、《老年理财一点通》、《老年营养餐的搭配》、《节日与节气》、《宠物饲养》、《家庭养花》、《急救常识》、《茶艺》等 | 王　昕、刘祥杰、霍尚德、韩昊君、申自强、李敏生等 |
| 老年维权 | 政策<br>法规<br>道德<br>…… | 《维权是你生命的责任》、《老年人的合法权益》、《维权十三问》、《老人维权案例讲述》、《养老保险制度》、《物权法》等 | 熊必俊、刘翠霞、李　昊、宋　刚等 |
| 和谐家庭 | 认识家庭<br>认识家业<br>家庭精神<br>齐家有方<br>…… | 《家庭是你最重要的生命形态》、《建立和谐家庭的三大法宝》、《为什么要落实好家庭伦理》、《建立正确的家庭信念》、《如何做到化真理为习惯》、《如何搞好隔代教育》、《化“溺爱”为“慈爱”的正确方法》、《家业长青的十条原则》、《曾国藩家训》等 | 蔡礼旭、许天红、刘余莉、熊必俊等 |
| 奉献社会 | 奉献社会<br>培育厚爱<br>大爱消病<br>健康长寿<br>…… | 《为什么奉献社会是幸福养老的重要法宝》、《幸福养老与雷锋精神》、《奉献社会是人生幸福的必修课》、《组建老人养老志愿队》、《奉献之光，照耀子孙》、《每日办好事，健康又长寿》、《百岁老人的故事十讲》、《航天之父钱学森》等 | 熊必俊、刘余莉、郑小江、涂元季等 |
| 时事纵横 | 国内外重大事件<br>热点焦点问题<br>重大政策法规 | 《正确认识两个30年的辩证关系》、《农村改革路线图》、《全球金融危机对我国的影响》、《当前严重的环境危机》、《十七大报告》等 | 张启华、陈登才、赵章元等 |

## 四、“银教工程”部分专家介绍

**顾秀莲** 第十届全国人大常委会副委员长、中国关心下一代工作委员会主任、中国老年大学协会名誉会长、北京东方妇女老年大学校长、“东方银龄远程教育普及工程”总顾问、中国下一代教育基金会名誉理事长。

**李宝库** 全国政协委员、原民政部副部长，现任全国敬老爱老助老主题教育活动组委会主任、中国老龄事业发展基金会理事长、“东方银龄远程教育普及工程”组长。

**沈德立** 教育部人文社会科学重点研究基地——天津师范大学心理与行为研究院院长、博士生导师、资深教授，全国教育科学规划领导小组成员兼教育心理学科评审组组长、教育部社会科学委员会委员、教育部普通高校学生心理健康教育专家指导委员会主任，曾获“全国先进工作者”称号和“中国心理学会终身成就奖”。

**邬沧萍** 中国人民大学教授、博士生导师、校学术委员会委员，中国人口学、老年学的开拓者和奠基者。曾任中国老年学学会会长、中国人口学会副会长、北京市人口学会名誉会长、北京市老龄科研中心名誉主任、中国老龄协会专家组组长、国际人口研究机构联合会常务理事、国际计生联亚太地区常务理事、国际老年学会亚太分会常务理事。

**熊必俊** 中国社会科学院老年科学研究会会长、北京大学社会学系客座教授、北京大学老龄问题研究中心研究员、中国老年学学会理事、中国老教授协会老年学研究委员会主任，中国老年学学会第二届老年学奖——杰出贡献奖获得者。

**张启华** 中共中央党史研究室原副主任、研究员，兼任中国中共党史学会副会长、中华人民共和国国史学会副会长，中国历史唯物主义学会副会长，中国人民大学兼职教授、博士生导师，担任马克思主义理论与建设工程《中共党史若干重大历史问题研究》和《中国共产党历史》两个课题首席专家。

**于　丹** 北京师范大学艺术与传媒学院副院长、教授、博士生导师，中国电视艺术家协会高校电视艺术委员会秘书长、中国电视艺术家协会理论研究会特邀研究员，中央电视台研究处客座研究员，中国新闻研究会、中国广播电视学会主持人研究会、中国广播电视学会法制节目委员会常务评委，澳大利亚新闻集团首席顾问。

**刘余莉** 中共中央党校哲学部伦理学教研室教授，主要研究方向为中国传统伦理思想、中国传统文化的当代价值，特别是先秦儒家伦理与当代西方美德伦理的比较研究。

**楼宇烈** 北京大学哲学系教授、博士生导师，北京大学宗教研究院名誉院长，北京大学学术委员会委员，教育部人文社会科学研究专家咨询委员会委员，全国古籍整理出版规划领导小组成员，全国高等院校古籍整理研究工作委员会委员，全国宗教学会理事，孔子基金会理事，国际儒学联合会理事，中国社会科学院东方文化研究中心特约研究员，中国社会科学院佛教研究中心特约研究员。

**张学智** 北京大学哲学系教授、博士生导师，国际中国哲学会（ISCP）中国大陆分会副秘书长，中华孔子学会常务理事。

**李中华** 北京大学中国哲学暨文化研究所所长，中国文化书院副院长，哲学系教授、博士生导师、副系主任。

**魏常海** 北京大学哲学系、宗教学系教授、博士生导师，北京大学《儒藏》编纂研究中心常务副主任。

**许天红** 北京同仁医院临床心理科资深心理咨询和治疗专家，中国老年学学会老年心理专业委员会副主任委员。曾受邀于中央电视台、北京电视台、中央人民广播电台等媒体进行过上百次电视和广播心理学讲座。

**陆广莘** 中国中医科学院主任医师，第八、九届全国政协委员，中医基础理论研究所原所长，中华中医药学会终身成就奖和首届“国医大师”称号获得者。

**蒋　峰** 北京市营养源研究所人类营养健康产业主要领导人、教授，享受政府特殊津贴专家。

**赵章元** 中国环境科学院研究员，国家环境工程评估中心专家。

**鲁洪生** 首都师范大学文学院教授、博士生导师，中国诗经学会常务理事，主要致力于《诗经》、儒学、道学及古代文化的教学研究。

**张明亮** 国家体育总局中国健身气功协会常务委员、中国健身气功对外技术等级评审委员会委员，国家体育总局推广的四大健身气功功法中易筋经、六字诀两大功法主创者。

**李项鸿** 中国人民解放军军事科学院美术书法研究院副院长，政治部文艺创作室副主任、研究员，大校军衔。中国美术家协会会员、香港亚洲美术家协会理事、九三学社中央书画院特聘画师、浙江海纳中国画院副院长。北京书画艺术研究院国画艺委会副主任，1999年被中国文学艺术界联合会评为“中国百杰画家”。

**刘少镛** 又名刘绍勇，中国书画国际大学国画院院长，北京西城美术家协会副主席，曾应邀赴美国、德国举办画展和讲学，其作品被外交部、国防部和北京报业集团等党政机关、新闻出版单位及国内外知名人士广为收藏。

**张同印** 首都师范大学中国书法文化研究院教授、博士生导师，中国书画函授大学书法部主任，其作品被国家博物馆及齐白石、张大千等多家博物馆、纪念馆、书画院收藏。

**卜希旸** 首都师范大学副教授，北京文史研究馆馆员，中国书法家协会培训中心教授，北京书法家协会评审委员会副主任。

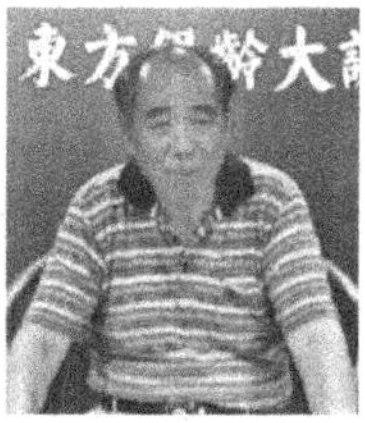

**潘　非** 北京工业大学艺术设计学院教授，中国工艺美术学会会员。

**许喜占** 国家一级摄影师，国家一级洗印师，国家职业技能高级考评师，中国摄影函授学院副院长、教授，北京摄影家协会副主席。

**邢振龄** 高级记者、著名水墨民俗画家，曾任中国版画家协会常务理事，其版画作品被广泛收藏。

**李晓林** 中央财经大学教授、博士生导师，中央财经大学中国精算研究院创建者和首任院长，保险学院党总支书记，北京 2008 年奥运会风险管理顾问机构首席风险管理专家。

**李　金**　北京医院神经内科主任医师、北京医科大学兼职教授，是神经科老年病、脑血管病、癫痫、帕金森病等方面的权威专家。

**陈海波**　北京医院神经内科主任，北京大学医学部兼职教授，中华医学会神经病学分会常务委员、神经心理学组组长、帕金森病和运动障碍学组委员，中国医师协会神经内科医师分会委员，北京脑血管病防治协会常务理事。

**路奎元**　北京医院骨科主任医师、教授，北京大学、中国协和医科大学硕士研究生导师。

**吴　恺**　神经内科医学教授、北京医院神经内科主任医师、中华医学会医疗事故技术鉴定专家库专家。

**李长平**　北京医院副主任营养师，劳动和社会保障部《营养配餐员职业标准》、《公共营养师职业标准》评审专家，同时承担劳动和社会保障部“营养配餐员、公关营养师培训”的营养教学工作。

**陈登才** 中共中央党校教授、博士生导师，毛泽东思想研究专家。在中共党史、党的学说和党的建设研究领域享有盛誉，获国务院颁发“为我国发展社会科学事业做出突出贡献”证书。

**蔡义江** 中国红楼梦学会副会长，中国古典文学普及研究会副会长，中国韵文学会常务理事，中国诗学研究会常务理事，中国唐代文学学会理事，民革中央常委、宣传部部长，团结出版社社长、总编辑，《团结》杂志主编。第六、七届全国人大代表，第八、九届全国政协委员。

**杨　力** 中国中医科学院教授，北京周易研究会会长、中国作家协会会员。

**武国忠** 北京孔伯华医馆首席坐馆专家，融仙学养生、丹道养生与武术养生、中国传统养生学三大最主要流派精髓于一炉的中医专家。

# 后　记

“第三年龄生活新天地”丛书的第一批成果，即《幸福养老大课堂》和《书画艺术与修身养性》，经过较长时间的努力终于要印制出版了。我们的心情不免激动与兴奋。

在党和政府的亲切关怀与社会各界的积极参与下，我国已经进入了老年教育的春天。“要重视老年教育”已被写进了《国家中长期教育改革和发展规划纲要（2010—2020年）》。“大力发展现代远程教育，以卫星、电视和互联网等为载体的远程开放继续教育为公共服务平台，为学习者提供方便、灵活、个性化的学习条件”，已经成为构建灵活开放的终身教育体系不可缺少的组成部分。但是，我们正在开展的老年远程教育工作还处在一个初始阶段，无论是专家队伍，还是课程内容，都在不断地充实和提升，更多的专家教授和精彩课程还有待我们去聘请和组织，整个课程体系还有待我们去继续开发和完善。所以，教材编写必然更是一个开放性的、边实践边调整的过程。编写面向全国各地的老年远程教育教材，在目前尚属首次，可以说是一项试验性、探索性的工作，特别是对于我们做具体工作的人来说，非常具有挑战性和艰巨性。不过，每每想到亿万老年人的需要，想到人类对福寿文明的追求，想到“银教工程”的希望，想到和谐社会的使命，我们便感到责无旁贷，信心倍增。我们认为这是一项意义深远而神圣的工作，尽管任务繁重，时间紧迫，困难重重，但在领导的重视和各方的支持下，大家共同努力，不懈奋斗，迈出了第一步。

万事开头难，有了第一步，就会有第二步、第三步……我们会不断地总结经验，克服困难，纠正失误，坚定地走下去，把全套教材编好。在本书的编写过程中，我们得到了党和政府有关领导的鼓励及专家学者的鼎力相助，也得到了社会各界的大力支持；我国老年学创始人，现中国人民大学名誉教授、中国老年学学会名誉会长、“银教工程”高级顾问，88岁高龄的邬沧萍先生，冒着盛夏酷暑亲临考察指导，并亲笔为丛书作序，给予我们莫大的鼓舞与鞭策。本书在出版过程中，也得到了科学出版社有关领导与编校人员的全面配合，在此，表示由衷的感谢。由于水平所限，疏漏之处在所难免，希望读者批评指正。

丛书编写组

2010年9月1日